Die

Zwangshypothek.

Forschungen zu ihrer Geschichte und Theorie.

Zweites Heft.

Die Zwangshypothek des deutschen Rechtes in ihrer geschichtlichen Entwicklung und Verbreitung.

Von

Dr. Heinrich Schanz

o. Professor an der Universität Würzburg.

1933

MÜNCHEN, BERLIN und LEIPZIG

J. Schweitzer Verlag (Arthur Sellier).

Druck von Dr. F. P. Datterer & Cie., Freising-München.

Meiner lieben Frau

in Dankbarkeit gewidmet.

Vorwort.

Geraume Zeit ist seit dem Erscheinen des ersten Heftes verstrichen, das die gerichtliche Hypothek des französischen Rechtes in ihrer geschichtlichen Entwicklung und Verbreitung behandelt. Die Ursache hierfür liegt in verschiedenen Umständen. Infolge meiner wiederholten Einberufung in das Bayerische Staatsministerium der Justiz und meines späteren Übertritts in das akademische Lehramt war ich vielfach stark mit anderen Aufgaben in Anspruch genommen. Außerdem beschäftigten mich noch Untersuchungen aus weiteren Rechtsgebieten, die zur Abfassung von Abhandlungen und Aufsätzen führten. In besonderem Maße wirkten die ungünstigen Kriegs- und Nachkriegsverhältnisse hemmend auf die Fortsetzung des Werkes ein. Namentlich war die Beschaffung des Materials aus dem Ausland mit erheblichen Schwierigkeiten verbunden. Auf der anderen Seite hatte die Verzögerung wieder ein Gutes. Ich konnte auf diese Weise noch die jüngste Rechtsentwicklung, die gerade für die Zwangshypothek manches Neue brachte, auch den Entwurf der deutschen Zivilprozeßordnung von 1931, in meiner Darstellung berücksichtigen. Zugleich nahm ich die Gelegenheit wahr, in der Einleitung die Entwicklungsgeschichte der gerichtlichen Hypothek des französischen Rechtes bis zur Gegenwart zu ergänzen.

Bei meiner Arbeit durfte ich mich des Entgegenkommens in- und ausländischer amtlicher Stellen erfreuen. Ferner hatten ausländische Fachgenossen die Liebenswürdigkeit, mir mit Auskunft beizustehen. Es ist mir ein Herzensbedürfnis, hierfür auch an diesem Orte den wärmsten Dank auszusprechen.

Würzburg, Weihnachten 1932.

H. Schanz.

Inhaltsübersicht.

Seite

2. Kapitel.

Die Novellen zur Zivilprozeßordnung und der Entwurf einer neuen Zivilprozeßordnung vom Jahre 1931.

Dritter Abschnitt.

Das Auslandsrecht.

Einleitung.

In Frankreich hatte sich die gerichtliche Hypothek trotz mancher Angriffe und Anfeindungen erfolgreich behauptet. Der letzte legislative Versuch ihrer Beseitigung, den der Justizminister Darlan in seinem Entwurf einer Hypothekenreform vom Jahre 1896 unternommen hatte [1]), war fehlgeschlagen. Die parlamentarischen Verhandlungen nahmen einen anderen Verlauf. Der Senat, der sich erst 1908 im Plenum mit der Beratung des Entwurfs befaßt hatte, sprach sich, übereinstimmend mit dem Gutachten seiner Kommission, für die Aufrechterhaltung der Institution aus. Beschlossen wurden nur einige Änderungen in der Ausgestaltung, darunter die Streichung der Hypothek aus den gerichtlichen Akten. Dem Votum des Senats trat, mit einer geringfügigen Abweichung, im folgenden Jahre der Ausschuß der Deputiertenkammer bei; die Beratung im Plenum konnte die Kammer wegen ihrer Auflösung nicht mehr vornehmen. Damit war, da in der Folge auf den Gesetzentwurf nicht zurückgegriffen wurde, das Reformwerk Darlans gescheitert. Die gerichtliche Hypothek behielt auch ihre bisherige Ausgestaltung bei.

Grundlage für die Regelung der Institution bilden noch heute die Art. 2116, 2117 Abs. 2, 2123, 2134, 2148 und 2161 des französischen Zivilgesetzbuchs [2]). Diese sehen die gericht-

---

[1]) Vgl. hierzu Heft 1, Die gerichtliche Hypothek des französischen Rechtes in ihrer geschichtlichen Entwicklung und Verbreitung, München und Berlin 1910, S. 79 ff.

[2]) Eine Änderung rein formaler Natur brachte das Gesetz vom 1. März 1918, betr. die Beseitigung des Hypothekenregisters sowie die Abänderung der Art. 2148, 2150, 2153 und 2108 des Bürgerl. Gesetzbuchs (Journal Officiel vom 3. März). Hierdurch wurde das Inskriptionsverfahren vereinfacht. Der Hypothekenbewahrer überträgt nicht mehr den Inhalt des Bordereau, d. h. des Eintragungsentwurfs, den der Gläubiger mit seinem Antrag einzureichen hat, in ein Register. Vielmehr dient jetzt das Bordereau unmittelbar als Eintragungsgrundlage. Die Inskription geht in der Weise vor sich, daß der Hypothekenbewahrer das Bordereau in einem von ihm zu verwahrenden Sammelband einheften läßt. Dieser Sammelband ersetzt das bisherige Inskriptionsregister.

Entsprechend der neuen Form der Inskription wurde später auch die liche Hypothek als eine besondere Hypothekgattung neben der gesetzlichen und der vertragsmäßigen Hypothek vor. Entstehungsquelle sind Urteile und gerichtliche Akte.

Urteile begründen die Hypothek zugunsten der Partei, die sie erstritten hat, wenn Gegenstand der Verurteilung eine geldwerte Leistung ist. Es kommt nichts darauf an, ob das Urteil auf Grund kontradiktorischer Verhandlung oder im Versäumnisverfahren erging; gleichgültig ist auch, ob die Verurteilung eine endgültige oder eine nur vorläufige ist. Bei ausländischen Urteilen setzt die Entstehung der Hypothek voraus, daß sie durch ein französisches Gericht für vollstreckbar erklärt sind, soweit nicht in politischen Gesetzen oder Staatsverträgen ein anderes bestimmt ist. Den Urteilen stehen in Ansehung der gerichtlichen Hypothek gleich die Schiedssprüche, die mit einem richterlichen Vollziehungsbefehl versehen sind.

Aus gerichtlichen Akten erwächst die Hypothek nur in begrenztem Maße. In Betracht kommen lediglich die gerichtlichen Anerkennungen und Echtheitserklärungen von Unterschriften unter Privatschuldurkunden. Sie erzeugen gleich den Urteilen die Hypothek; doch darf eine Inskription erst nach Verfall der Schuld erwirkt werden, es sei denn, daß die Parteien ein anderes vereinbart haben[3]).

Die Hypothek entsteht von Rechts wegen mit dem Urteil, bzw. mit dem gerichtlichen Akte, und zwar ohne Rücksicht auf die Rechtskraft. Dagegen bestimmt sich ihr Rang nach dem Tage der Inskription. Diese wirkt, wie bei allen Hypotheken, nur auf die Dauer von zehn Jahren. Will sich der Gläubiger die Wirkung noch weiter erhalten, so muß er nach Art. 2154 des

---

Transkription umgestaltet. Einschlägig ist hier das Gesetz vom 24. Juli 1921, betr. die Beseitigung des Transkriptionsregisters sowie die Abänderung des Gesetzes vom 23. März 1855 und der Art. 1069, 2181 und 2182 des Bürgerl. Gesetzbuchs (Journ. Off. vom 26. Juli).

Wegen der Änderung des Art. 2148 des Code civil ist zu bemerken, daß durch die Gesetze vom 1. März und vom 31. Mai 1918 (Journ. Off. vom 2. Juni) die Schlußworte „compris dans l'arrondissement du bureau“ durch „compris dans la circonscription du bureau“ ersetzt wurden. Damit sollte möglichen Änderungen in der örtlichen Zuständigkeit der Hypothekenbewahrungsbüros Rechnung getragen werden.

[3]) Gesetz vom 3. Sept. 1807. Vgl. hierzu Heft 1 S. 51 ff.

Code civil vor Fristablauf die Erneuerung der Inskription herbeiführen.

Für die Sachhaftung gilt das Generalitätsprinzip. Die Hypothek ergreift alle gegenwärtigen und zukünftigen Grundstücke des Schuldners. Dagegen kann auf Liegenschaften, bezüglich deren mittlerweile eine Transkription wegen Übergangs in andere Hände erfolgt ist, eine Inskription nicht mehr wirksam vorgenommen werden [4]). Der Gläubiger braucht bei Beantragung der Inskription die von der Hypothek betroffenen Grundstücke nicht näher zu bezeichnen. Die Inskription erstreckt sich mangels gegenteiliger Bestimmung ohne weiteres auf alle Immobilien des Schuldners im Geschäftskreise des Hypothekenbüros.

Andererseits soll der Schuldner durch die Hypothek auch nicht übermäßig beschwert werden. Bezieht sich die Inskription auf mehr Besitzungen des Schuldners, als zur Sicherung der Forderung geboten ist, so hat eine entsprechende Beschränkung einzutreten. Sie kann vom Schuldner, soweit nicht etwa ein gütliches Übereinkommen mit dem Gläubiger erzielt wird, im Wege der Reduktionsklage erzwungen werden. Übermäßig ist die Belastung, wenn bereits der Wert einzelner oder auch nur einer Liegenschaft des Schuldners, nach Abzug aller Lasten, den Betrag der Forderung um mehr als ein Drittel übersteigt. Die freiwillige oder erzwungene Beschränkung der Einschreibung hat zur Folge, daß die Hypothek an den Grundstücken erlischt, die zur Sicherung der Forderung nicht benötigt sind.

Dem französischen Staatsgebiet wurde auf Grund des Versailler Friedensvertrags Elsaß-Lothringen einverleibt. In dem vormaligen deutschen Reichsland, das nunmehr die Departements Haut-Rhin, Bas Rhin und Moselle bildet, blieben die Vorschriften über die Zwangshypothek zunächst bestehen. Das Gesetz vom 1. Juni 1924 [5]) führte dann mit Wirkung vom

[4]) Art. 6 Abs. 1 des Transkriptionsgesetzes vom 23. März 1855. S. Heft 1 S. 69 ff.

[5]) Veröffentlicht im Journal Officiel vom 3. Juni 1924. Eine von P. Fehner und E. Lotzer besorgte Ausgabe des Gesetzes mit deutscher Übersetzung erschien im Alsatia-Verlag zu Colmar unter dem Titel: „Le nouveau droit civil et commercial en Alsace et en Lorraine à partir du 1er janvier 1925, Colmar 1924.“

1. Januar 1925 das französische Zivilrecht ein[6]). Damit mußte die Zwangshypothek der gerichtlichen Hypothek weichen. Doch wurden die hier einschlägigen Vorschriften des Code civil nicht ohne weiteres in Kraft gesetzt. Das unter der deutschen Herrschaft verwirklichte Grundbuchsystem sollte nicht preisgegeben werden. Daraus ergab sich die Notwendigkeit, die Vorschriften über die gerichtliche Hypothek in Elsaß-Lothringen mit dem Grundsatz der Spezialität hinsichtlich der gesicherten Forderung wie der belasteten Grundstücke in Einklang zu bringen. Die entsprechenden Änderungen enthält der Art. 62 des Gesetzes vom 1. Juni 1924. Dort sind im wesentlichen die Bestimmungen des § 22 des elsaß-lothringischen Gesetzes vom 24. Juli 1889 übernommen, das seinerzeit im deutschen Reichsland den Übergang zum Grundbuchsystem vorbereitet hatte[7]).

Der genannte Art. 62 lautet:

„L'hypothèque judiciaire ne résulte que de décisions exécutoires pour créances de sommes d'argent; les créances devient être liquidées en monnaie française.

La créance est inscrite pour la totalité sur les divers immeubles du débiteur, à moins que le créancier ne le requière autrement. L'hypothèque ne prend rang que du jour de son inscription."

Hiernach sind drei Abweichungen vom innenfranzösischen Rechte festzustellen:

1. Als Entstehungsquelle der gerichtlichen Hypothek kommen nur vollstreckbare Entscheidungen in Betracht. Aus Privaturkunden, die gerichtlich anerkannt oder für echt erklärt sind, erwächst keine Hypothek.

2. Die Entscheidungen müssen, um die Hypothek zu begründen, eine Geldforderung zum Gegenstand haben. Die Verurteilung zu einer bloß geldwerten Leistung genügt nicht.

3. Die Hypothek ist auf die einzelnen Grundstücke des

---

[6]) Mit dem deutschen BGB. wurde auch die Grundbuchordnung vom 24. März 1897 nebst den elsaß-lothringischen Ausführungsgesetzen außer Kraft gesetzt. An ihrer Stelle sind nunmehr die Art. 36 ff. des Gesetzes vom 1. Juni 1924 maßgebend, zu denen ein Dekret über die Führung der Grundbücher vom 18. Nov. 1924 erging.

[7]) Vgl. Heft 1 S. 188 ff.

Schuldners einzutragen. Eine generelle Einschreibung, die gemäß Art. 2148 Ziff. 5 des Code civil ohne weiteres alle Liegenschaften des Schuldners im Bezirk des Hypothekenbüros erfaßt, findet nicht statt. Die Belastung der Grundstücke erfolgt grundsätzlich mit dem Gesamtbetrag der Forderung. Es kann aber der Gläubiger auch ein anderes beantragen.

In den übrigen Ländern des französischen Rechtsgebiets weist der gegenwärtige Rechtszustand verhältnismäßig nur wenige Änderungen auf[8]).

Holland kennt die gerichtliche Hypothek schon seit 1838 nicht mehr. Die durch Art. 505 der Zivilprozeßordnung eingeführte Institution der Beschlagnahmetranskription befindet sich noch in Geltung. Auf die Modifikationen, welche die lex Hartogh vom 7. Juli 1896 brachte, sind weitere Änderungen nicht erfolgt[9]).

Ebenso ist Belgien bereits im Jahre 1851 zur Beseitigung der Judizialhypothek geschritten. Die Transkription des Zahlungsbefehls, die das Zwangsversteigerungsgesetz vom 15. August 1854 dem Gläubiger zum Schutze gegen Verfügungen des Schuldners über seinen Grundbesitz gewährte, hat sich erhalten. Indes erfuhr das Zwangsversteigerungsgesetz durch eine Novelle vom 10. Oktober 1913[10]) einige Änderungen. Der Gläubiger muß, wie früher, auf die Transkription des Zahlungsbefehls die Transkription eines Beschlagnahmeakts folgen lassen, widrigenfalls der Befehl kraftlos wird und der Schuldner seine volle Verfügungsgewalt zurückerhält. Die hierfür be-

---

[8]) Vgl. hierzu Heft 1 S. 88 ff.

[9]) Zu den Ausführungen auf S. 96 des 1. Heftes ist nachzutragen, daß durch das EinfG. zur Konkursordnung vom 20. Jan. 1896 der letzte Absatz des Art. 505 der Zivilprozeßordnung eine Fassungsänderung erfuhr. Danach können die Rechte des Beschlagnahmegläubigers nicht dadurch beeinträchtigt werden, daß nach dem Tage der Transkription der Beschlagnahme noch Transkriptionen auf Grund vorher ausgestellter Urkunden oder Inskriptionen auf Grund vorher vorgenommener Hypothekbestellungen erfolgen. Die lex Hartogh selbst nahm aus dem Abs. 4 Satz 1 des genannten Artikels die Worte „zum Nachteil des Beschlagnahmegläubigers“ heraus und fügte dafür die Bestimmung an, daß man sich auf Vereinbarungen, die dem dort aufgestellten Verbote zuwiderlaufen, gegenüber dem Beschlagnahmegläubiger nicht berufen kann.

[10]) Veröffentlicht im Moniteur vom 21. Dez. 1913.

stimmte Frist ist auf sechs Monate verlängert. Ein Widerspruch des Schuldners gegen den Zahlungsbefehl steht der Herbeiführung der Beschlagnahme nicht entgegen. Die Transkription des Beschlagnahmeaktes wirkt auf die Dauer von drei Jahren. Doch kann, wenn es nicht zu einem Verkaufe der beschlagnahmten Liegenschaften kommt, um Erneuerung der Transkription nachgesucht werden[11]).

Im Großherzogtum Luxemburg besteht die gerichtliche Hypothek mit den Modifikationen, die das Gesetz, betr. die Änderung des Hypothekenwesens, vom 18. April 1910 vornahm. Danach ist für die Einschreibung der Hypothek im Hypothekenregister sowohl in Ansehung der zu sichernden Forderung als in Ansehung der zu belastenden Grundstücke der Spezialitätsgrundsatz durchgeführt.

Aus der Schweiz ist die Institution seit dem Inkrafttreten des Zivilgesetzbuchs vom 10. Dezember 1907 verschwunden. Sie fand sich zuletzt nur mehr in den Kantonen Neuenburg und Tessin, die aber in der Regelung von den Vorschriften des französischen Code civil mehrfach abgewichen waren.

Italien hat an der gerichtlichen Hypothek in der Gestalt, die ihr das Bürgerliche Gesetzbuch von 1865 gab, festgehalten[12]). Entstehungsquelle der Hypothek ist nur das gerichtliche Erkenntnis, nicht auch der gerichtliche Akt; die Eintragung unterliegt dem Spezialisierungszwange. In neuerer Zeit führte ein königliches Dekret vom 24. Juli 1922[13]) das Mahnverfahren (procedimento per ingiunzione) in das italienische Prozeßrecht ein. Nach Art. 6 dieses Dekrets erwächst die gerichtliche Hypothek jetzt auch aus dem Zahlungsbefehle (decreto di ingiunzione), der mit dem unbenützten Ablaufe der Widerspruchsfrist die Kraft einer vollstreckbaren Entscheidung erlangt.

Die vormals österreichischen Gebiete, die auf Grund des

---

[11]) Vgl. die Art. 9—11 des Gesetzes.

[12]) Vgl. zur Frage der rechtlichen Natur der gerichtlichen Hypothek Calamandrei, Appunti sulla sentenza come fatto giuridico, estratto dal volume in onore del Prof. Pietro Rossi, Siena 1932 S. 5ff.

[13]) Dekret Nr. 1036, veröffentlicht in Nr. 180 der Gazzetta Ufficiale vom 1. Aug. 1922.

Friedensvertrags von St. Germain an Italien kamen, wurden durch königliches Dekret vom 4. November 1928[14]) der italienischen Zivilgesetzgebung unterstellt. Damit fand in den neuen Provinzen auch die gerichtliche Hypothek des Codice civile an Stelle der bisher geltenden Einrichtung der zwangsweisen Pfandrechtsbegründung Eingang. Doch ist eine Abweichung gegenüber dem Rechtszustand Altitaliens festzustellen. Die neuen Provinzen behielten das von Österreich überkommene Grundbuchsystem bei, in dessen Rahmen sich die gerichtliche Hypothek nunmehr einfügte. Für die Grundbuchführung gilt das österreichische Grundbuchsgesetz, das, nur wenig verändert, mit Gesetzesdekret des Königs vom 28. März 1929[15]) neu veröffentlicht wurde.

Im wesentlichen wie im Königreich Italien ist die gerichtliche Hypothek in der kleinen Republik San Marino geregelt. Die gesetzliche Grundlage bildet noch das Hypothekengesetz vom 16. März 1854 nebst der Verordnung vom 18. Juni 1868[16]).

Die Judizialhypothek besitzt ferner das Fürstentum Monaco, das die Institution in seinem Bürgerlichen Gesetzbuch in völliger Übereinstimmung mit dem französischen Rechte durchführte. Die Neufassung des Gesetzbuchs von 1913 hat hieran nichts geändert[17]).

Im vormals russischen Polen blieb die gerichtliche Hypothek mit den aus Art. 111 des Gesetzes vom 14./26. April 1818 sich ergebenden Abweichungen, nämlich Ausschluß der Hypothek aus gerichtlichen Akten und Verlegung des Entstehungszeitpunkts der Hypothek aus Urteilen auf den Eintritt der Rechtskraft, auch nach der Wiedererrichtung des polnischen

---

[14]) Dekret Nr. 2325, Gazz. Uff. vom 5. Nov. 1928 Nr. 257.

[15]) Dekret Nr. 499, Gazz. Uff. vom 18. April 1929 Nr. 91.

[16]) Das Hypothekengesetz erfuhr in der Folge nur eine hier nicht interessierende Änderung durch den Art. 36 des Erbschaftssteuergesetzes vom 14. März 1918, der dem Staate für seine Erbschaftssteuerforderung eine gesetzliche Hypothek an den Immobilien des Verstorbenen gewährte. Außerdem wurden durch ein weiteres Gesetz mit Ausführungsverordnung vom gleichen Tage die Hypothekengebühren neu geregelt.

[17]) Einschlägig sind die Art. 1954, 1955 Abs. 2, 1961, 1972, 1988 und 2000 des BGB. von 1913, die sich mit den Art. 2116, 2117 Abs. 2, 2123, 2134, 2148 und 2161 des französischen Zivilgesetzbuchs decken.

Staates zu Ende des Weltkrieges bestehen. Die Institution erfuhr noch eine Erweiterung ihres Geltungsbereichs insofern, als sie auf die Gebiete übernommen wurde, die zufolge des Rigaer Friedensvertrags vom 12. Oktober 1920 von Rußland an Polen fielen[18]). In der neuesten, ein einheitliches Recht schaffenden Gesetzgebung Polens behauptet die gerichtliche Hypothek ebenfalls ihren Platz. Obschon in der Durchführung vom französischen Rechte erheblich verschieden, wird sie nach wie vor nicht als Maßnahme der Zwangsvollstreckung, sondern als Einrichtung des materiellen Rechtes aufgefaßt. Dementsprechend zieht auch die neue Exekutionsordnung vom 27. Oktober 1932[19]), die am 1. Januar 1933 gleichzeitig mit der neuen Zivilprozeßordnung vom 29. November 1930[20]) in Kraft gesetzt wurde, die Institution nicht in den Bereich ihrer Regelung. Nur die mit der Exekutionsordnung erlassene Einführungsverordnung vom 27. Oktober 1932[21]) gedenkt ihrer in dem Art. XVII. Die hier vorgesehene Bestimmung beschränkt sich auf den Ausspruch, daß der Exekutionstitel den Titel für die gerichtliche Hypothek bildet[22]). Der Vollzug der Eintragung ist Sache der Hypo-

[18]) Vgl. Verordnung des Generalkommissars der östlichen Gebiete vom 31. Aug. 1919, Amtsblatt der Zivilverwaltung für die östlichen Gebiete Nr. 18 Position 443; ferner Verordnung des Justizministers vom 25. April 1928, Amtsblatt der Republik Polen (Dziennik Ustaw) Nr. 53 Pos. 510. Das hier früher geltende russische Recht kannte die Einrichtung der gerichtlichen Hypothek nicht.

[19]) Verordnung des Präsidenten der Republik, betr. das Recht des gerichtlichen Exekutionsverfahrens, Dziennik Ustaw Nr. 93 Pos. 803. Die VO. hat nach Art. 44 der Verf.-Urk. i. d. Fass. d. Ges. vom 2. Aug. 1926, Dziennik Ustaw Nr. 78 Pos. 442, Gesetzeskraft.

Die Gesetze und Verordnungen Polens werden amtlich nur in polnischer Sprache veröffentlicht. Eine private Sammlung in deutscher Sprache gibt die Geschäftsstelle Posen der deutschen Sejm- und Senatsabgeordneten für Posen und Pommerellen heraus (zu beziehen durch die Geschäftsstelle, Poznań Wały Leszezyńskiego 2).

[20]) Dziennik Ustaw Nr. 83 Pos. 652; hierzu Nov. vom 27. Okt. 1932, Dziennik Ustaw Nr. 93 Pos. 802.

[21]) Dziennik Ustaw Nr. 93 Pos. 804.

[22]) Nicht verlangt wird, abweichend vom Entwurf der Kodifikationskommission, daß der Vollstreckungstitel mit der Vollstreckungsklausel versehen sein muß. Doch ist selbstverständlich, daß Schiedssprüche wie auch Urteile ausländischer Staaten zur Eintragung einer gerichtlichen

thekenbehörde, an die sich der Gläubiger unter Vorlage seines Exekutionstitels unmittelbar zu wenden hat.

Bevor wir Europa verlassen, soll noch auf einen Staat eingegangen werden, der nicht eigentlich zum französischen Rechtsgebiet gehört, gleichwohl aber richtigerweise hier angefügt wird. Griechenland hat im Jahre 1836 als eine der wenigen Institutionen die gerichtliche Hypothek aus dem Code civil übernommen[23]); indes erfuhr die Rechtsform eine Ausgestaltung, die sie stark der Zwangshypothek des deutschen Rechtes annähert[24]). Zurückzuführen ist dies auf den Einfluß der Hypothekengesetzgebung Bayerns, dessen Dynastie der erste Herrscher des wenige Jahre zuvor errichteten Königreichs Griechenland entstammte. Die Grundlage der Regelung bilden die noch heute maßgebenden Art. 14, 16 und 18 des Hypothekengesetzes vom 11./23. August 1836. Danach wird hinsichtlich der Entstehung der Hypothek nicht von der Erlassung, sondern von der Rechtskraft[25]) der gerichtlichen Entscheidung ausgegangen. Außerdem erzeugt die rechtskräftige Entscheidung nicht unmittelbar die Hypothek; vielmehr erlangt der Gläubiger nur das Recht auf ihre Eintragung. Die Hypothek selbst wird nach der ausdrücklichen Vorschrift des Art. 16 durch die ordnungsmäßige Eintragung in das Hypothekenregister erworben und erst von diesem Zeitpunkt an ist der Anspruch des Gläubigers hypothekarisch gesichert. Die Entscheidungen, die so zur Hypothek führen, sind im Gesetz einzeln aufgeführt. Der Art. 14 nennt die rechtskräftigen Entscheidungen der Zivil-, Handels- und Verwaltungsgerichte, die rechtskräftigen Entscheidungen der Strafgerichte in Ansehung zivilrechtlicher Ansprüche, schließlich die Entscheidungen von Schiedsrichtern und von ausländischen Gerichten, soweit sie durch das inländische staatliche

Hypothek nur führen können, wenn sie durch das zuständige inländische Gericht für vollstreckbar erklärt worden sind.

[23]) Fragistas, Das Präventionsprinzip in der Zwangsvollstreckung, Mannheim 1931, S. 84.

[24]) In Heft 1 S. 197 Fußnote 1 ist Griechenland versehentlich im zweiten statt im ersten Halbsatz aufgeführt.

[25]) Nach griech. Rechte ist ein Urteil rechtskräftig, wenn es einer Anfechtung durch Einspruch oder Berufung nicht unterliegt, mag es auch im übrigen mit der Kassation angegriffen werden können.

Gericht für vollstreckbar erklärt worden sind. Das Gesetz schützt auch den Schuldner gegen eine übermäßige Belastung seiner Liegenschaften. Nach Art. 18 darf der Wert der Grundstücke, für welche die Urteilshypothek erwirkt wird, den Betrag der Forderung um nicht mehr als ein Drittel übersteigen. Wurde über diese Grenze hinausgegangen, so kann der Schuldner die entsprechende Herabsetzung durch das Gericht verlangen.

Von den außereuropäischen Territorien des französischen Rechtsgebiets hat Ägypten die gerichtliche Hypothek, die in dem Zivilgesetzbuch für die gemischten oder internationalen Gerichtshöfe vorgesehen war, mit Dekret vom 5. Dezember 1886 beseitigt. Gleichzeitig wurde als Ersatz die Einrichtung des droit d'affectation aus der einheimischen Gesetzgebung übernommen. Eine erhebliche Änderung des bisherigen Rechtszustands trat damit nicht ein. Der Affektation, die eine Art von Beschlagnahme darstellt, sind im wesentlichen dieselben Wirkungen wie einer Hypothek beigelegt. Sie wird auf besondere Bewilligung in ein hierfür bestimmtes Register eingetragen. Die Bewilligung hat der Gläubiger unter Vorlage des Urteils beim Vorsitzenden des Gerichts erster Instanz, im Falle der Ablehnung durch diesen beim Gerichte selbst zu erwirken. Der Eintragung können nur jene Grundstücke unterstellt werden, für welche die Bewilligung erteilt worden ist[26]).

Die Insel Mauritius, die britischer Kolonialbesitz ist, war schon im Jahre 1866 zur Aufhebung der ehedem unter französischer Herrschaft eingeführten Judizialhypothek geschritten. Eine Ersatzinstitution wurde hier nicht geschaffen.

Auf dem amerikanischen Kontinente treffen wir die gerichtliche Hypothek in der kanadischen Provinz Quebec an. Ihre

---

[26]) Die Bestimmungen des Dekrets vom 5. Dez. 1886 über die Affektation sind als Art. 721—726 in den Code civil mixte und, soweit sie das Verfahren zur Erwirkung der Affektationsbewilligung betreffen, als Art. 769—772 in den Code de procédure civile et commerciale mixte eingestellt. Der Art. 769 des letzteren Gesetzbuchs, der sich mit dem Inhalte des Gesuchs um Erteilung der Affektationsbewilligung befaßt, erfuhr durch das Gesetz Nr. 33 von 1913 eine hier nicht näher interessierende Änderung. Die gleichartige Regelung der einheimischen Gesetzgebung findet sich in den Art. 595—600 des Code civil indigène und den Art. 681—684 des Code de procédure indigène.

Regelung gründet sich auch heute noch auf die Art. 2019—2021 und 2034—2036 des Bürgerlichen Gesetzbuchs von 1866. Abweichend vom französischen Rechte ist die gerichtliche Hypothek nur für Ansprüche auf Zahlung einer bestimmten Geldsumme zugelassen; auch kann die Eintragung nur auf bestimmt bezeichnete Grundstücke genommen werden. Die im BGB. von 1866 außerdem vorgesehene Beschränkung der Pfandhaftung auf die gegenwärtigen Immobilien des Schuldners wurde in neuerer Zeit aufgegeben. Hier griff das Gesetz 6 Eduards VII. ein, das in Kap. 41 auch das künftige Liegenschaftsvermögen des Schuldners dem Zugriff des Gläubigers unterstellte. Eine weitere Neuerung brachte Kap. 72 des Gesetzes 13 Georgs V. Es bezweckt den Schutz des Schuldners gegen übermäßige Beschwerung seines Grundbesitzes bei Verurteilung zur Zahlung von Unterhaltsrenten. Auf Antrag des Schuldners kann der obere Gerichtshof von Zeit zu Zeit die Grundstücke festsetzen, auf die sich die gerichtliche Hypothek erstrecken darf[27]).

Ebenso hat sich die französische Judizialhypothek in dem zu den Vereinigten Staaten von Nordamerika gehörigen Louisiana erhalten. Maßgebend sind hier die Art. 3321—3328 des Zivilgesetzbuchs in der Redaktion des Jahres 1870, die sich gegenwärtig noch in Geltung befinden. Die Hypothek erwächst nur aus Urteilen, nicht auch aus gerichtlichen Akten. In Wirksamkeit tritt sie grundsätzlich an dem Tage, an dem die Entscheidung registriert worden ist. Der Belastung unterliegen die Grundstücke, die der Schuldner derzeit zu eigen hat, wie auch jene, die er künftig erwirbt[28]).

---

[27]) Die neuen Vorschriften wurden dem Art. 2036 des BGB. von 1866 als Abs. 2 und 3 angefügt; ihr Wortlaut ist folgender:

„Depuis le premier jour de septembre mil huit cent soixante et à l'avenir l'hypothèque judiciaire peut s'exercer sur les immeubles actuels du débiteur et sur ceux qu'il pourra acquérir.

Dans le cas de jugement pour pension alimentaire, la cour supérieure, sur requête à cet effet de la part de la partie contre laquelle le jugement a été prononcé, pourra de temps à autre fixer le ou les immeubles du débiteur sur lequel ou lesquels l'hypothèque judiciaire pourra s'exercer, et ordonner, aux frais du requérant, la radiation de toute telle hypothèque prise et enregistrée suivant les dispositions du présent article."

[28]) Die in Heft 1 S. 137 Fußnote 1 im Wortlaut mitgeteilten Art. 3321

In Mexiko sah das Zivilgesetzbuch vom 15. Mai 1884 die gerichtliche Hypothek als eine Unterart der notwendigen oder gesetzlichen Hypothek vor. Der Art. 1875 gewährt sie in Ziffer VIII den Gläubigern, die zu ihren Gunsten eine vollstreckbare Entscheidung erwirkt hatten, zur Sicherstellung ihrer Forderungen an den von ihnen eigens bezeichneten, im freien Besitz ihrer Schuldner befindlichen Grundstücken. Auch hier liegt wieder eine erhebliche Annäherung an die Gestaltung des deutschen Rechtes vor. Das zeigt sich insbesondere darin, daß die hypothekarische Wirkung an die Vollstreckbarkeit der gerichtlichen Entscheidung angeknüpft wird, wenngleich die Eintragung der Hypothek nicht als besondere Form der Immobiliarvollstreckung ausgeprägt ist. Am 1. Oktober 1932 trat jedoch in Mexiko ein neues bürgerliches Gesetzbuch in Kraft, welches das Datum des 30. August 1928 trägt. Danach ist nunmehr die gesetzliche Hypothek der Gläubiger mit vollstreckbaren Entscheidungen für das Bundesgebiet ersatzlos beseitigt[29]).

Nach diesen Ausführungen über das weitere Schicksal der französischen Judizialhypothek soll nun ihre Tochterinstitution, die Zwangshypothek des deutschen Rechtes, in ihrer Entwicklung und Verbreitung betrachtet werden. Die Darstellung hat zunächst die Entstehung und den Werdegang der Einrichtung auf partikularrechtlichem Boden aufzuzeigen; sodann ist die fernere Entwicklung im Rahmen des Reichsrechts zu verfolgen; schließlich soll noch das Auslandsrecht berücksichtigt werden, soweit es für die Zwangshypothek unseres Rechtes von Bedeutung ist.

---

bis 3328 geben den Gesetzestext der Redaktion von 1870 wieder; zu streichen ist nur in Art. 3322 der zweite Halbsatz, der auf Grund der Akte von 1888 Nr. 143 und von 1900 Nr. 78 in Wegfall kam.

29) Vgl. Art. 2935 des neuen BGB., wonach eine notwendige Hypothek nur noch den Miterben, den Verwandten absteigender Linie, den Minderjährigen und den Geschäftsunfähigen, den Vermächtnisnehmern, schließlich dem Staate, den Gemeinden und den öffentlichen Anstalten eingeräumt wird (Art. 1875 Ziff. I, V, VI und IX des Gesetzbuchs von 1884).

ERSTER ABSCHNITT.

Die Partikularrechte.

1. Kapitel.

Die Entwicklung bis zum Erlasse der deutschen Zivilprozeßordnung vom 30. Januar 1877.

§ 1.

Preußen.

Der Gedanke des französischen Rechtes, dem Gläubiger einer persönlichen Forderung auf Grund des den Schuldner verurteilenden Erkenntnisses eine hypothekarische Deckung einzuräumen, fand auch in Deutschland außerhalb der Länder des französischen Rechtsgebietes Eingang. Er empfing jedoch hier eine Ausprägung, die der fortgeschrittenen Entwicklung des deutschen Hypothekenwesens Rechnung trug. Das deutsche Hypothekenrecht, beherrscht von strenger Durchführung der Publizität und der Spezialität, verknüpfte die Entstehung eines Grundpfandes mit der Eintragung im Hypotheken-, bzw. Grundbuch. Danach konnte dem Urteil, anders als in Frankreich, nicht unmittelbar hypothekbegründende Wirkung beigelegt werden. Die Idee der französischen Judizialhypothek ließ sich nur in der Form verwirklichen, daß das Urteil dem Gläubiger den Anspruch auf die Hypothekeintragung gewährte, die dann ihrerseits das Pfandrecht erzeugte. So verband sich mit dem Urteil ein Hypothektitel, gerichtet nicht gegen den Schuldner, sondern gegen den Staat, der durch die von ihm eingesetzte Behörde die Eintragung herbeizuführen hatte.

Noch in einem weiteren Punkte ergab sich eine bemerkenswerte Abweichung von den Vorschriften des französischen Rechtes. Nach dem Code civil entsteht die Hypothek mit dem Erlasse der gerichtlichen Entscheidung ohne Rücksicht auf deren

Rechtskraft. Das deutsche Recht machte die Eintragung der Hypothek von der Vollstreckbarkeit der Forderung abhängig. Nicht nur Urteile, sondern alle Akte, aus denen eine Zwangsvollstreckung statthaft ist, begründen den Anspruch auf die Hypothek. Durch die Verbindung mit der Vollstreckbarkeit wurde auch die rechtliche Struktur der Institution beeinflußt. Die Eintragung der Hypothek für die vollstreckbare Forderung gestaltete sich zu einer besonderen Maßnahme der Immobiliarvollstreckung, die der Zwangsversteigerung und der Zwangsverwaltung zur Seite trat. Doch ist sie von diesen beiden Vollstreckungsformen durch die Eigenart ihres Zieles geschieden. Die Hypothekeintragung erstrebt nicht zwangsweise Befriedigung, sondern zwangsweise Sicherung des Gläubigers [1]).

Ihren Ausgangspunkt nahm die deutschrechtliche Entwicklung von der Gesetzgebung Preußens.

In Preußen gewährte nach älterem Rechte [2]) die rechtskräftige Ausklagung einer persönlichen Forderung dem Gläubiger nur die formelle Voraussetzung für die Zwangsvollstreckung, die unter Beachtung der Exekutionsgrade auch gegen das Grundeigentum des Schuldners gerichtet werden konnte. Irgendein Vorzugsrecht war mit dem Judikate selbst nicht verbunden. Dagegen wurde dem Personalgläubiger unter dem Einfluß der Lehre vom pignus praetorium das Immissionspfandrecht zuerkannt. Er konnte ein Vorrecht an einem Grundstücke in der Weise erwerben, daß er sich auf Grund richterlicher Immission einen Pfandbesitz hieran verschaffte.

---

[1]) Die Gestaltung als Vollstreckungsakt blieb allerdings, wie sich im Verlauf der Entwicklungsgeschichte zeigen wird, nicht ohne Widerspruch. Es wurde für die Hypothekeintragung zugunsten einer vollstreckbaren Forderung auch der Charakter eines Aktes der freiwilligen Gerichtsbarkeit in Anspruch genommen. Anlaß hierzu gab namentlich die auf bloße Sicherung eingestellte Zielrichtung der Maßnahme. Man war bisher gewohnt, in der Zwangsvollstreckung nur ein Mittel zur Befriedigung des Gläubigers zu sehen. Noch eine weitere Eigentümlichkeit verursachte Bedenken. Bei der Ausführung tritt der Hypotheken-, bzw. Grundbuchrichter, mithin eine außerhalb der Zwangsvollstreckung stehende Stelle, in Tätigkeit.

[2]) Dernburg, Das preußische Hypothekenrecht, 2. Abt., Leipzig 1891 S. 113ff.; Hinrichs, Studien aus dem Gebiete des preußischen Hypothekenrechts, 1. Heft, Berlin und Leipzig 1883, S. 15ff.

Durch die Hypotheken- und Konkursordnung vom 4. Februar 1722[3]) wurde die Stellung der immittierten Judikatsgläubiger näher geregelt. Nach § 191 sollten Gläubiger, die vermöge der Rechte paratam executionem und wirkliche Einweisung und Immission erlangt hatten, ferner Gläubiger, die ein Judikat erstritten und zu deren Gunsten Exekution und Immission angeordnet und vollzogen worden war, den Inhabern stillschweigender Unterpfandsrechte gleichgestellt sein[4]). Das bedeutete im Hinblick auf §§ 171, 177 der Verordnung, daß immittierte Judikatsgläubiger in der für Hypothekengläubiger bestimmten dritten Klasse des Konkurses anzusetzen waren. Sie standen aber hier allen Gläubigern nach, denen eine gerichtlich eingetragene Hypothek (pignus publicum) zur Seite stand. Dies galt selbst dann, wenn die Hypothek erst nach dem Zeitpunkte der Immission entstanden war.

Die Allgemeine Gerichtsordnung vom 6. Juli 1793 übernahm im wesentlichen den bisherigen Rechtszustand. Nach den Vorschriften ihres ersten Teiles, der Prozeßordnung, hatten jedoch die immittierten Judikatsgläubiger nunmehr ein Vorrecht der fünften Klasse und untereinander Rang nach dem Zeitpunkte der Immission[5]). Den eingetragenen Hypothekengläubigern verblieb die dritte Klasse[6]). Das Allgemeine Landrecht vom 5. Februar 1794 brachte keine Änderung. Es beließ die Bestimmung, wie im Wege der Exekution ein Pfandrecht entsteht, der Prozeßordnung[7]).

---

[3]) Veröffentlicht bei Mylius, Corpus Constitutionum Marchicarum, Berlin und Halle 1737—1755, II. (anderer) Teil, 2. Abt., Nr. XXXIX Spalte 104 ff.

[4]) Der § 191 lautete wörtlich: „Ferner sollen gleich denen, so ein stillschweigendes Unterpfand haben, geachtet, und mit denenselben in dieser Classe angesetzet werden, die aus klaren Brieffen und Siegel, die vermöge der Rechte paratam Exekutionem haben, würckliche Einweisung und Immission erlangen, nicht aber diejenige, welche ein blosses Judicatum erstritten, oder dem zu gut die Exekution und Immission zwar angeordnet gewesen, aber nicht vollenzogen, sondern diese tacita Hypotheca soll erst von der Zeit würcklich beschehener Immission ihren Anfang nehmen."

[5]) Tit. 50 §§ 447—449; Tit. 51 § 12.

[6]) Tit. 50 §§ 387 ff.

[7]) Vgl. Teil I Tit. 20 § 5.

Der Erwerb des Pfandrechts, das dem immittierten Judikatsgläubiger zukam, vollzog sich mit dem Akte der Immission. Eine Eintragung im Hypothekenbuch war nicht vorgesehen. Doch gestatteten in der Folge Reskripte vom 6. November 1797 sowie vom 1. Juli und 2. September 1799[8]) die Eintragung einer protestatio de non amplius intabulando, falls die Subhastation oder die Sequestration eingeleitet war. Die Entwicklung ging noch weiter. Die immittierten Judikatsgläubiger wollten auf alle Fälle gegen spätere Hypothekeintragungen gesichert sein. Bedeutungsvoll wurde hier ein Gutachten der Gesetzeskommission vom 29. April 1808[9]). Es leitete aus der Immission einen Titel zur Eintragung ab, was damit gerechtfertigt wurde, daß auch die Römer diese Folgerung gezogen hätten, wenn ihnen die Einrichtung der Hypothekenbücher bekannt gewesen wäre[10]). Das machte sich die Praxis zunutze. Sie ging dazu über, allgemein zugunsten immittierter Judikatsgläubiger Eintragungen in die Hypothekenbücher aufzunehmen.

Das Verfahren, das hierbei eingeschlagen wurde, gestaltete sich bei dem Mangel einer gesetzlichen Unterlage sehr verschiedenartig. Nur selten erfolgten Definitiveintragungen; meist beschränkte man sich auf bloß protestative Einschreibungen, die häufig unter unklarer Fassung litten. Geteilt waren ferner die Meinungen über die Voraussetzungen, unter denen die Eintragung vorgenommen werden sollte. Die einen begnügten sich mit der Vorlage des Immissionsdekrets; andere forderten die Verhängung der Subhastation, ohne daß zuvor auf Sequestration angetragen zu werden brauchte; eine dritte Ansicht, der auch der Geheime Obertribunalsrat in einem Erkenntnis vom 8. Juli 1825 beipflichtete, machte die Eintragung von der Anordnung

---

[8]) Rabe, Sammlung preußischer Gesetze und Verordnungen, Berlin 1820—1825, Bd. 4 S. 348; Bd. 5 S. 488, 550.

[9]) Rabe a. a. O. Bd. 9 S. 187 ff.

[10]) Damit wurde, wie Hinrichs hervorhebt (a. a. O. S. 18), tatsächlich der Boden des Gesetzes verlassen. Das Allgemeine Landrecht zog eben, obwohl die Immission beibehalten wurde, nicht die dem Gutachten zugrunde liegende Folgerung. Das Pfandrecht des immittierten Judikatsgläubigers entstand schon unmittelbar mit der Immission. Aus diesem Pfandrechte wieder einen Titel zur Eintragung herzuleiten, lief dem Gesetzbuche zuwider, das einen solchen Titel nicht anerkannte.

der Sequestration abhängig[11]). Schließlich blieb die Praxis nicht dabei stehen, nur die Immissionspfandrechte bezüglich der urteilsmäßig festgestellten Forderungen im Hypothekenbuch kenntlich zu machen; sie schritt zu protestativen Einschreitungen auch dann, wenn wegen einer Personalforderung vor deren urteilsmäßigen Feststellung Arrestbeschläge ausgebracht und vom Prozeßrichter verhängt worden waren.

Auf die Dauer vermochte dieser Weg nicht zu befriedigen. Die verschiedenartige Übung der Gerichte, die sich bei ihrem Verfahren nicht auf gesetzliche Vorschriften stützen konnten, brachte große Unsicherheit in die Rechtslage der Personalgläubiger. In immer stärkerem Maße wurde der Ruf nach einer Gesetzesreform laut. Die Personalgläubiger wollten ihren Schutz auf ein sicheres Fundament gestellt wissen. Ein Vorbild für die Verwirklichung ihres Zieles bot den Verfechtern des Reformgedankens die französische Gesetzgebung, die in der Rheinprovinz in Geltung stand. Dort war dem Personalgläubiger ohne weiteres mit der Erlassung des Urteils eine dingliche Sicherung in der Gestalt der gerichtlichen Hypothek gegeben. Die Einrichtung zeigte, daß sich der Schutz der Personalgläubiger in einfacher und doch wirksamer Form verwirklichen ließ. Des Umwegs über das Immissionspfandrecht mit seinen Weitläufigkeiten und Schwierigkeiten bedurfte es nicht, wenn dem Gläubiger die Möglichkeit gegeben war, unmittelbar auf Grund des Urteils die Eintragung eines Pfandrechts im Hypothekenbuch herbeizuführen.

Die Reformbestrebungen fanden namentlich in der dem Rheinlande benachbarten Provinz Westfalen lebhafte Unterstützung. Daselbst nahm sich auch der Provinziallandtag der Sache an[12]). Er unterbreitete am 3. Dezember 1828 dem König eine Petition. Hierin wurde um Erlassung einer gesetzlichen Vorschrift gebeten, nach der es jedem Gläubiger freistehen soll,

---

[11]) Vgl. hierzu die Begründung der nachstehend erwähnten Petition des westfälischen Provinziallandtags vom 3. Dez. 1928.

[12]) Ich stütze mich hier auf die Acta generalia des preußischen Justizministeriums, betreffend die hypothekarische Eintragung eingeklagter Forderungen im Wege der Exekution E Nr. 61 Bd. I, deren Einsicht im Geheimen Staatsarchiv zu Berlin-Dahlem mir gütigst gestattet wurde.

ein gegen den Schuldner ausgebrachtes Erkenntnis, sobald es in Rechtskraft übergegangen ist, zur Sicherstellung der zuerkannten Forderung auf das Grundeigentum des Schuldners in das Hypothekenbuch eintragen zu lassen. Die beigefügte Begründung rechtfertigte das Bedürfnis nach einer derartigen Regelung mit der unsicheren Rechtslage, die für die Personalgläubiger aus der verschiedenartigen Übung der Gerichte bei Eintragung von ausgebrachten Judikaten entstanden war. Vor allem wurde die vom Geheimen Obertribunalsrate geforderte Abhängigmachung der Eintragung von der vorgängigen Anordnung der Sequestration bekämpft. In der Sequestration sahen die Provinzialstände das lästigste und verderblichste aller Exekutionsmittel. Es wird dadurch, wie bemerkt wurde, nach älterer und jüngerer Erfahrung der Schuldner in der Regel total ruiniert, der Gläubiger mehr und mehr gefährdet.

Der Referent der Regierung, Geheimer Rat von Vincke, stellte in dem Berichte, den er am 15. Dezember des gleichen Jahres an den Justizminister erstattete, fest, daß die Petition kein besonderes Provinzialinteresse berühre. Sachlich stand er der Anregung sympathisch gegenüber. Er verwies auf die immer wiederkehrenden Klagen der Bevölkerung, in denen zum Ausdruck kam, daß die Besorgnis des Gesetzgebers für möglichste Erhaltung ehrlicher Schuldner von böswilligen Elementen mißbraucht werde. Deshalb sollte nach seiner Meinung der gesetzliche Schuldnerschutz nur Platz greifen, wenn die Bezahlung der Schuld versichert ist. Im Anschluß an diese Ausführungen heißt es in dem Berichte wörtlich: „Es scheint mir nicht unangemessen, daß dem Gläubiger einer rechtskräftig ausgenommenen Forderung, ebenso wie im französischen Rechte[13]), sofort der Titel einer gerichtlichen Hypothek mit der Befugnis zur Eintragung beigelegt, demselben aber nur dann gestattet wird, auf die Subhastation anzutragen, wenn nachweislich aus den vorhergehenden Graden der Exekution die Bezahlung der ganzen Schuld nicht mehr erfolgen kann und dabei eine nach Maßgabe der Umstände bis auf höchstens drei Monate vom

[13]) Hierbei ist jedoch zu beachten, daß das französische Recht die Hypothek unmittelbar aus dem Urteil und ohne Rücksicht auf dessen Rechtskraft entstehen läßt.

Richter in dem insinuierten Urteil zu bestimmende Frist ohne Bezahlung abgelaufen ist."

Das Ergebnis der Petition war der Bescheid, daß die vorgetragene Bitte anläßlich der allgemeinen Revision der Gesetzgebung gewürdigt werde.

Die Reform ließ nicht allzulange auf sich warten. Durch Verordnung vom 4. März 1834[14]) wurde die Exekution für den Geltungsbereich der allgemeinen Gerichtsordnung neu geregelt. Hierbei fand auch die Frage des Rechtsschutzes der Personalgläubiger ihre Lösung. Der § 22 der Verordnung verleiht dem Gläubiger mit dem Vollstreckungstitel einen Titel zum Pfandrecht an den Immobilien des Schuldners. Vermöge des Pfandrechtstitels kann er von der staatlichen Behörde die Eintragung einer Hypothek für seine Forderung auf die Liegenschaften des Schuldners verlangen[15]). Das Pfandrecht selbst entsteht erst durch die Eintragung der Hypothek im Hypothekenbuch. Damit ist zum ersten Male die Idee der französischen Judizialhypothek in einer Form verwirklicht, die der besonderen Gestaltung des deutschen Hypothekenrechts entspricht. So darf die Exekutionsordnung vom 4. März 1834 als die Wiege der deutschrechtlichen Zwangshypothek bezeichnet werden.

Hinsichtlich der Ausgestaltung im einzelnen ist zu bemerken:

Der Vollstreckungstitel, der den Pfandrechtstitel erzeugt, kann Erkenntnis, Vergleich oder Zahlungsverfügung sein. Zur Eintragung der Hypothek darf aber nur geschritten werden, wenn die Zwangsvollstreckung aus dem Titel endgültig statthaft ist.

Die zu sichernde Forderung muß nicht notwendig eine Geldforderung sein. Wohl bestimmt § 22 der Verordnung, daß der Gläubiger den Pfandrechtstitel für Kapital, Zinsen und Kosten einschließlich der Eintragungskosten erwirbt. Allein dies bedeutet nach der Auslegung, welche die Vorschrift namentlich auch durch die Rechtsprechung des Geheimen Obertribunals erfahren hat[16]), keine Beschränkung des Pfandrechtstitels auf

---

[14]) Ges.-Samml. S. 31 ff.

[15]) Die bisherigen Vorschriften über die Beachtung der Exekutionsgrade wurden durch § 11 der Verordnung aufgehoben.

[16]) Entsch. des Geh. Obertribunals Bd. 22 S. 223, Bd. 60 S. 359;

Geldforderungen. Es soll damit der Umfang klargestellt werden, in welchem der Titel die Forderung deckt[17]). Berechtigt zur Erwirkung der Hypothek sind, entsprechend den Grundsätzen des Allgemeinen Landrechts über Hypothekbestellung, alle Gläubiger, denen ein persönlicher Anspruch auf eine obligatorische Leistung zusteht[18]). Erkenntnisse, aus denen Interessenforderungen entspringen, begründen den Pfandrechtstitel nicht minder wie Entscheidungen über Geldforderungen. Besonderes gilt jedoch für den Fall der Unbestimmtheit des Forderungsbetrags. Hier kann die Eintragung der Hypothek zunächst nicht erfolgen; es muß noch die Feststellung des Betrags herbeigeführt werden.

In Ansehung des Objekts richtet sich der Pfandrechtstitel des Gläubigers gegen das gesamte Liegenschaftsvermögen des Schuldners. Hat der Schuldner mehrere Immobilien zu Eigentum, so braucht sich der Gläubiger nicht mit der Eintragung der Hypothek auf nur ein Grundstück zu begnügen; er kann auch mehrere oder alle Grundstücke belasten. Die Verordnung trifft aber Vorsorge, daß solchenfalls der Schuldner nicht übermäßig beschwert wird. Es greift § 23 ein, der in der späteren Entwicklungsgeschichte der Zwangshypothek noch eine besondere Rolle spielen sollte. Daselbst ist zum Schutze des Schuldners das Verbot der gesamthypothekarischen Belastung aufgestellt. Bei Heranziehung mehrerer Immobilien kann die Hypothek nur in der Weise begründet werden, daß an jedem Grundstück die Eintragung für einen Teil der Forderung erfolgt. Die Größe der Teile bestimmt der Gläubiger.

Der Inhalt der durch Eintragung zu begründenden Hypothek richtet sich mangels besonderer Bestimmungen nach den

---

vgl. ferner Hinrichs a. a. O. S. 19f.; Grosse in GruchotsBeitr. z. Erl. d. deutschen Rechts Bd. 19 (1875) S. 408.

[17]) Die Beträge, für die auf Grund des Pfandrechtstitels die Hypothek begründet wird, müssen bei der Eintragung im Hypothekenbuch ersichtlich gemacht werden. Das gilt insbesondere im Hinblick auf Teil I Tit. 20 § 488 des Allg. Landrechts auch in Ansehung der Eintragungskosten.

[18]) Vgl. Teil I Tit. 20 § 11 des Allg. Landrechts, wonach für jeden an sich rechtsbegründeten Anspruch gültig Sicherheit durch Hypothek bestellt werden kann.

Vorschriften des Allgemeinen Landrechts über Konventionalhypotheken[19]). Demgemäß kann der Schuldner einem Zessionar, der die Forderung entgeltlich erworben hat, Einreden aus der Person eines Vormanns nur entgegensetzen, wenn diese entweder dem Zessionar bekannt gewesen oder rechtzeitig im Hypothekenbuch vermerkt worden sind[20]). Es hat sonach die Hypothek den Charakter der Verkehrshypothek.

Die Hypothekeintragung kann der Gläubiger nicht durch unmittelbare Antragstellung bei der Hypothekenbehörde erwirken. Es bedarf hierzu der Vermittlung des Prozeßgerichts. An dieses hat sich der Gläubiger mit seinem Eintragungsbegehren zu wenden. Stehen dem Gesuche keine Bedenken entgegen, so muß zunächst das Zahlungsbefehlsverfahren durchgeführt werden, das die notwendige Voraussetzung für die Einleitung einer Vollstreckungsmaßnahme bildet. Das Prozeßgericht erläßt an den Schuldner die Aufforderung, binnen bestimmter Frist seine Schuld bei Vermeidung der Zwangsvollstreckung zu begleichen. Erst nach fruchtlosem Ablaufe der Zahlungsfrist kann die Eintragung der Hypothek betrieben werden. Das Prozeßgericht stellt nunmehr bei der Hypothekenbehörde den Eintragungsantrag, dem eine mit der Rechtskraftsbescheinigung versehene Ausfertigung des Vollstreckungstitels und die etwa errichtete Schuldurkunde beizufügen sind. Außerdem erhält auch der Schuldner Nachricht.

Durch das Erfordernis vorgängiger Durchführung des Zahlungsbefehlsverfahrens wird die Eintragung der Hypothek zeitlich hinausgerückt. Das kann für den Gläubiger mit Nachteilen verbunden sein. Hiergegen gewährt die Verordnung Abhilfe, indem sie eine vorläufige Einschreibung in der Form einer protestatio pro conservando jure et loco ermöglicht. Die Eintragung der Protestation ist schon vor Einleitung des Zahlungs-

---

[19]) Plen.-Beschl. des Geh. Obertribunals vom 7. Mai 1855 (Entsch. Bd. 30 S. 408); Dernburg, 2. Abt. S. 120f.; Hinrichs S. 22f.

[20]) Allg. Landrecht Teil I Tit. 20 §§ 422—426. Vgl. ferner §§ 522, 523 des gleichen Titels. Versagt der Gläubiger seinen Konsens in die Löschung einer getilgten Post, so ist der Schuldner gegen Verfügungen zugunsten eines redlichen Dritten nur gedeckt, wenn er bis zum Austrage der Sache seinen Widerspruch dagegen im Hypothekenbuche vermerken läßt.

befehlsverfahrens angängig. Sie kann vom Gläubiger unmittelbar beim Hypothekenrichter unter Vorlage des Vollstreckungstitels in Urschrift oder in beglaubigter Abschrift beantragt werden. Doch ist die Wirkung der Eintragung befristet. Geht nicht binnen drei Monaten der Antrag des Prozeßrichters auf Eintragung einer förmlichen Hypothek bei der Hypothekenbehörde ein, so muß die Protestation von Amts wegen gelöscht werden. Den Weg der Protestation kann der Gläubiger auch beschreiten, wenn die Erwirkung einer Hypothekeintragung vorerst nicht möglich ist, weil der Betrag der Forderung noch der Feststellung bedarf oder die Zwangsvollstreckung nur provisorisch zulässig ist.

Die einschlägigen Vorschriften der Exekutionsordnung lauten wörtlich, wie folgt:

§ 22. Der Gläubiger erwirbt durch solche Erkenntnisse, Vergleiche und Zahlungsverfügungen, aus welchen eine Exekution stattfindet, für Kapital, Zinsen und Kosten, und für die Kosten der Eintragung, einen Titel zum Pfandrecht auf die dem Schuldner zugehörigen Immobilien (Allg. Landrecht Tl. I Tit. 20 § 5).

Er ist nach Ablauf der im Zahlungsbefehl (Prozeßordnung Tit. 24 § 31[21])) bestimmten Frist befugt, die Eintragung in das Hypothekenbuch auch ohne besondere Einwilligung des Schuldners bei dem Prozeß-Richter nachzusuchen, und Letzterer ist verbunden, die Eintragung bei der Hypotheken-Behörde unter Mitteilung einer mit dem Atteste der Rechtskraft versehenen Ausfertigung des Erkenntnisses, Vergleichs usw.

---

[21]) Der angeführte § 31 des 24. Titels der Prozeßordnung (1. Teil der allgemeinen Gerichtsordnung vom 6. Juli 1793) lautet: „Wenn die Exekution verordnet wird, so muß dem Exekutor jedesmal, außer in Wechselsachen, eine gewisse Frist, welche, nach Beschaffenheit der Umstände, auf 8 oder 14 Tage bis höchstens 4 Wochen, zu bestimmen ist, nach deren Ablaufe mit der Hülfsvollstreckung ohne weitere Rückfrage verfahren werden soll, vorgeschrieben, diese Verordnung auch dem Gegenteile bekannt gemacht, und derselbe bedeutet werden, daß, wenn er innerhalb dieser Frist den Extrahenten nach seinem Gesuche nicht vollständig befriedigen würde, er die wirkliche Exekution unfehlbar zu erwarten habe.“

und, wenn ein Instrument über den Anspruch vorhanden ist, unter Beifügung desselben in Antrag zu bringen, auch gleichzeitig den Schuldner davon zu benachrichtigen.

Dem Gläubiger steht schon vor Nachsuchung des Zahlungsbefehls frei, mit Überreichung des Erkenntnisses, Vergleichs usw. oder einer beglaubigten Abschrift derselben, sich unmittelbar an den Hypotheken-Richter zu wenden und die Eintragung einer Protestation zur Erhaltung seines Vorrechts nachzusuchen. Der Hypotheken-Richter hat in solchem Falle die Eintragung sofort zu bewirken, ist jedoch verpflichtet, die Protestation von Amts wegen wieder zu löschen, wenn der Antrag des Prozeß-Richters auf Eintragung einer förmlichen Hypothek nicht binnen drei Monaten eingeht.

Kommt es noch auf die Feststellung des Betrages der Forderung an, oder ist die Exekution nur provisorisch zulässig, so kann der Gläubiger auf demselben Wege die vorläufige Eintragung seines Rechts verlangen.

§ 23. Besitzt der Schuldner mehrere Immobilien, und der Gläubiger will sich nicht mit der Eintragung auf eines derselben begnügen, so darf Letzterer nur einen von ihm zu bestimmenden Teil der Forderung auf jedes Immobile eintragen lassen.

Der § 23 verursachte der Praxis erhebliche Schwierigkeiten. Um dem Verbot der Gesamthypothek zu genügen, mußte die Frage gelöst werden, wann eine Fläche als ein selbständiges Grundstück aufzufassen sei. Die Hypothekenbücher boten in dieser Beziehung keine sichere Unterlage. Es konnten mehrere Parzellen ohne Zusammengehörigkeit auf einem Blatte vereinigt sein, während andererseits Grundstücke, die eine Einheit bildeten, auf verschiedene Blätter verteilt sein mochten. Ein glatter Vollzug erheischte hier ein leicht erkennbares Merkmal. Das Justizministerium kam den Bedürfnissen der Praxis entgegen. Auf eine Anfrage des Oberlandesgerichts Arnsberg erging ein Bescheid vom 25. April 1836, der auf die Art der Buchung abstellte. Grundstücke, die auf ein Folium eingetragen waren, sollten als ein Immobile im Sinne des § 23 der Exekutionsordnung betrachtet werden. Durch einen Erlaß vom

12. Januar 1841 wurde die Anwendung dieses Grundsatzes allgemein angeordnet[22]).

Eine Erleichterung des Eintragungsverfahrens brachte in der Folge das Gesetz vom 20. März 1854[23]). Es verfügte unter anderen Änderungen des Zivilprozeß- und Zwangsvollstreckungsrechts die Aufhebung des monitorischen Zahlungsbefehls, der nach den bisherigen Vorschriften vor Einleitung einer Exekutionsmaßnahme an den Schuldner zu ergehen hatte. Demnach konnte nunmehr der Prozeßrichter auf das Gesuch des Gläubigers, sofern die Voraussetzungen der Zwangsvollstreckung erfüllt waren, ohne weiteres den Eintragungsantrag bei der Hypothekenbehörde stellen[24]). Die Neuerung wirkte auch auf die Einrichtung der Protestation ein. Da mit der Beseitigung des monitorischen Zahlungsbefehls die Verzögerung der Hypothekeintragung entfiel, bestand in der Regel für den Gläubiger kein Bedürfnis mehr, sich eine Sicherung seines Rechtes im Wege der Protestation zu verschaffen. Die Institution hatte nurmehr Bedeutung für die Fälle, in denen der Betrag der Forderung noch der Feststellung bedurfte oder noch keine endgültige Vollstreckbarkeit vorlag[25]).

Später bürgerte sich die Zwangshypothek auch außerhalb des Geltungsbereichs der allgemeinen Gerichtsordnung ein.

---

[22]) JustMinBl. 1841 S. 38f.

[23]) Gesetz, betr. einige Abänderungen der Vorschriften über das Zivilprozeßverfahren und die Exekution in Zivilsachen, Ges.-Sammlung S. 115ff. Vgl. ferner Strey, Die Exekutionsordnung für die Gerichte, Berlin 1856, S. 135ff.; Uecke, Exekutionsordnung für die Gerichte, Breslau 1856, S. 57ff.

[24]) § 15 Abs. 1, § 16 des Gesetzes. Nur bei Stellung eines Subhastationsantrags mußte gemäß § 15 Abs. 2 des Gesetzes i. Verbdg. mit § 5 der Ex.-O. vom 4. März 1834 noch ein monitorischer Zahlungsbefehl mit vierwöchiger Frist erlassen werden. Vgl. Strey a. a. O. S. 44, 136; unrichtig Uecke a. a. O. S. 57.

[25]) Es wird sogar anzunehmen sein, daß außerhalb der Fälle der mangelnden Feststellung des Schuldbetrags und der fehlenden endgültigen Vollstreckbarkeit mit der Abschaffung des monitorischen Zahlungsbefehls, welche die alsbaldige definitive Eintragung einer Hypothek ermöglichte, die Erwirkung einer Protestation unzulässig geworden war. Vgl. hierzu Grosse a. a. O. S. 410.

Das Gesetz vom 2. Februar 1864[26]) führte die Einrichtung im Bezirke des Justizsenats zu Ehrenbreitstein ein. Nach § 8 Abs. 3 steht dem Gläubiger, der befugt ist, die Exekution auf Zahlung einer bestimmten Summe oder Gewährung anderer vertretbarer Sachen gegen den Schuldner nachzusuchen, ein gesetzlicher Pfandrechtstitel für Kapital, Zinsen und Kosten sowie für die Kosten der Eintragung in Ansehung aller Immobilien des Schuldners zu. Erworben wird die Hypothek durch die Eintragung in das Unterpfands-, bzw. Hypothekenbuch[27]). Zur Erwirkung der Hypothekeintragung bedarf es nach diesem Gesetze nicht der Vermittlung des Prozeßrichters. Der Gläubiger kann das Eintragungsgesuch unmittelbar bei der Hypothekenbehörde anbringen. Das Gesuch ist durch Beibringung einer mit dem Atteste der Vollstreckbarkeit versehenen Ausfertigung des Erkenntnisses, Vergleichs oder Mandats zu begründen. Außerdem müssen die Immobilien, auf welche die Eintragung erfolgen soll, nach Maßgabe des Grundsteuerkatasters einzeln bezeichnet werden[28]). Ein Verbot der ungeteilten Eintragung der Hypothek auf mehrere Immobilien, entsprechend dem § 23 der Exekutionsordnung vom 4. März 1834, besteht nicht.

Durch ein weiteres Gesetz vom 26. Mai 1873[29]) wurde die Institution auf Neuvorpommern und Rügen übernommen. Zufolge § 22 Abs. 2 erlangt der Gläubiger durch Erkenntnisse und Vergleiche, aus denen das Zwangsverfahren stattfindet, für Kapital, Zinsen und Kosten mit Einschluß der Kosten der Eintragung eine gesetzliche Hypothek an den Grundstücken des Schuldners. Auch hier entsteht jedoch die Hypothek erst mit der Eintragung. Der Vollstreckungstitel gewährt nur den Anspruch auf Vornahme der Eintragung[30]), die auf Ersuchen des Prozeßrichters bewirkt wird. Eine gesamthypothekarische Be-

---

[26]) Gesetz zur Verbesserung des Kontrakten- und Hypothekenwesens im Bezirke des Justizsenats zu Ehrenbreitstein (Ges.-Samml. S. 34 ff.).

[27]) Vgl. hierzu § 5 Abs. 2 des Gesetzes.

[28]) Vgl. § 7 des Gesetzes, auf den der § 8 Abs. 3 verweist.

[29]) Gesetz über das Grundbuchwesen und die Verpfändung von Seeschiffen in Neuvorpommern und Rügen (Ges.-Samml. S. 229 ff.).

[30]) Vgl. hierzu den in § 22 Abs. 2 in Bezug genommenen § 20 des Gesetzes.

lastung ist, wie nach dem Gesetze vom 2. Februar 1864, nicht verwehrt[31]).

Im Jahre zuvor war Preußen vom Hypotheken- zum Grundbuchsystem übergegangen. Die dadurch veranlaßte Neuordnung des materiellen und formellen Immobiliarsachenrechts erfolgte durch das Gesetz vom 5. Mai 1872 über den Eigentumserwerb und die dingliche Belastung der Grundstücke, Bergwerke und selbständigen Gerechtigkeiten und die am gleichen Tage ergangene Grundbuchordnung[32]). Der Geltungsbereich der beiden Gesetze, die am 1. Oktober 1872 in Kraft traten, umfaßte zunächst nur die unter dem allgemeinen Landrechte stehenden Teile der Monarchie. In der Folge dehnte er sich auf nahezu das ganze Staatsgebiet aus[33]).

Die neuen Immobiliargesetze beschäftigten sich mit der Zwangshypothek als solcher nicht, wirkten aber doch auch auf diese Institution ein.

Unter dem Einflusse der §§ 23 und 24 des Eigentumserwerbsgesetzes erfuhr das Anwendungsgebiet der Zwangshypothek eine Beschränkung. Die genannten Paragraphen regeln die Erfordernisse der Eintragungsbewilligung des Eigen-

---

[31]) Für den Bezirk des Appellationsgerichts zu Kassel (ausschließl. des Amtsgerichtsbezirks von Vöhl) behielt das Gesetz vom 29. Mai 1873 (Ges.-Samml. S. 273 ff.) die Immission bei. Doch wurde ihre Wirkung insofern geändert, als an Stelle der unmittelbaren Erzeugung des Pfandrechts die Entstehung eines Pfandrechtstitels trat. Nach § 15 des Gesetzes begründet die im gerichtlichen Zwangsvollstreckungsverfahren verfügte Immission in Grundstücke fortan nur einen Anspruch auf Eintragung einer Hypothek. Die Eintragung hat der Prozeßrichter beim Grundbuchamt nachzusuchen.

[32]) Ges.-Samml. S. 433 ff., S. 446 ff.; Achilles, Die preuß. Gesetze über Grundeigentum und Hypothekenrecht vom 5. Mai 1872, 1. Aufl., Berlin 1872, in 4. Aufl. herausgegeben von Strecker, Berlin 1894; Dernburg-Hinrichs, Das preuß. Hypothekenrecht, 1. Abt. Leipzig 1877, 2. Abt. (von Dernburg allein bearbeitet) Leipzig 1891; Foerster, Preuß. Grundbuchrecht, Berlin 1872.

[33]) Wegen der weiteren Ausdehnung vgl. Achilles-Strecker a. a. O. S. 17 ff. Nicht eingeführt wurden die Gesetze in einigen Teilen der Provinz Schleswig-Holstein (Herzogtum Lauenburg und Helgoland) und Hessen-Nassau (vormals großherzoglich hessische, landgräflich hessische, nassauische und frankfurter Gebietsteile).

tümers für den Fall der Hypothekbestellung. Verlangt wird unter anderem die Angabe einer bestimmten Summe in gesetzlicher Währung; wo, wie bei Kautionshypotheken, die Größe des Anspruchs zur Zeit der Eintragung noch unbestimmt ist, muß der Höchstbetrag, bis zu dem das Grundstück haften soll, ebenfalls in gesetzlicher Währung benannt werden. Diese Vorschriften waren nach der herrschenden Meinung[34]) auch auf das Eintragungsersuchen des Prozeßgerichts anzuwenden, das als Ersatz der Eintragungsbewilligung angesehen wurde. Der Prozeßrichter konnte aber bei Stellung des Eintragungsersuchens den Erfordernissen der §§ 23, 24 nur genügen, wenn sich die nötigen Unterlagen aus dem Vollstreckungstitel ergaben. Das führte dazu, daß die Erlangung einer Zwangshypothek nur noch solchen Gläubigern möglich war, deren Vollstreckungstitel auf eine in gesetzlicher Währung festgesetzte Geldsumme lautete.

Hinsichtlich der Erwirkung der Hypothek knüpften die neuen Immobiliargesetze an den bisherigen Rechtszustand an. Nach § 19 Nr. 3 des Eigentumserwerbsgesetzes erfolgt die Eintragung einer Hypothek, außer auf Grund der Eintragungsbewilligung des Eigentümers oder des den Eigentümer zur Hypothekbestellung verurteilenden rechtskräftigen Erkenntnisses auch dann, wenn eine zuständige Behörde gegen den eingetragenen Eigentümer die Eintragung nachsucht. Der § 41 der Grundbuchordnung verpflichtet die Grundbuchämter, dem Eintragungsersuchen, das den gesetzlichen Vorschriften entspricht, insbesondere alle wesentlichen Punkte des einzutragenden Vermerks enthält, zu genügen, sofern sich nicht Anstände aus dem Grundbuch ergeben. Es verblieb also dabei, daß sich der Gläubiger mit seinem Eintragungsantrag an das Prozeßgericht zu wenden hatte, das nach Prüfung des Antrags das Ersuchen um Eintragung der Hypothek bei dem Grundbuchamte stellte. Die eigentliche Entscheidung über den Antrag auf Eintragung aus Voll-

[34]) Vgl. Grosse a. a. O. S. 408, ferner die bei Hinrichs a. a. O. S. 25 Note 17 angeführte Literatur. Hinrichs selbst teilte die herrschende Ansicht nicht; er verfocht den Standpunkt, daß das ältere Recht bezüglich der Eintragung aus vollstreckbaren Titeln durch die §§ 23, 24 des Eigentumserwerbsgesetzes keine Änderung erfahren habe, die danach statthaften Eintragungen also auch weiterhin zulässig seien (S. 25 ff.).

streckungstiteln liegt nach wie vor in den Händen des Prozeßrichters, der hierüber nach den einschlägigen materiellen und prozessualen Vorschriften befindet. Der Grundbuchrichter darf gegenüber dem Ersuchen des Prozeßrichters nur solche Bedenken geltend machen, die aus dem Inhalte des Grundbuchs ersichtlich sind[35]).

An Stelle der Protestation setzte das neue Recht die Vormerkung. Anders als früher wird aber hier dem Gläubiger eine unmittelbare Erwirkung beim Grundbuchamt nicht gestattet. Gemäß §§ 22, 70 des Eigentumserwerbsgesetzes kann die Vormerkung nur durch Vermittlung des Prozeßrichters und auf dessen Ersuchen eingetragen werden. Dazu kam noch eine sachliche Begrenzung. Für die Fälle, in denen eine definitive Eintragung wegen ausstehender Feststellung des Schuldbetrags nicht ausführbar ist, steht die Vormerkung nicht zu Gebote. Dafür ist nunmehr die Kautionshypothek die gegebene Rechtsform. Ihre Eintragung ließ sich aber nur bewerkstelligen, wenn der maßgebende Höchstbetrag aus dem Urteile hervorging[36]).

Wie der bereits angeführte § 19 Nr. 3 des Eigentumserwerbsgesetzes zeigt, gebot das neue Liegenschaftsrecht, daß der Schuldner, gegen den der Prozeßrichter um eine Eintragung nachsuchte, als Eigentümer der zu belastenden Grundstücke im Grundbuch eingetragen war. Nun vollzog sich allerdings bei freiwilliger Veräußerung der Grundstückserwerb nach den jetzt geltenden Vorschriften durch die auf Grund der Auflassung vorgenommene Eintragung des Erwerbers im Grundbuch; im übrigen aber blieben die bisherigen Gesetze aufrecht[37]). So bestand die Möglichkeit, daß ein Schuldner Eigentümer einer

---

[35]) Nach der Rechtsprechung des Geh. Obertribunals (Entsch. Bd. 79 S. 122) mußte die Vermittlung des Prozeßgerichts bei der Erwirkung von Zwangshypotheken auch im Bezirke des Justizsenats zu Ehrenbreitstein in Anspruch genommen werden, nachdem dort durch Gesetz vom 30. Mai 1873 (Ges.-Samml. S. 287 ff.) das neue Immobiliarrecht eingeführt war. Das seitherige Verfahren, das dem Gläubiger die unmittelbare Antragstellung beim Hypothekenamte gestattete, galt als durch § 19 des Eigentumserwerbsgesetzes beseitigt.

[36]) Vgl. hierzu Grosse a. a. O. S. 409 f.

[37]) §§ 1 und 5 des Eigentumserwerbsgesetzes.

Liegenschaft war, ohne als solcher im Grundbuch zu erscheinen. Das kam namentlich beim Erwerb von Immobilien im Wege der Erbschaft, der Enteignung und der Gemeinheitsteilung vor; außerdem konnte der Schuldner das Eigentum an einem Grundstück auch nach früherem Rechte durch Vertrag und Tradition ohne Eintragung erlangt haben.

Die Grundbuchordnung traf Vorsorge, daß in Fällen, in denen Eintragungen gegen einen im Grundbuch nicht ausgewiesenen Eigentümer vorgenommen werden sollten, dessen vorgängige Einschreibung erfolgte. Es griff hier ein besonderes Zwangsverfahren Platz, das in den §§ 55, 56 des Gesetzes geregelt ist. Danach bedarf es zur Einleitung des Verfahrens eines Antrags. Antragsberechtigt ist bei der Erwirkung von Zwangshypotheken das für das Eintragungsersuchen zuständige Prozeßgericht. Darauf fordert der Grundbuchrichter den Eigentümer unter Mitteilung des Antrags auf, sich binnen gesetzter Frist bei Vermeidung einer Geldstrafe[38]) im Grundbuch eintragen zu lassen. Gegen den Eintragungsbefehl kann der Aufgeforderte Widerspruch einlegen, indem er entweder den Erwerb des Eigentums in Abrede stellt oder die Berechtigung des Antragstellers bestreitet. Ersterenfalls entscheidet der Grundbuchrichter über den Widerspruch nach Lage der Sache; letzterenfalls verweist er, wenn die Eintragung von einer Behörde beantragt ist, den Eigentümer an diese, sonst den Antragsteller auf den Prozeßweg. Bei fruchtlosem Fristablauf wird auf die Geldstrafe erkannt und dem Eigentümer neuerdings, jetzt unter Androhung der Zwangsvollstreckung, Gelegenheit gegeben, binnen bestimmter Frist seine Eintragung zu erwirken. Bleibt auch diese zweite Frist ergebnislos, so hat auf weiteren Antrag der Grundbuchrichter die Eintragung des Eigentümers im Wege der Zwangsvollstreckung herbeizuführen.

Für die Eintragung der Zwangshypothek ist auch nach dem neuen Rechte erforderlich, daß im Grundbuch der Betrag der Forderung, der Zinsen und der vom Schuldner zu erstattenden Kosten angegeben wird. Dagegen bedarf es nicht mehr der Aufnahme der Eintragungskosten. Für diese haftet gemäß § 30

[38]) Als Höchstmaß bestimmt das Gesetz 50 Taler.

des Eigentumserwerbsgesetzes das belastete Grundstück unmittelbar kraft Gesetzes.

Nach § 122 der Grundbuchordnung stellt das Grundbuchamt über die Eintragung der Hypothek einen Hypothekenbrief aus. Mit diesem wird die vollstreckbare Ausfertigung des Schuldtitels verbunden. Den Brief erhält das Prozeßgericht, das um die Eintragung nachgesucht hat. Auf die Ausstellung des Briefes kann verzichtet werden. Alsdann ergeht nur die Mitteilung über den Vollzug der Eintragung. Letzteres gilt auch, wenn lediglich eine Vormerkung in das Grundbuch aufgenommen wurde. Der Grundstückseigentümer wird in allen Fällen von der Eintragung in Kenntnis gesetzt[39]). Die Benachrichtigung von der Stellung des Eintragungsantrags, die nach § 22 Abs. 2 der Exekutionsordnung vom 4. März 1834 das Prozeßgericht an den Eigentümer vorzunehmen hatte, kam in Wegfall[40]).

§ 2.

Das Königreich Sachsen.

Im Königreich Sachsen unterstand die Regelung des Pfandrechts zunächst den Normen des gemeinen Rechtes, die nur in vereinzelten Beziehungen durch Sondervorschriften geändert wurden[1]). Dementsprechend treffen wir auch bei der Zwangsvollstreckung oder, wie es in der sächsischen Rechtssprache hieß, der Hilfsvollstreckung in Grundstücke die gemeinrechtliche Form des Immissionspfandrechts an. Die Bestellung des pignus judiciale, das dem Gläubiger Besitz und Benutzung des Grundstücks verschaffte, erfolgte durch Vornahme gewisser symbolischer Handlungen an Ort und Stelle von Seite des Richters der belegenen Sache. Statt dessen genügte auch die zum Konsensbuch des zuständigen Richters angemerkte Erklärung des Schuldners, daß er die bezeichneten Handlungen für geschehen, die Hilfe für vollstreckt annehme (sog. executio fic-

---

[39]) Vgl. auch Grundbuchordnung §§ 121, 123.

[40]) Hinrichs a. a. O. S. 48.

[1]) Siegmann, Das kgl. sächs. Hypothekenrecht, Leipz. 1875 S. 1 ff.; Osterloh, Der ordentliche bürgerliche Prozeß nach kgl. sächs. Rechte, 4. Aufl., Leipz. 1860, Bd. 2 S. 651 ff.; von Meibom, Arch. f. d. ziv. Prax. Bd. 52 (1869) S. 297 ff.

tiva)[2]. Vom Tage der Hilfsvollstreckung oder der Hilfsannahme lief dem Schuldner, ohne besondere Auflage, eine Einlösungsfrist von vier Wochen. Bei diesen Formen beließ es auch das Exekutionsgesetz vom 28. Februar 1838[3]), das die Hilfsvollstreckung reformierte.

Wenige Jahre danach unterzog das Gesetz vom 6. November 1843, die Grund- und Hypothekenbücher und das Hypothekenwesen betr.[4]), das Immobiliarpfandrecht einer durchgreifenden Umgestaltung. Mit ihm gelangte das Ingrossationssystem (Grundbuchsystem) in Sachsen zur Einführung. Das Hypothekenrecht wurde gemäß den Grundsätzen der Öffentlichkeit, der Spezialität und der Priorität neu geordnet[5]). Darüber hinaus befaßte sich das Gesetz mit dem Erwerb des Eigentums und mit der Bestellung anderer dinglicher Rechte an Immobilien und diesen gleichgestellten nutzbaren Gerechtigkeiten. Die materiell-rechtlichen Vorschriften wurden durch Bestimmungen formeller Art ergänzt, welche die Zuständigkeit der Grund- und Hypothekenbehörden, die Haltung und Führung der Grund- und Hypothekenbücher[6]) sowie das Verfahren in Grund- und Hypothekenangelegenheiten regelten.

Das Hypothekengesetz knüpfte den Erwerb einer Hypothek an die Eintragung im Hypothekenbuch, die sich ihrerseits auf

---

[2]) Vgl. Prozeß- und Gerichtsordnung vom 28. Juli 1622 (sog. alte Proz.-Ordn.), abgedr. im Codex Augusteus von Lünig, Leipz. 1724, Bd. 1 S. 1067 ff., Tit. XLVII; Erläuterung und Verbesserung der bisherigen Prozeß- und Gerichtsordnung vom 10. Jan. 1724 (sog. erläuterte Proz.-Ordn.), Cod. Aug. Bd. 1 S. 2381 ff., ad Tit. XLVII und Tit. XXXIX.

[3]) GVBl. S. 76 ff.; Beck, Das Exekutionsgesetz vom 28. Febr. 1838, mit Anmerkungen hrsg., Leipz. 1839. Vgl. insbes. § 40 des Gesetzes, ferner Osterloh Bd. 2 S. 612 N. 14.

[4]) GVBl. S. 189 ff.; hierzu AusfVO. vom 15. Febr. 1844 (GVBl. S. 37 ff.). Kommentiert wurde das Hypothekengesetz von Heyne, 2 Bde., Leipz. 1845/46, und von Siegmann, Leipz. 1861; der letztere Kommentar erschien unter dem Titel „Das kgl. sächs. Grund- und Hypothekenrecht".

[5]) Vgl. auch die Motive zu dem Entwurf des Gesetzes, Landtags-Akten 1843 Abt. 1 Bd. 2 S. 83 ff.

[6]) Hierzu ist zu bemerken, daß das sächs. Grundstücksfolium in drei Rubriken, nämlich Sache, Eigentümer und Lasten, eingeteilt wurde; die erste und zweite Rubrik bilden zusammen das Grundbuch, die dritte das Hypothekenbuch.

einen gesetzlichen Rechtstitel oder einen vom Eigentümer erklärten Konsens gründen mußte. Danach ließ sich die Form des Immissionspfandrechts nicht aufrecht erhalten. Das pignus judiciale wurde beseitigt. An seine Stelle trat die Eintragung einer Hypothek für den Schuldbetrag im Hypothekenbuch, wobei der Gläubiger, wie nach der preußischen Verordnung vom 4. März 1834, einen gesetzlichen Rechtstitel zum Hypothekenerwerb erhielt. Mit der Hypothek war ein Recht auf den Besitz und die Benutzung des belasteten Grundstücks nicht mehr verbunden. Im übrigen blieben die bisherigen Vollstreckungsvorschriften unverändert in Geltung.

Die Neugestaltung, welche die Hilfsvollstreckung in Grundstücke durch das Hypothekengesetz erfuhr, ist in den §§ 40, 42 und 43 dieses Gesetzes enthalten. Diese sehen im einzelnen folgendes vor:

> § 40. Weiter sind die Eintragung einer Hypothek in das Grund- und Hypothekenbuch zu verlangen berechtigt:
>
> 6. alle Gläubiger ohne Unterschied wegen ihrer durch rechtskräftiges Erkenntnis entschiedenen oder sonst zur Hilfsvollstreckung geeigneten Forderungen, soweit sie nicht schon durch Hypothek versichert und gedeckt sind, rücksichtlich derjenigen Immobilien ihrer Schuldner, welche sie als Hilfsgegenstand angegeben haben, nach vorausgegangener Feststellung des Schuldbetrags in Gemäßheit der Prozeßgesetze. Die Eintragung des Schuldbetrags in das Grund- und Hypothekenbuch ist die Vollstreckungshandlung, außer welcher es einer weiteren bei der Hilfsvollstreckung in Immobilien nicht bedarf.
>
> Wird eine dergleichen Hypothek (ein Hilfsrecht) an Lehengütern wegen einer Allodialforderung erlangt, so gilt von ihr dasselbe, wie nach § 35 von denjenigen Hypotheken, welche ein Lehensbesitzer ohne Einwilligung des Lehensherrn und der Mitbelehnten seinen Gläubigern einräumt[7]).

[7]) Eine solche Hypothek hat keine Kraft gegen die Lehensgläubiger; gegen den Lehensherrn und die Mitbelehnten ist sie nur soweit wirksam, als diese nach lehensrechtlichen Grundsätzen verbunden sind, die Nutzungen des Lehens zur Befriedigung der Allodialgläubiger verwenden zu lassen.

§ 42. Gegen die Eintragung von Hypotheken für die in §§ ... 40 genannten Gläubiger ... sind Widersprüche nicht zu beachten und haben selbst Appellationen keinen Suspensiveffekt. Es steht aber dem Widersprechenden frei, seine Einwendungen rechtlich auszuführen, um sodann die Löschung suchen zu können.

§ 43. Insonderheit kann ... nicht minder der Schuldner, wenn das Hilfsrecht (§ 40) ohne seine Einwilligung auf mehrere Immobilien im Grund- und Hypothekenbuche eingetragen worden ist, und schon eines oder einige davon, nach Verhältnis ihres Wertes und unter Berücksichtigung der schon darauf haftenden Schulden, zur Sicherstellung offenbar hinreichen, die Löschung des Eingetragenen in Ansehung der übrigen Immobilien nachsuchen.

Hiernach ist auch in Sachsen die Eintragung einer Hypothek auf dem Grundbesitz des Schuldners als Maßnahme der Zwangsvollstreckung anerkannt. Doch weist die Regelung manche Abweichungen vom preußischen Rechte auf.

Hinsichtlich der Zwangshypothek des sächsischen Rechtes ist vor allem bedeutsam, daß der Weg der Subhastation und Sequestration nur dem Hypothekengläubiger offen steht[8]). Damit wird der nicht hypothekarisch gesicherte Gläubiger, der eine dieser Vollstreckungsmaßregeln betreiben will, gezwungen, für seine Forderung zunächst eine Zwangshypothek zu erwirken. Es steht aber nichts im Wege, wenn sich der Gläubiger nach Eintragung der Hypothek vorerst mit dieser Maßnahme begnügen will[9]). Andererseits scheidet die Zwangshypothek insoweit aus, als die Forderung des Gläubigers bereits durch eine Hypothek an den als Hilfsobjekt angegebenen Liegenschaften gedeckt ist. Hier versagt nach der Vorschrift des Gesetzes der Hypothektitel[10]).

---

[8]) Osterloh Bd. 2 S. 650 ff.; Siegmann, Sächs. Grund- u. HypR. S. 151.

[9]) Osterloh Bd. 2 S. 656 N. 5.

[10]) Es kann aber, auch wo die Forderung selbst bereits durch eine Hypothek versichert ist, der gesetzl. Rechtstitel des § 40 HypG. noch wegen der Zinsen und Kosten von Bedeutung sein. Vgl. AusfVO. zum HypG. § 16; Heyne, Komm. z. HypG. Bd. 1 S. 225 f.; Siegmann, Sächs. Grund- u. HypR. S. 195 ff. und Sächs. HypR. S. 50 f.

Für die Erwirkung der Zwangshypothek kommen, wie für die Subhastation und die Sequestration, nur Geldforderungen in Betracht[11]). Die Forderung muß vollstreckungsreif oder, wie sich das Gesetz ausdrückt, zur Hilfsvollstreckung geeignet sein. Dazu gehört, daß für die Forderung ein rechtskräftiges Enderkenntnis oder ein sonstiger Titel vorliegt, der einem solchen Enderkenntnis durch gesetzliche Vorschrift in betreff der Realisierung durch Zwangsmittel gleichgestellt ist[12]). Außerdem muß das Hilfsauflageverfahren durchgeführt sein, d. h. es muß dem Schuldner vom Prozeßgericht aufgegeben worden sein, binnen bestimmter Frist der ihm obliegenden Verbindlichkeit nachzukommen[13]).

Dem Zugriff des Gläubigers unterliegt an sich das gesamte unbewegliche Vermögen des Schuldners. Die Eintragung braucht sich nicht auf ein einziges Grundstück zu beschränken; es können auch mehrere oder alle Grundstücke des Schuldners herangezogen werden, ohne daß, wie nach preußischem Rechte, ein Zwang zur Forderungsverteilung besteht. Doch darf eine Belastung mehrerer Grundstücke das zur Sicherung des Gläubigers erforderliche Maß nicht überschreiten. Wurde die Eintragung auf mehr Grundstücke genommen, als hienach nötig ist, so kann der Schuldner in Ansehung der zur Sicherung des Gläubigers nicht benötigten Grundstücke im Prozeßweg die Löschung begehren. Wegen der Höhe des Sicherungsmaßes sind keine gesetzlichen Vorschriften getroffen. Es entscheidet der Richter nach freiem Ermessen unter Berücksichtigung der Umstände des einzelnen Falles[14]).

Die Zwangshypothek kann nicht durch unmittelbare Antragstellung bei der Grund- und Hypothekenbehörde erwirkt werden. Vielmehr hat der Gläubiger nach Maßgabe der Prozeßge-

---

[11]) Osterloh Bd. 2 S. 650.

[12]) Hierher rechnen gerichtliche Vergleiche, ferner außergerichtliche Vergleiche, sofern sie vor dem Prozeßgericht rekognosziert wurden. Vgl. ExekGes. § 85; Beck, Komm. zu diesem Gesetz S. 89; Osterloh Bd. 2 S. 611 ff.

[13]) ExekGes. §§ 10 ff.; Osterloh Bd. 2 S. 629 ff.; Siegmann, Sächs. HypR. S. 50.

[14]) Heyne, Komm. z. HypG. Bd. 1 S. 233.

setze das Exekutionsgesuch beim Prozeßgericht anzubringen[15]. Das Prozeßgericht prüft, ob die Vollstreckungsvoraussetzungen gegeben sind, stellt den Schuldbetrag fest, erläßt die Hilfsauflage und ersucht, wenn diese erfolglos geblieben ist, die Grund- und Hypothekenbehörde um die Vornahme der Eintragung[16].

Auf das Ersuchen des Prozeßgerichts trägt die Grund- und Hypothekenbehörde für die zur Hilfsvollstreckung geeignete Forderung eine Hypothek in das Hypothekenbuch ein. Vorausgesetzt wird dabei, daß nicht ein hypothekenrechtliches Hindernis entgegensteht. Insbesondere muß der Schuldner auch als Eigentümer der Liegenschaft, an der die Hypothek kraft des gesetzlichen Rechtstitels erworben werden soll, im Grundbuch vorgetragen sein[17]. Eine bloß vorläufige Einschreibung kennt das Gesetz nicht. Es bleibt dem Schuldner überlassen, seine Einwendungen gegen die Forderung, namentlich daß diese gar nicht oder nicht in dem behaupteten Umfang bestehe, im Prozeßweg geltend zu machen und die ganze oder teilweise Löschung der Hypothek zu verlangen.

Die Kodifikation des Privatrechts, die später Sachsen in dem Bürgerlichen Gesetzbuch vom 2. Januar 1863[18] vornahm, brachte für das Gebiet des Hypothekenrechts keine grundsätzlichen Neuerungen. Es wurden im wesentlichen die materiellrechtlichen Normen des Hypothekengesetzes von 1843 übernommen. Dementsprechend folgen auch die Vorschriften, die das Bürgerliche Gesetzbuch hinsichtlich der Zwangshypothek vorsah, der bisherigen Regelung. Hervorzuheben ist nur eine Ergänzung prozessualen Charakters. Das Gesetzbuch bestimmt die Beweislast für den Fall, daß der Eigentümer gegen die Ein-

[15]) ExekGes. §§ 7f.; Osterloh Bd. 2 S. 619ff., 626ff.

[16]) Ist das Prozeßgericht ein Obergericht, so schließt dessen Tätigkeit mit der fruchtlosen Durchführung des Hilfsauflageverfahrens ab; das Ersuchsschreiben an die Grund- und Hypothekenbehörde erläßt ein Untergericht, dem die Durchführung der eigentlichen Hilfsvollstreckung übertragen wird.

[17]) Siegmann, Sächs. Grund- u. HypR. S. 141.

[18]) GVBl. S. 1ff.; in Kraft getreten ist das Gesetzbuch am 1. März 1865 (VO. vom 9. Jan. 1865, GVBl. S. 1ff., § 1). Kommentar von Siebenhaar, 3 Bde., Leipz. 1864/65.

tragung der Hypothek Einwendungen erhebt. Richtet sich sein Widerspruch gegen den Bestand der Forderung, so kommt die Beweisführung dem Gläubiger zu, der die Hypothekeintragung veranlaßt hat. Hingegen ist der Eigentümer beweispflichtig, sofern geltend gemacht wird, daß mehr Grundstücke, als nötig, belastet seien. An der Stellung der Zwangshypothek im Rahmen der Immobiliarexekution wurde gleichfalls nichts geändert. Nach wie vor war der Erwerb der Zwangshypothek für den Personalgläubiger unerläßliches Erfordernis zum Betrieb der Zwangsversteigerung und der Zwangsverwaltung[19]).

Niedergelegt sind die auf die Zwangshypothek bezüglichen Vorschriften des Gesetzbuchs in den §§ 394, 396 und 397. Hier heißt es:

§ 394. Ein Gläubiger, dessen Forderung zur Hülfsvollstreckung geeignet ist, hat, insoweit erstere nicht schon durch eine Hypothek gesichert ist, einen gesetzlichen Rechtsgrund zur Eintragung dieser Forderung auf die Grundstücke des Schuldners[20]).

§ 396. Besteht der gesetzliche Rechtsgrund zur Erwerbung einer Hypothek hinsichtlich mehrerer Grundstücke, so kann der Berechtigte die Grundstücke bestimmen, auf welche die Eintragung geschehen soll. Derselbe gesetzliche Rechtsgrund kann wiederholt geltend gemacht werden.

§ 397. Die Eintragung einer Hypothek vermöge gesetzlichen Rechtsgrundes wird durch den Widerspruch des Eigen-

---

[19]) Vgl. hierzu auch BGB. § 424. Die Durchführung der Immobiliarvollstreckung erfolgte auch jetzt noch nach der Regelung des Exekutionsgesetzes von 1838, die nur durch wenige, hier nicht interessierende Vorschriften späterer Gesetze ergänzt worden war. Siebenhaar, Komm. z. BGB., Fußn. 1 zu § 394.

[20]) Bei der Revision des Entw. war ursprünglich zu diesem Paragraphen ein Zusatz beschlossen worden, wonach der gesetzliche Rechtsgrund auch einem Gläubiger zugute kommen sollte, wegen dessen Forderung der Schuldner nach Behändigung der Klage erklärt hat, die Hilfe in sein Grundstück für vollstreckt anzunehmen. Der Zusatz wurde jedoch in Anbetracht des Mißbrauchs, der mit einer solchen Bestimmung getrieben werden könnte, wieder fallen gelassen. Eine Erklärung bezeichneten Inhalts hatte nur die Bedeutung einer auf Bestellung einer Hypothek gerichteten freien Willenserklärung. Vgl. Siebenhaar, Erl. zu § 394.

tümers nicht gehindert. Derselbe kann aber seine Einwendungen, insbesondere auch, daß die Forderung gar nicht oder nicht nach dem behaupteten Betrag bestehe, oder daß mehr Grundstücke, als nötig, belastet worden seien, ausführen und die gänzliche oder teilweise Löschung der Hypothek verlangen. Ist die Forderung streitig, so trifft die Beweislast denjenigen, welcher den gesetzlichen Rechtsgrund geltend gemacht hat. Daß eine beschränktere Sicherstellung genügend sei, hat der Eigentümer zu beweisen.

Die hypothekenrechtlichen Vorschriften formeller Natur wurden in die Verordnung, das Verfahren in nichtstreitigen Rechtssachen betr., vom 9. Januar 1865[21]), die sog. Gerichtsordnung, als vierter Abschnitt (§§ 83 bis 232) aufgenommen. Der Regelung kam jedoch nur provisorische Bedeutung zu. Durch eine weitere Verordnung vom 3. August 1868[22]), die mit königlicher Genehmigung unter Zustimmung der Stände erging, erlangte sie in teilweise geänderter Fassung die Eigenschaft eines endgültigen Gesetzes. Die Gerichtsordnung befaßt sich mit der Zwangshypothek in ihrem § 140. Daselbst ist angeordnet:

> Die Hilfsvollstreckung in ein Grundstück wegen einer Forderung geschieht durch Eintragung einer Hypothek für dieselbe, welche sich jedoch, wenn die Forderung bereits teilweise durch eine Hypothek gesichert ist, auf den durch dieselbe nicht gesicherten Betrag beschränkt.
>
> Nach erfolgter Eintragung ist der Beklagte auf Nachsuchen des Klägers zu bedeuten, daß, wenn er denselben nicht binnen vier Wochen befriedige, und, daß dies geschehen, nachweise, mit Consignation und Taxation des Grundstücks behufs der Versteigerung und mit letzterer selbst werde verfahren werden[23]).

---

21) GVBl. S. 3ff.

22) GVBl. S. 504ff. Die das Verfahren in Grund- und Hypothekensachen betreffenden Abschnitte beider Verordnungen kommentierte Siegmann, Die kgl. sächs. Hypothekenordnung, Leipz. 1872.

23) Der Abs. 2 entstammt dem § 17 der AusfVO. zum HypG. von 1843. Danach sollte mit der Erlassung der Einlösungsauflage ein bestimmter Anfangspunkt geschaffen werden, von dem an die nach früherem Rechte an die Begründung des pignus judiciale geknüpfte vierwöchige Einlösungsfrist berechnet werden kann. Wie bei Siegmann, HypOrdn.

§ 3.

Die kleineren Bundesstaaten.

Dem Vorgang Preußens und vor allem Sachsens folgten bei Neuordnung ihres Hypothekenwesens mehrere kleinere Bundesstaaten, die heute dem Lande Thüringen angehören.

Den Anfang machte Sachsen-Weimar mit dem Gesetz vom 6. Mai 1839 über das Recht an Faustpfändern und Hypotheken[1]). Es erkennt in § 48 allen Gläubigern, die eine Forderung bis zur Hilfsvollstreckung ausgeklagt haben, einen gesetzlichen Pfandrechtstitel zu[2]). Die Forderung kann, wie § 49 hervorhebt, auch in dem Anspruch auf eine Kautionsleistung bestehen.

Eigentümlich ist dem Pfandrechtstitel, daß er sich in Ansehung des Pfandobjekts nicht auf Grundstücke beschränkt. Vielmehr wird die Begründung des Pfandrechts an beweglichen wie an unbeweglichen Vermögensgegenständen des Schuldners zugelassen. Die Exekutionsobjekte müssen entsprechend dem Spezialitätsprinzip im einzelnen bezeichnet werden. Ihre Auswahl steht dem Gläubiger zu, kann aber auch dem Richter überlassen werden.

Die Pfandrechtsbestellung selbst erfolgt bei Mobilien durch Übergabe der zu verpfändenden Gegenstände an den Gläubiger oder dessen Vertreter. Für Immobilien bedarf es der Eintragung

---

S. 109 f., ausgeführt wird, hat jedoch die Vorschrift des § 140 Abs. 2 nur für solche Fälle Bedeutung, in denen die persönliche Klage angestellt und in der Folge die Vollstreckung der Hilfe erfolgt ist. Wo dagegen wegen einer bereits eingetragenen Forderung lediglich die Pfandklage erhoben und dem Schuldner in der Hilfsauflage bedeutet worden ist, „daß bei unterbleibender Berichtigung des Schuldbetrags auf ferneren Antrag des Gläubigers mit der Zwangsversteigerung, bzw. Sequestration des verpfändeten Grundstücks verfahren werden solle", kommt die Einlösungsfrist ohne weiteres mit dem in der Hilfsauflage bestimmten Zahlungstag in Lauf.

1) RegBl. S. 259 ff. Das Gesetz, meist als Pfandgesetz bezeichnet, trat am 1. Januar 1842 in Kraft (§§ 358 ff.). Wegen des einschlägigen Prozeßrechts vgl. Heimbach, Lehrb. d. sächs. bürgerl. Prozesses mit besonderer Rücksicht auf die Gesetzgebung der zu dem Oberappellationsgericht Jena vereinigten Länder, Jena 1852/61.

2) Vgl. hierzu auch § 32, woselbst die gesetzlichen Pfandrechtstitel zunächst im allgemeinen aufgezählt sind, insbes. Nr. 5.

in das Hypothekenbuch, die diesfalls zu ihrem Rechtsbestand eine Zustimmung des Schuldners nicht voraussetzt[3]). Den erforderlichen Antrag hat der Gläubiger beim Prozeßgericht zu stellen. Dieses nimmt, wenn es zugleich die zuständige Unterpfandsbehörde ist, die Eintragung selbst vor; anderenfalls ersucht es um die Vornahme die vom Gläubiger zu benennende Unterpfandsbehörde, unter deren Gerichtsbarkeit die zu verpfändenden Immobilien liegen[4]).

Das Maß der Sicherheit, das der Gläubiger auf Grund seines Pfandrechtstitels beanspruchen darf, ist gesetzlich festgelegt. Nach § 51 kann nur die Bestellung eines Pfandes gefordert werden, dessen Wert dem doppelten Betrag der zu versichernden Summe gleichkommt. Bei Feststellung des Wertverhältnisses bleiben hinsichtlich der durch das Pfand zu deckenden Forderung künftige Zinsen und Kosten außer Betracht. Was das Pfandobjekt anlangt, so werden bei Grundstücken vom Werte die Forderungen abgezogen, die auf denselben Gegenstand bereits eingetragen oder doch vorgemerkt sind. Sie kommen mit dem doppelten Betrag ihrer ganzen, im Hypothekenbuch eingetragenen Summe zum Ansatz, auch wenn sie noch auf andere Gegenstände versichert sind. Brandgut ist nach der Brandversicherungssumme zu veranschlagen, soweit diese nicht etwa den wahren Wert übersteigt.

Ergeben sich nach Begründung des Pfandrechts Veränderungen in dem Wertverhältnis von Forderung und Pfandobjekt, indem der Betrag der zu sichernden Forderung sich erhöht oder vermindert, der Wert des Pfandes steigt oder fällt oder auch das Pfand ganz untergeht, so kann nach § 55 eine Ergänzung oder eine teilweise Aufhebung des Pfandrechts verlangt werden. Doch tritt dieses Recht erst ein, wenn infolge der nachträglichen Veränderung nicht einmal eine einfache Sicherheit übrigbleibt, bzw. die Sicherheit über den doppelten Betrag der Forderung hinausgeht.

Besonderes gilt noch für den Fall, daß dem Pfandrechtstitel durch Eintragung einer Hypothek an Grundstücken des Schuldners entsprochen worden ist. Hier sieht § 54 ein Ablösungs-

---

[3]) PfandG. §§ 57, 63.

[4]) PfandG. § 243.

recht für den Schuldner vor. Der Schuldner ist befugt, an Stelle der gegen ihn erwirkten Hypothek andere, hinreichende Sicherheit bietende Immobilien zu verpfänden. Er kann sich auch von der hypothekarischen Belastung seines Grundbesitzes überhaupt befreien, wenn er an ihm zustehenden Aktivforderungen, die eine gesetzmäßige Sicherheit gewähren, dem Gläubiger ein Pfandrecht bestellt.

Eine bemerkenswerte Änderung brachte in der Folge das Gesetz vom 15. Oktober 1853, einige Erleichterungen der Justiz-Unterbehörden im Hypothekenwesen und sonst betr.[5]). Hierdurch wird der in § 48 des Pfandgesetzes bestimmte Pfandrechtstitel, soweit es sich um den Zugriff in das unbewegliche Vermögen des Schuldners handelt, eingeschränkt. Die Gläubiger dürfen den Titel nicht mehr dazu benutzen, um sich auch für geringfügige Forderungen eine hypothekarische Sicherstellung zu verschaffen. Das findet seinen Ausdruck in der Nr. II des Gesetzes, die anordnet, daß ein Pfandrecht nur für Forderungen von einem Gesamtbetrag von mindestens zehn Talern einschließlich der Zinsen einzutragen ist. Damit wird für die Zwangshypothek des deutschen Rechtes erstmals der Gedanke der Summenbegrenzung verwirklicht, der schon in der Entwicklungsgeschichte der französischen Judizialhypothek eine Rolle gespielt hat[6]).

Als nächster Staat gab sich Sachsen-Altenburg in dem Gesetz vom 13. Oktober 1852, die Grund- und Hypothekenbücher und das Hypothekenwesen betr.[7]), eine neue Hypothekenordnung. Die Regelung lehnt sich enge an das kgl. sächsische Hypothekengesetz vom 6. Nov. 1843 an. Ihm sind auch die Vorschriften über die Zwangshypothek entnommen, mit der sich das altenburgische Gesetz in den §§ 41, 44 und 45 befaßt.

Der § 41 gewährt in Ziff. VII allen Gläubigern, denen eine durch rechtskräftiges Erkenntnis entschiedene oder sonst zur Hilfsvollstreckung geeignete Forderung zusteht, soweit sie nicht

---

[5]) RegBl. S. 341 ff.

[6]) Vgl. Heft 1 S. 73 f., 118 f., 155 f.

[7]) Ges.-Samml. S. 133 ff. Erläuterungen zu den §§ 41 und 44 des Gesetzes gibt die AusfVO. vom 21. Juni 1855 (Ges.-Samml. S. 103 ff.) §§ 17, 19.

schon hypothekarisch versichert und gedeckt sind, einen gesetzlichen Hypothektitel. Demzufolge können die Gläubiger, nachdem der Schuldbetrag gemäß den Vorschriften der Prozeßgesetze festgestellt worden ist, die Eintragung einer Hypothek an den zu Hilfsgegenständen bestimmten Immobilien des Schuldners verlangen. Die Eintragung des Schuldbetrags in das Grund- und Hypothekenbuch ist die Vollstreckungshandlung, außer der es einer weiteren bei der Hilfsvollstreckung in Immobilien nicht bedarf.

Gemäß § 44 haben die Grund- und Hypothekenbehörden Widersprüche gegen die von einem Gläubiger auf Grund des § 41 Ziff. VII nachgesuchte Eintragung einer Hypothek nicht zu beachten; selbst Appellationen haben keine Suspensivkraft. Dagegen steht es dem Widersprechenden frei, seine Einwendungen rechtlich auszuführen, um sodann die Löschung erwirken zu können.

Durch § 45 wird der Schuldner gegen eine übermäßige Belastung seines Grundbesitzes geschützt. Ist das Hilfspfandrecht ohne seine Einwilligung auf mehrere Immobilien im Grund- und Hypothekenbuch eingetragen worden und reicht schon eines oder einige davon nach Verhältnis ihres Wertes und unter Berücksichtigung der schon darauf haftenden Schulden zur Sicherstellung offenbar hin, so kann er die Löschung in Ansehung der übrigen Immobilien nachsuchen.

Im wesentlichen die gleichen Vorschriften trafen unter dem Einfluß des kgl. sächsischen Hypothekengesetzes auch Schwarzburg-Rudolstadt, Schwarzburg-Sondershausen und Reuß jüngere Linie. In Betracht kommen für Schwarzburg-Rudolstadt die §§ 23 Abs. 1, 67 und 68 des Gesetzes vom 6. Juni 1856, die Verbesserung des Hypothekenwesens betr.[8]), für Schwarzburg-Sondershausen die §§ 38 Nr. 6, 40 und 41 des Gesetzes vom 20. Juli 1857, die Grund- und Hypothekenbücher und das Hypothekenwesen betr.[9]), für Reuß jüngere Linie die §§ 41 Ziff. VI, 43 und 44 des Gesetzes vom

[8]) Ges.-Samml. S. 173 ff. Wegen des älteren Rechtes vgl. von Bamberg, Das Schwarzburg-Rudolstädtische Privatrecht in einer systematischen Übersicht, Rudolstadt 1844 S. 58.

[9]) Ges.-Samml. S. 293 ff.

20. Nov. 1858, die Grund- und Hypothekenbücher und das Hypothekenwesen betr.[10]).

Hervorzuheben sind nur einige Besonderheiten. Das schwarzburg-rudolstädtische Gesetz ordnet in § 66 an, daß der Schuldner die Realisierung des Titels, bzw. die auf Grund desselben eingetragene Hypothek, durch Bestellung genügender Faustpfänder ganz oder teilweise ablösen kann. Wann ein Faustpfand genügend ist, ergibt sich aus § 69. Danach braucht der Inhaber eines gesetzlichen Pfandrechtstitels eine Sache, die ihm zur Sicherstellung dienen soll, nicht zu einem höheren als dem auf zwei Dritteile der Schätzung bestimmten Werte zum Pfande anzunehmen. Das schwarzburg-sondershauser Gesetz stellt in § 38 Abs. 2, entsprechend dem § 49 des weimarischen Pfandgesetzes, fest, daß der Pfandrechtstitel auch Platz greift, wenn ein Anspruch auf Kautionsleistung bis zur Hilfsvollstreckung gerichtlich verfolgt worden ist. Ferner wird durch § 41 Abs. 2, der auf die §§ 76 und 77 des Gesetzes vom 5. April 1852[11]) verweist, das Maß der dem Gläubiger gebührenden Sicherheit näher bestimmt. Der Gläubiger kann verlangen, daß der Schätzungswert der ihm zu verpfändenden Grundstücke wenigstens um die Hälfte die Summe des Hauptstammes seiner Forderung übersteigt. Bei Gebäuden, die gegen Feuersgefahr versichert sein müssen, darf der Schätzungswert nicht höher als die Versicherungssumme sein.

Schließlich wurde noch in Reuß ältere Linie das Hypothekenrecht durch Gesetz vom 27. Februar 1873, die Grund- und Hypothekenbücher und das Hypothekenwesen betr.[12]), neuzeitlich umgestaltet. Die Reform schließt sich ebenfalls an die Gesetzgebung des Königreichs Sachsen an, erfährt aber insofern eine besondere Prägung, als hier das mittlerweile in Kraft getretene sächsische Bürgerliche Gesetzbuch vom 2. Januar 1863 berücksichtigt wird.

---

[10]) Ges.-Samml. Bd. 12 (1858—1861) S. 89ff.; hierzu AusfVO. vom 22. Nov. 1858 (Ges.-Samml. Bd. 12 S. 167ff.) §§ 17, 19.

[11]) Das Gesetz, die Aufhebung der stillschweigenden und der ausdrücklichen generellen Hypotheken und einige damit in Verbindung stehende Bestimmungen betr., ist in der Ges.-Samml. S. 29ff. veröffentlicht.

[12]) Ges.-Samml. S. 17ff.

Nach § 43 des Gesetzes hat der Gläubiger einer zur Hilfsvollstreckung geeigneten Forderung einen gesetzlichen Rechtsgrund zu deren Eintragung auf die Grundstücke des Schuldners, soweit nicht hierfür eine Hypothek bereits besteht. Die Eintragung des Schuldbetrags in das Grund- und Hypothekenbuch ist, wie wieder hervorgehoben wird, die Vollstreckungshandlung, außer welcher es einer weiteren bei der Hilfsvollstreckung in Immobilien nicht bedarf[13]).

Der § 46 verwehrt dem Eigentümer, die auf Grund des § 43 nachgesuchte Hypothekeintragung durch seinen Widerspruch zu hindern, und versagt den gegen eine solche Eintragung gerichteten Appellationen die aufschiebende Wirkung. Es kann jedoch der Eigentümer, der sich durch die Hypothek beschwert erachtet, seine Einwendungen, insbesondere, daß die Forderung gar nicht oder nicht nach dem behaupteten Betrag bestehe oder daß mehr Grundstücke als nötig belastet worden seien, im Rechtsweg ausführen und so die gänzliche oder teilweise Löschung der Hypothek verlangen. Wegen der Beweislast gelten die gleichen Vorschriften wie nach § 397 des sächs. BGB. Bei Streit über die Forderung ist beweispflichtig, wer den gesetzlichen Rechtsgrund geltend gemacht hat; hingegen hat der Eigentümer zu beweisen, daß eine beschränktere Sicherstellung genügt.

Wegen der Beziehungen zur Zwangsversteigerung und Zwangsverwaltung ist zu bemerken, daß Sachsen-Altenburg[14]) und die beiden Reuß[15]) die Subhastation und die Sequestration

---

[13]) In Abs. 2 behandelt § 43 noch den Fall, daß eine Hypothek an Lehengütern wegen einer Allodialforderung erwirkt worden ist. Die Regelung deckt sich mit § 40 Ziff. 6 Abs. 2 des sächs. HypG. vom 6. Nov. 1843.

[14]) Vgl. auch Fürstl. Sächs. Altenburgische Neu-erläuterte Gerichts- und Prozeß-Ordnung, Altenburg 1744, Pars I Kap. XXXV §§ XIII, XIV; Gesetz über den unbestimmten summarischen Prozeß und das Rechnungsverfahren vom 7. April 1823 (Ges.-Samml. S. 51 ff.) §§ 180, 189 ff.; Mandat, einige Abänderungen im Subh.-Verf. betr., vom 11. April 1849 (Ges.-Samml. S. 97 f.) §§ 1, 2; Höchste Verordnung zu § 2 des vorgenannten Mandats vom 4. Sept. 1860 (Ges.-Samml. S. 97 f.).

[15]) Vgl. für Reuß ä. L.: Gesetzl. Verordnung, die Abkürzung des Verfahrens bei Vollstreckung gerichtl. Erkenntnisse in Zivilsachen und den Ediktalprozeß betr., vom 10. Jan. 1853 (Ges.-Samml. S. 53 ff.) Tit. I §§ 9, 18; für Reuß j. L.: Landesherrl. Verordnung wegen Abkürzung des

von der vorgängigen Begründung einer Hypothek für die zu vollstreckende Forderung abhängig machten. Dagegen griffen Sachsen-Weimar und die beiden Schwarzburg erst bei oder nach Anordnung der Subhastation, bzw. auch der Sequestration, zum Pfandrecht, wo ein solches fehlte. Das geschah wieder auf verschiedene Weise. In Sachsen-Weimar[16]) erwarb der Gläubiger, der um die Vollstreckung in die Substanz des dem Schuldner gehörigen Grundstücks nachsuchte, kraft Gesetzes auf Grund der Subhastationsverfügung ein dingliches Recht am feilgebotenen Grundstück, sofern er nicht bereits ein solches vermöge einer ausdrücklichen oder stillschweigenden Hypothek besaß. Schwarzburg-Rudolstadt[17]) ließ mit dem Gerichtsbeschlusse, der die Exekution anordnete, ein Pfandrecht an dem zu subhastierenden Grundstück, bzw. an den Nutzungen des zu sequestrierenden Grundstücks entstehen. Darin trat später insofern eine Änderung ein, als das mit der Einleitung der Subhastation verbundene Pfandrecht erst mit der Eintragung in das Hypothekenbuch begründet wurde; die Eintragung hatte der Richter von Amts wegen zu erwirken, wenn die Voraussetzungen für die Einleitung der Subhastation gegeben waren. Nach dem Exekutionsrechte von Schwarzburg-Sondershausen[18]) erlangte der betreibende Gläubiger, nachdem das Subhastationsverfahren eingeleitet war, nur auf ausdrücklichen Antrag ein dingliches Recht an den vom Verfahren betroffenen Grundstücken, das vom Tage der Erlassung des Subhastationspatents datierte.

Verfahrens bei Vollstreckung gerichtl. Erkenntnisse vom 31. Dez. 1835 (Ges.-Samml. Bd. 3 S. 87 ff.) § 8 Nr. 2, § 20.

[16]) Subh.-Ordn. vom 14. Mai 1798 (von Göckelsche Sammlung weimarischer Gesetze Bd. I S. 355 ff.) § 3. Dieses Gesetz galt jedoch nicht in den Teilen, die erst 1815 zum Großherzogtum kamen, so namentlich in dem Neustädter Kreise, wo das königl. sächs. Recht fortbestand, und in den vormals preuß. Gebieten, wo das preuß. Recht aufrechterhalten blieb.

[17]) Exekut.-Ordn. vom 10. Juni 1854 (Ges.-Samml. S. 138 ff.) §§ 62, 63; Gesetz, die Verbesserung des Hypothekenwesens betr., vom 6. Juni 1856 (Ges.-Samml. S. 173 ff.) § 23 Abs. 2.

[18]) Gesetz über Verbesserungen des Zivilprozesses vom 20. Febr. 1834 (Samml. der vor dem Jahre 1837 publizierten Gesetze und Verordnungen privatrechtl. und zivilprozessualen Inhalts, Sondershausen 1859 S. 147 ff.) §§ 287, 288, 290.

2. Kapitel.

Die Entwicklung seit dem Erlasse der deutschen Zivilprozeßordnung vom 30. Januar 1877.

§ 1.

Die bundesstaatlichen Ausführungsgesetze zur Zivilprozeßordnung.

Die deutsche Zivilprozeßordnung vom 30. Januar 1877[1]) brachte für das Reichsgebiet eine einheitliche Regelung des Verfahrens in bürgerlichen Rechtsstreitigkeiten. Ausgenommen blieb jedoch die Zwangsvollstreckung in das unbewegliche Vermögen. Bei ihr ließ sich angesichts der weitgehenden Verschiedenheiten, welche die als materielle Grundlage in Betracht kommenden partikulären Liegenschaftsnormen aufwiesen, eine reichsgesetzliche Ordnung nicht durchführen[2]). So beschränkte sich das Gesetzbuch in den hier einschlägigen §§ 755—757 darauf, Vorschriften über die Zuständigkeit des Vollstreckungsgerichts zu treffen und die sich aus Anlaß der Immobiliarexekution ergebenden besonderen Prozesse und Verteilungsstreitigkeiten seinem Verfahren zu unterstellen. Im übrigen wurde das gesamte Gebiet der Zwangsvollstreckung in das unbewegliche Vermögen der landesgesetzlichen Regelung überwiesen. Diese sollte insbesondere die gebotene Abgrenzung zwischen beweglichem und unbeweglichem Vermögen vornehmen. Auch oblag ihr, wie § 757 Abs. 2 hervorhob, die Aufgabe, zu bestimmen, „inwiefern der Gläubiger berechtigt ist, seine Forderung in das Hypothekenbuch eintragen zu lassen und wie die Eintragung zu bewirken ist".

Die Ausführungsgesetze der Bundesstaaten[3]), die bisher die Einrichtung der Zwangshypothek besaßen, hielten an dem über-

[1]) Zitate von Paragraphen der ZPO., die in der weiteren Darstellung erfolgen, beziehen sich für die Zeit bis zum Erlasse der Bekanntmachung vom 20. Mai 1898 auf die ursprüngliche Fassung vom 30. Jan. 1877.

[2]) Vgl. auch Begr. zum Entw. der ZPO., abgedr. bei Hahn, Die gesamten Materialien zu den Reichs-Justizgesetzen, Bd. II (Zivilprozeßordnung), Berlin 1880 Abt. I S. 462.

[3]) Die landesrechtlichen Vorschriften, die sich mit der Zwangsvollstreckung in das unbewegliche Vermögen befassen, sind zum Teil in den

kommenen Rechtszustand grundsätzlich fest. Das fand zum Teil besonderen Ausdruck in Verweisungen auf die seitherigen Vorschriften; mehrfach wurden auch Sätze des aufrecht erhaltenen Rechtes in die neuen Gesetze übernommen. So sind in dem Gesetze des Königreichs Sachsen vom 4. März 1879, einige mit der Zivilprozeßordnung vom 30. Januar 1877 zusammenhängende Bestimmungen betr.[4]), die Voraussetzungen für die einzelnen Formen der Immobiliarvollstreckung und das gegenseitige Verhältnis dieser Formen zueinander entsprechend der bis dahin geltenden Ordnung geregelt. Nach § 10 erfolgt die Zwangsvollstreckung in eine unbewegliche Sache wegen einer Geldforderung durch Eintragung der Forderung in das Grund- und Hypothekenbuch; ist die Forderung bereits teilweise durch Hypothek sichergestellt, so beschränkt sich die Eintragung auf den nicht gesicherten Betrag. Die Versteigerung oder die Sequestration einer unbeweglichen Sache kann, wie es in § 13 weiter heißt, beantragen, wer die Zwangsvollstreckung in diese oder in dem auf die Pfandklage geführten Rechtsstreit die vollstreckbare Ausfertigung des Endurteils erlangt hat. Damit wird erneut festgelegt, daß das Recht auf Zwangsversteigerung und auf Zwangsverwaltung nur dem Hypothekengläubiger zukommt und daß der Personalgläubiger, der eine dieser Maßnahmen betreiben will, zunächst die Eintragung einer Zwangshypothek erwirken muß[5]). Gleiche oder ähnliche Vorschriften sahen Sachsen-Altenburg[6]), Reuß ä. L.[7]) und Reuß j. L.[8]) vor.

---

allgemeinen Ausführungsgesetzen zur ZPO., vielfach aber auch in besonderen, nur auf die Immobiliarexekution bezüglichen Vorschriften untergebracht.

[4]) GVBl. S. 69 ff.

[5]) An diesem Grundsatz hielt Sachsen bis zu der am 1. Jan. 1900 in Kraft gesetzten reichsrechtlichen Regelung fest. Das Gesetz vom 15. Aug. 1884, betr. die Zwangsversteigerung und die Zwangsverwaltung unbeweglicher Sachen (GVBl. S. 223 ff.) befaßte sich nur mit der Durchführung der Immobiliarexekution; wegen der Voraussetzungen der Zwangsversteigerung und der Zwangsverwaltung verwies es auf die bestehenden Gesetze (vgl. § 1).

[6]) Gesetz, die Ausführung der deutschen ZPO. betr., vom 25. März 1879 (Ges.-Samml. S. 82 ff.) §§ 15, 18.

[7]) Gesetz, Bestimmungen zur Ausführung der Reichs-ZPO. und des

Für Sachsen-Weimar ordnete dagegen das Gesetz vom 12. Mai 1879 über die Zwangsvollstreckung in das unbewegliche Vermögen [9]) nur noch an, daß die zum Zwecke der Zwangsversteigerung verfügte Beschlagnahme des Grundstücks im Hypothekenbuch vorzumerken ist. Die Vormerkung hat das Vollstreckungsgericht bei Erlassung des Beschlagnahmebeschlusses von Amts wegen herbeizuführen. Mit der Vormerkung im Hypothekenbuch erwirbt der Gläubiger das einer Hypothek gleichstehende Recht auf Befriedigung aus dem Gegenstand der Beschlagnahme. In dem schwarzburg-rudolstädtischen Gesetz vom 8. August 1879, betr. die Zwangsvollstreckung in das unbewegliche Vermögen [10]), kehrt die Vorschrift wieder, daß auf Grund des richterlichen Beschlusses, der die Einleitung des Zwangsversteigerungsverfahrens ausspricht, die Eintragung der vollstreckbaren Forderung im Hypothekenbuch zu bewirken ist. Es kann jedoch, wie hier ausdrücklich beigefügt wird, die Eintragung unterbleiben, wenn der Hauptanspruch vor Einleitung des Zwangsversteigerungsverfahrens bereits im Hypothekenbuch eingetragen war und der Gläubiger eine Ergänzung der Eintragung nicht beantragt.

Anlaß zu einer Ergänzung der bisherigen Vorschriften über die Zwangshypothek gab eine Einrichtung, welche die Reichszivilprozeßordnung auf dem Gebiete der Zwangsvollstreckung gebracht hatte. In den §§ 644ff. war die dem französischen Prozeßrecht entstammende vorläufige Vollstreckbarerklärung von Urteilen übernommen worden. Die meisten Partikulargesetze kannten eine vorläufige Vollstreckbarkeit in dieser Form nicht. So erhob sich die Frage, ob auch dem Gläubiger, der sich im Besitz eines nur vorläufig vollstreckbaren Urteils befindet, die Eintragung einer Hypothek zugestanden werden soll. Die Lösung erfolgte in verschiedener Weise, wobei Preußen und Sachsen die Führung übernahmen.

---

dazu bestehenden Einf.-Ges. betr., vom 3. Mai 1879 (Ges.-Samml. S. 93ff.) § 42.

[8]) Gesetz über die Zw.-Vollstr. in das unbewegliche Vermögen vom 19. Sept. 1879 (Ges.-Samml. Bd. 19 S. 135ff.) §§ 8, 48 Nr. 4.

[9]) Ges.-Samml. S. 277ff. § 15.

[10]) Ges.-Samml. S. 257ff. § 12.

Preußen entschied sich in dem Gesetze vom 4. März 1879, die Zwangsvollstreckung in das unbewegliche Vermögen betr.[11]), entsprechend seiner bisherigen Stellung wie auch im Hinblick auf § 658 der deutschen Zivilprozeßordnung[12]), dahin, daß das vorläufig vollstreckbare Urteil keine geeignete Grundlage für die Eintragung einer Hypothek bildet. Nach § 22 Abs. 3 darf nur eine Vormerkung im Grund- oder Hypothekenbuch eingeschrieben werden. Die Vormerkung sichert dem Gläubiger die Ausübung des Pfandrechtstitels bei Eintritt der Urteilsrechtskraft. Auf Grund des endgültig vollstreckbaren Erkenntnisses kann er die Umschreibung in eine Hypothek verlangen, deren Rang durch die Eintragung der Vormerkung bestimmt wird.

Dem Vorgehen Preußens schlossen sich Sachsen-Weimar[13]), Schwarzburg-Rudolstadt[14]) und Reuß jüngere Linie[15]) an.

Nach der Regelung, die das Königreich Sachsen in dem bereits erwähnten Gesetz vom 4. März 1879[16]) traf, wird dagegen für die vollstreckbare Geldforderung, soweit sie noch nicht hypothekarisch sichergestellt ist, stets sofort eine Hypothek eingetragen. Doch hat das kraft vorläufiger Hilfsvollstreckung erworbene Pfandrecht lediglich bedingten Charakter[17]). Deshalb muß, wenn die Eintragung auf Grund der vollstreckbaren Ausfertigung eines für vorläufig vollstreckbar erklärten Endurteils ohne den Nachweis der Urteilsrechtskraft erfolgt, gleichzeitig

---

[11]) Ges.-Samml. S. 102 ff. Vgl. auch Meves, Die Zivilprozeßordnung und die Zwangsvollstreckung in das unbewegliche Vermögen nach jetzt geltendem preuß. Recht, Breslau 1881, S. 476 ff.

[12]) Vgl. Begründung zum Gesetzentwurf, Verhandl. des Hauses der Abg., 13. Leg.-Per., 3. Sess., 1878/79, Anl. zu den Sten. Berichten Bd. 1 S. 350.

[13]) Gesetz vom 12. Mai 1879 über die Zwangsvollstr. i. d. unbewegl. Vermögen (RegBl. S. 277 ff.) § 9.

[14]) Gesetz vom 8. Aug. 1879, betr. die Zwangsvollstr. i. d. unbewegl. Vermögen (Ges.-Samml. S. 257 ff.) § 16 Abs. 2. — Schwarzburg-Sondershausen hat in dieser Beziehung keine gesetzliche Regelung getroffen.

[15]) Gesetz vom 19. Sept. 1879 über die Zwangsvollstr. i. d. unbewegl. Vermögen (Ges.-Samml. Bd. 19 S. 135 ff.) § 7 Abs. 2.

[16]) Einschlägig sind hier §§ 10, 11 in Verbindung mit §§ 6 bis 8 des Gesetzes.

[17]) Vgl. Motive zu dem Entw. des Gesetzes, Landtags-Akten 1877/78, Kgl. Dekrete nebst Anfugen, Bd. 2 S. 10.

im Grund- und Hypothekenbuch verlautbart werden, daß die Eintragung auf einem für vorläufig vollstreckbar erklärten Urteil beruht. Die gleiche Behandlung erfahren die Entscheidungen, gegen die das Rechtsmittel der Beschwerde stattfindet, und die im Mahnverfahren ergangenen Vollstreckungsbefehle. Auch hier hat das Grund- und Hypothekenamt in dem Hypothekvortrag die Art des zugrunde liegenden Schuldtitels zu vermerken, sofern nicht bei den beschwerdefähigen Entscheidungen die erfolglose Erhebung oder Versäumung der Beschwerde, bei den Vollstreckungsbefehlen die Versäumung des Einspruchs nachgewiesen ist. Der auf den Schuldtitel bezügliche Vermerk wird jeweils gelöscht, wenn nachträglich der Gläubiger den Nachweis erbringt, dessen Mangel die Aufnahme des Vermerks in das Grund- und Hypothekenbuch veranlaßt hat.

Die nämlichen Vorschriften erließen Sachsen-Altenburg[18]) und Reuß ältere Linie[19]).

Eine auf die Zwangshypothek bezügliche Änderung des seitherigen Rechtes nahm das angeführte preußische Gesetz vom 4. März 1879 vor. Bisher mußte bei der Hypothekerwirkung die Vermittlung des Prozeßgerichts in Anspruch genommen werden. Diese Vermittlung entfällt. Dafür wird das Prinzip des Selbstbetriebs eingeführt. Das entspricht, wie die Begründung des Gesetzentwurfs[20]) bemerkt, den Vorschriften der deutschen ZPO., nach denen jede Zwangsvollstreckung durch den Gläubiger selbst auf Grund der vollstreckbaren Ausfertigung des Schuldtitels zu betreiben ist. Nach § 22 Abs. 1 des Gesetzes vom 4. März 1879 hat nunmehr der Gläubiger, der eine Zwangshypothek eintragen lassen will, den Antrag unmittelbar beim Grund- oder Hypothekenbuchrichter anzubringen. Gleiches gilt für den Fall, daß bei vorläufig vollstreckbarem Urteil eine Vormerkung nachgesucht wird. Der Antrag bedarf, abweichend von § 33 der Grundbuchordnung[21]), keiner Form.

[18]) Gesetz vom 25. März 1879, die Ausführung der deutschen ZPO. betr. (Ges.-Samml. S. 82 ff.) §§ 15, 16 in Verb. mit §§ 12 bis 14.

[19]) Gesetz vom 3. Mai 1879, Bestimmungen zur Ausf. der Reichs-ZPO. und des dazu bestehenden EinfG. betr. (Ges.-Samml. S. 93 ff.) §§ 39, 40 in Verb. mit § 30.

[20]) A. a. O. S. 350.

[21]) Nach § 33 GBO. müssen schriftliche, zu einer Eintragung oder

Bevollmächtigte, insbesondere Rechtsanwälte, die für den Gläubiger auftreten, haben sich aber zufolge § 37 der GBO. durch eine gerichtlich oder notariell aufgenommene oder beglaubigte Vollmacht auszuweisen. Inhaltlich muß der Antrag alle für die Eintragung nötigen Angaben enthalten, namentlich die Forderung, wegen deren die Zwangsvollstreckung erfolgt, in Haupt- und Nebensache bestimmt bezeichnen. Außerdem hat der Gläubiger auch die Voraussetzungen der Zwangsvollstreckung zu belegen. Deshalb sind dem Antrag der mit der Vollstreckungsklausel versehene Schuldtitel und der Nachweis über die gemäß §§ 671, 703 ZPO. vorgenommene Zustellung des Titels an den Schuldner beizufügen. Liegt für die einzutragende Forderung eine Urkunde, z. B. ein Schuldschein oder ein Wechsel, vor, so bedarf es auch deren Vorlage, da nur solchenfalls nach § 22 der Verordnung vom 4. März 1834 das Recht auf Eintragung landesgesetzlich anerkannt ist[22]).

Der Übergang zum Selbstbetrieb fand Nachahmung in Schwarzburg-Rudolstadt[23]).

Neu erscheint die Zwangshypothek in den Ausführungsgesetzen von Oldenburg, Sachsen-Coburg-Gotha und Sachsen-Meiningen.

Oldenburg führte die Institution mit Gesetz vom 2. April 1879, betr. die Zwangsvollstreckung in das unbewegliche Vermögen wegen Geldforderungen[24]), für das Herzogtum Oldenburg und das Fürstentum Birkenfeld ein[25]). Art. 1 ordnet an,

---

Löschung erforderliche Anträge und Urkunden gerichtlich oder notariell aufgenommen oder beglaubigt sein; einer besonderen Beglaubigung bedarf es nur dann nicht, wenn den schriftlichen Anträgen die beglaubigten Urkunden beiliegen, in denen die Beteiligten die beantragte Eintragung oder Löschung schon bewilligt haben. Die Begründung des Gesetzentwurfs (a. a. O. S. 350) rechtfertigt die für den Antrag auf Zwangseintragung vorgesehene Abweichung damit, daß das vollstreckbare Urteil einer begl. Urkunde, in der die Eintragung bewilligt wird, formell gleichzuachten ist.

[22]) Meves a. a. O. S. 477.

[23]) Gesetz vom 8. Aug. 1879 § 16 Abs. 2.

[24]) GBl. für das Herzogtum Oldenburg S. 271 ff.

[25]) Das bisherige Recht kannte eine Zwangseintragung nur im Falle des § 16 der Hyp.- und Konk.-Ordnung vom 11. Okt. 1814. Bei nichtvertraglichen Verbindlichkeiten, wo die Einwilligung des Schuldners in die Ingrossation nicht zu erlangen ist, durfte das Gericht nach Ermessen

daß die Immobiliarexekution wegen einer Geldforderung durch zwangsweise Eintragung einer Hypothek, durch Zwangsversteigerung oder durch Zwangsverwaltung erfolgt. Dem Gläubiger steht es frei, eine dieser Maßregeln allein oder auch mehrere von ihnen nebeneinander ausführen zu lassen.

Die zwangsweise Eintragung der Hypothek[26]) setzt eine Geldforderung voraus, für die ein unbedingter Vollstreckungstitel vorliegt. Ist die Forderung lediglich vorläufig vollstreckbar, so wird gemäß Art. 13 nur eine Vormerkung in das Hypothekenbuch aufgenommen. Der vorgängigen Leistung einer dem Gläubiger auferlegten Sicherheit bedarf es hierzu nicht[27]). Geht die vorläufige Vollstreckbarkeit später in eine endgültige über, so kann nunmehr die Vormerkung in eine Hypothek umgewandelt werden. Nach Art. 9 ist ferner notwendig, daß der Hauptbetrag der Forderung in gesetzlicher Währung bestimmt ist. Auch muß der Schuldner in der gemeindlichen Mutterrolle als Eigentümer des zu belastenden Grundstücks eingetragen sein[28]).

---

eine Ingrossation auch wider Willen des Schuldners verfügen. Die nunmehr auf Grund des § 757 Abs. 2 ZPO. vorgenommene Erweiterung sollte nach den Motiven zum Gesetzentwurf (Verh. des 20. Landtags 1878/79, Nebenanlage B zu Anlage 171, S. 734) dem Gläubiger, dem es mehr um die Sicherung seiner Forderung als um deren sofortige Beitreibung zu tun ist, ein Mittel zur Erreichung dieses Zweckes an die Hand geben.

Von einer Ausdehnung des Gesetzes auf das Fürstentum Lübeck wurde, wie die Mot. (S. 709) bemerken, abgesehen, da dort schon bisher Zwangsvollstreckungen in das unbewegliche Vermögen gesetzlich zulässig gewesen sind und die dieserhalb bestehenden Rechtsnormen wenigstens einstweilen noch genügen werden. So fand auch die Institution der Zwangshypothek in diesem Landesteil keinen Eingang.

[26]) Wegen Einführung des Grundbuchsystems im Herzogtum Oldenburg vgl. die sich enge an die preuß. Gesetzgebung anlehnenden Gesetze vom 3. April 1876, betr. den Eigentumserwerb an Grundstücken und deren dingliche Belastung und betr. die Grundbuchordnung, erläutert von v. Beaulieu-Marconnay, Das Grundbuchrecht des Herzogtums Oldenburg, Oldenburg 1876.

[27]) Die Mot. (S. 734) begründen dies damit, daß die Eintragung einer Vormerkung nur eine dem Arrest ähnliche Wirkung hat.

[28]) Eine solidarische Eintragung auf mehrere Grundstücke ist nach oldenburgischem Hypothekenrecht nicht ausgeschlossen; doch kommt in Betracht, daß der Komplex aller Grundstücke, die auf einen Artikel der

Für die Erwirkung der Hypothek, bzw. der Vormerkung sieht das Gesetz eine Vermittlung durch das Vollstreckungsgericht vor. Als solches wird das nach §§ 755, 756 ZPO. zuständige Amtsgericht der belegenen Sache tätig. Wegen des Verfahrens, das bei der Vermittlung einzuschlagen ist, sind in den Art. 10 bis 13 eingehende Bestimmungen getroffen.

Wird nach Eintragung der Hypothek oder der Vormerkung die Zwangsvollstreckung gemäß §§ 691, 692 ZPO. mit der Wirkung eingestellt, daß auch die bereits erfolgten Zwangsvollstreckungsmaßregeln aufzuheben sind, so kann nach Art. 15 die Löschung der Eintragung herbeigeführt werden. Auch hierfür muß die Vermittlung des Vollstreckungsgerichts in Anspruch genommen werden. Der Löschung dient als Unterlage der Nachweis der gerichtlichen Einstellungsverfügung. Einer Zustimmung des Gläubigers bedarf es nicht.

Zum Antrag auf Zwangsversteigerung ist nach dem oldenburgischen Vollstreckungsgesetz nicht erforderlich, daß dem betreibenden Gläubiger für seine Forderung eine Hypothek zusteht. Es wird aber, wo eine solche Sicherstellung nicht vorliegt, nachträglich zur Zwangseintragung gegriffen. Zufolge Art. 19 hat hier das Vollstreckungsgericht nach Einleitung des Versteigerungsverfahrens zunächst von Amts wegen die Eintragung einer Hypothek zu verfügen[29]), wobei entsprechend die Vorschriften Anwendung finden, die für eine auf Antrag des Gläubigers als selbständige Exekutionsmaßnahme zu erwirkende Zwangseintragung maßgebend sind. Die Eintragung

---

Mutterrolle verzeichnet sind, als pfandrechtliche Einheit gilt. Vgl. Mot. S. 730.

[29]) Wie die Motive (S. 735) hierzu bemerken, erscheint es, da der Antrag auf Zwangsversteigerung auch alle diejenigen Bedingungen voraussetzt, die zur zwangsweisen Eintragung einer Hypothek erforderlich sind, und da durch Pfändung nach § 709 der deutschen ZPO. ohnehin ein Pfandrecht erworben wird, unbedenklich und im Interesse des betreibenden Gläubigers gelegen zu sein, diesem sofort für seine Forderung, falls solche noch nicht in das Hypothekenbuch eingetragen ist, eine Hypothek zu erwirken. Dadurch wird der Forderung die Rangordnung gesichert, welche sie durch die Eintragung erlangt hat, auch wenn der betreibende Gläubiger später wegen der Erfolglosigkeit der beantragten Zwangsversteigerung zum Rücktritt genötigt ist.

der Hypothek bleibt so lange in Kraft, bis sie mit Einwilligung des Gläubigers oder gemäß Art. 15 gelöscht wird. Das gleiche gilt nach Art. 80 auch für den Fall der Zwangsverwaltung.

Für Sachsen-Coburg-Gotha schlägt das Gesetz vom 7. April 1879, die Zwangsvollstreckung in unbewegliches Vermögen betr.[30]), ein. Daselbst wird die Zwangshypothek in § 2 behandelt. Der Gläubiger einer vollstreckbaren Geldforderung kann nach Maßgabe des Gesetzes über den Eigentumserwerb und die dingliche Belastung der Grundstücke vom 1. März 1877[31]) die Eintragung eines Pfandrechts in das Grundbuch verlangen. Sofort eintragbar ist das Pfandrecht aber nur dann, wenn der Vollstreckungstitel in einem unbeschränkt vollstreckbaren Urteil, einem vor Gericht oder vor einem Schiedsmann[32]) geschlossenen Vergleich oder einer vollstreckbaren Urkunde im Sinne des § 702 Nr. 5 ZPO. besteht. Hat hingegen der Schuldner für seine Forderung ein vorläufig vollstreckbares Urteil, eine mit Beschwerde anfechtbare Entscheidung oder einen Vollstreckungsbefehl in Händen, so wird zunächst nur eine Vormerkung im Grundbuch eingeschrieben. Die endgültige Eintragung an Stelle der Vormerkung erfordert, daß das vorläufig vollstreckbare Urteil rechtskräftig geworden ist, bzw. gegen die beschwerdefähige Entscheidung das Rechtsmittel der Beschwerde, gegen den Vollstreckungsbefehl der Einspruch nicht mehr stattfindet.

Hinsichtlich der Stellung der Zwangshypothek im Rahmen der Immobiliarexekution kommt in Betracht, daß nach § 3 der Antrag auf Zwangsversteigerung das Bestehen eines Grundpfandrechts für die zu vollstreckende Forderung voraussetzt. Der Gläubiger, der lediglich einen persönlichen Anspruch gegen

---

30) Gemeinschaftl. Ges.-Samml. f. d. Herzogtümer Coburg und Gotha Nr. 370.

31) Gemeinschaftl. Ges.-Samml. Nr. 340. Zu verweisen ist auf den III. Abschnitt des Gesetzes (§§ 18—67), der von dem Rechte der Hypothek und der Grundschuld handelt.

32) Der vor dem Schiedsmann geschlossene Vergleich wurde auf Grund des § 706 ZPO. durch § 30 der Schiedsmannsordnung vom 7. April 1879 (Gemeinschaftl. Ges.-Samml. Nr. 371) in Verb. mit § 8 des AusfG. z. ZPO. vom gleichen Tage (ebenda Nr. 378) als Vollstreckungstitel zugelassen.

seinen Schuldner hat, kann daher zu dieser Maßregel erst greifen, wenn er sich nach § 2 ein Pfandrecht am Grundbesitz des Schuldners verschafft hat. Das Pfandrecht muß aber, wie § 3 Nr. 1 hervorhebt, ein endgültiges sein.

In formeller Beziehung ist die Erwirkung der Zwangshypothek an keine gerichtliche Vermittlung gebunden. Hypothek wie Vormerkung werden auf den unmittelbar an die Grundbuchbehörde zu richtenden Antrag des Gläubigers eingetragen. Eine Beglaubigung des Antrags ist nach § 2 Abs. 1 nicht geboten.

In Sachsen-Meiningen wurde die Zwangshypothek durch das Gesetz vom 21. Juni 1879, betr. die Zwangsvollstreckung in das unbewegliche Vermögen[33]), übernommen. Der § 10 beseitigt die Einrichtung der Immission, die bisher für den Gläubiger einer ausgeklagten Forderung den Titel zur Erwirkung einer Hypothek an dem unbeweglichen Gute des Schuldners abgab[34]). Dafür wird der Vollstreckungstitel selbst zum Hypothektitel. Dieser gibt dem Gläubiger das Recht, ohne weiteres für seine vollstreckbare Forderung eine Hypothek an den Liegenschaften des Schuldners eintragen zu lassen. Eine Abschwächung tritt bei bloß vorläufig vollstreckbarem Urteil ein, das lediglich eine Vormerkung gewährt. Den Eintragungsantrag kann der Gläubiger unter Beifügung des Vollstreckungstitels unmittelbar beim Hypothekenamt stellen.

Die Zwangshypothek ist wieder in besondere Beziehung zur Zwangsversteigerung gebracht. Nach § 11 des Gesetzes muß der Gläubiger, der die Einleitung eines Zwangsversteigerungsverfahrens beantragt, den Nachweis der hypothekarischen Sicherstellung seiner Forderung erbringen. Die bloße Vormerkung genügt nicht. Wegen einer nur vorläufig vollstreckbaren Forderung findet zufolge § 12 ein Antrag auf Zwangsversteigerung nicht statt.

---

[33]) Samml. der landesherrl. Verordnungen im Herzogtum Sachsen-Meiningen Bd. 21 S. 141 ff.

[34]) Vgl. Gesetz vom 17. Juli 1862, die Exekutionsordnung enthaltend (Samml. Bd. 16 S. 77 ff.) Art. 37, ferner Gesetz über die Anlegung von Grund- und Hypothekenbüchern vom 15. Juli 1862 (Samml. Bd. 15 S. 432 ff.) Art. 16 und Gesetz über die Bestellung von Hilfspfandrechten an Immobilien vom 2. Mai 1865 (Samml. Bd. 17 S. 41 ff.) § 1.

§ 2.

Das preußische Gesetz vom 13. Juli 1883.

In Preußen waren durch das Gesetz vom 4. März 1879 die verschiedenartigen landesrechtlichen Vorschriften in notdürftige Übereinstimmung mit dem neuen Reichsrecht gebracht worden. Nunmehr handelte es sich darum, an Stelle des zersplitterten Rechtszustandes eine tunlichst einheitliche Ordnung des Gesamtgebiets der Immobiliarvollstreckung zu setzen. Das geschah in dem Gesetz vom 13. Juli 1883, betr. die Zwangsvollstreckung in das unbewegliche Vermögen [1]), dessen Anwendungsgebiet den Geltungsbereich der Grundbuchordnung vom 5. Mai 1872 umschloß. Als wichtigste Neuerung brachte das Gesetz für die Zwangsversteigerung das Deckungsprinzip, das unter dem Einfluß einer von landwirtschaftlichen Kreisen ausgehenden Bewegung wenige Jahre zuvor bereits in Württemberg eingeführt worden war [2]); es fügte hierzu noch das Übernahmeprinzip. Danach sollte nicht mehr, wie das bisher im größten Teile der Monarchie rechtens war, der Zuschlag um jeden Preis und frei von den am Grundstück haftenden Lasten erfolgen dürfen. Das Gebot mußte vielmehr jeweils die dem betreibenden Gläubiger vorgehenden Rechte decken und der Ersteher hatte die bei Feststellung des geringsten Gebots berücksichtigten Rechte in Anrechnung auf den Kaufpreis zu übernehmen [3]).

---

[1]) Ges.-Samml. S. 131 ff., in Kraft getreten am 1. Nov. 1883. Die Gesetzesmaterialien sind gesammelt bei Stegemann, Die Materialien zum Gesetz vom 13. Juli 1883, betr. die Zwangsvollstreckung in das unbewegl. Vermögen, Berlin 1883. Kommentar: Krech-Fischer, Die preuß. Gesetzgebung betr. die Zwangsvollstreckung in das unbewegl. Vermögen, 3. Aufl., Berlin 1894.

[2]) Gesetz vom 18. Aug. 1879, betr. die Zwangsvollstr. in unbewegl. Vermögen, RegBl. S. 191 ff. Art. 21.

[3]) Vgl. §§ 22, 53 ff., 57 des Gesetzes. Mit den neuen Problemen hatte sich auch der Deutsche Juristentag auf seinen Tagungen zu Frankfurt a. M. (1872), Hannover (1873), Nürnberg (1875) und Kassel (1882) eingehend befaßt. Den Beratungen lagen Gutachten von Struckmann und Johanning über die Frage „Ist es angemessen, daß durch die Subhastation sämtliche auf dem subhastierten Grundstücke ruhenden Hypotheken fällig werden?“ und von v. Salpius und Heinsen über die Frage „Soll eine Reform des

In dem neuen Immobiliarvollstreckungsgesetz fand sich auch die Institution der Zwangshypothek vor[4]). Der § 2 gewährt als Maßnahme der Zwangsvollstreckung[5]) neben der Zwangsversteigerung und der Zwangsverwaltung die Eintragung der vollstreckbaren Forderung in das Grundbuch. Die Begründung des

---

Zwangsvollstreckungsverfahrens dahin erstrebt werden, daß der Zuschlag nicht erteilt werden darf, wenn das Gebot den Betrag der dem betreibenden Gläubiger vorgehenden Hypotheken nicht übersteigt?" zugrunde. Bei der Kasseler Tagung war bereits der Entw. zu dem preuß. Immobiliarvollstreckungsgesetz fertiggestellt. Dies gab dem Juristentag Veranlassung, seine Befriedigung über die hier unternommene Umgestaltung der Zwangsvollstreckung in das unbewegl. Vermögen auszusprechen. Verh. des Deutsch. Juristentags 10. Tagung Bd. 1 S. 63 ff., 136 ff., Bd. 2 S. 220 ff., insbes. 245 ff., ferner 314; 11. Tagung Bd. 2 S. 260 ff., 361 ff.; 12. Tagung Bd. 1 S. 117 ff., 134 ff., Bd. 3 S. 253 ff., 331 ff.; 16. Tagung Bd. 2 S. 73 ff., 329 ff.

[4]) Eine monographische Darstellung gibt Wolff, Die Eintragung in das Grundbuch zur Vollstreckung einer Forderung, Berlin 1886. Vgl. ferner Dernburg, Das preuß. Hypothekenrecht, 2. Abt., Leipzig 1891 S. 116 ff.; Achilles-Strecker, Die preuß. Gesetze über Grundeigentum und Hypothekenrecht vom 5. Mai 1872, 4. Aufl., Berlin 1894 S. 137 ff.; Hesse, Immobiliarrecht und Immobiliarexekution nach den preuß. Gesetzen vom 5. Mai 1872 und vom 13. und 18. Juli 1883, Berlin 1884 S. 204 ff.

[5]) Vgl. dagegen Krech-Fischer (a. a. O. S. 96 ff.), die trotz der Fassung des § 2 in der Zwangseintragung lediglich einen Akt der freiwilligen Gerichtsbarkeit sahen. Aber auch an die Unterstellung der Institution unter die Zwangsvollstreckung knüpften sich Meinungsverschiedenheiten an. Es wurde die Frage aufgeworfen, worin die Vollstreckung bestehe und welche Stellung der Grundbuchrichter einnehme. Vorherrschend war die Anschauung, daß die Vollstreckung in der Eintragungstätigkeit des Grundbuchrichters zu suchen sei, der jedoch damit nicht zum Vollstreckungsrichter werde (s. hierzu Achilles-Strecker, a. a. O. S. 138 ff.). Wolff (a. a. O. S. 14 ff.) wich insofern ab, als er den Grundbuchrichter als Vollstreckungsrichter betrachtete. Nach Eccius (Förster-Eccius, Preuß. Privatrecht, 6. Aufl., Berlin 1892/93, Bd. 1 S. 756 f.) lag die Vollstreckung in den Händen des Gläubigers; dieser übt den Zwang gegen den Schuldner durch die Stellung des Eintragungsantrags, der, soweit keine Hindernisse obwalten, die Eintragungsbewilligung des Schuldners ersetzt. Rothenberg (Gruchots Beitr. z. Erläuterung d. deutsch. Rechtes, Jahrg. 35 [1891] S. 753 ff.) erblickte die Vollstreckung in der Verwirklichung einer gesetzlichen Fiktion, derzufolge mit dem Eingang des ordnungsmäßigen Eintragungsantrags beim Grundbuchamt die Eintragungsbewilligung des Schuldners als abgegeben gilt.

Entwurfs[6]) bemerkt hierzu, daß die Möglichkeit der zwangsweisen Eintragung dem Gläubiger zum Vorteil des Schuldners gestattet, die Befriedigung der vollstreckbaren Forderung ohne Gefährdung hinauszuschieben. Bei den Kommissionsberatungen im Herrenhause[7]), das zunächst mit der Gesetzesvorlage befaßt worden war, hatte sich allerdings Widerspruch gegen die Aufnahme der Zwangshypothek erhoben. Es wurde die Institution für entbehrlich erachtet, da sich ihr Ziel auch auf dem Wege der Konventionalhypothek erreichen lasse, und namentlich der Befürchtung Ausdruck gegeben, daß die Zwangseintragung auf Grund vollstreckbarer Urkunden zu Mißständen führen würde. Allein der Antrag, die Eintragung einer vollstreckbaren Forderung als Hypothek im Wege der Zwangsvollstreckung nicht mehr zu gestatten, verfiel gegen drei Stimmen der Ablehnung. Im Verlaufe der weiteren Landtagsverhandlungen wurden Angriffe gegen die Existenzberechtigung der Zwangshypothek nicht mehr erhoben. Die Eintragung der vollstreckbaren Forderung in das Grundbuch kann der Gläubiger nach seiner Wahl allein oder neben Zwangsversteigerung oder Zwangsverwaltung ausführen lassen. Für letztere Maßnahmen bedarf es weder zur Einleitung noch zur Durchführung einer hypothekarischen Sicherstellung der Forderung des betreibenden Gläubigers.

Mit der näheren Regelung der Zwangseintragung befassen sich die §§ 6 bis 12 des Gesetzes. Danach setzt die Zwangseintragung eine vollstreckbare Geldforderung voraus, deren Betrag in gesetzlicher Währung bestimmt ist. Gleichgültig ist die Art des Vollstreckungstitels. Den Anspruch auf die Zwangseintragung begründen alle Titel, die nach Reichs- oder Landesrecht vollstreckbar sind. Die Forderung braucht nicht notwendig Personalforderung zu sein. Es kann die Zwangseintragung auch erwirkt werden, wenn bereits an anderen Grundstücken des Schuldners eine Hypothek für die Forderung besteht[8]). Zu dem Erfordernisse der vollstreckbaren, in gesetzlicher Währung bestimmten Geldforderung tritt eine weitere Voraussetzung. Das Grundbuch muß den Schuldner als Eigentümer der Liegenschaft

---

[6]) Stegemann a. a. O. S. 48.
[7]) Stegemann S. 142 ff.
[8]) Vgl. hierzu § 8 Abs. 2 des Gesetzes.

ausweisen, auf welche die Eintragung genommen werden soll. Ist der Schuldner, obwohl Eigentümer, als solcher nicht eingetragen, so bedarf es der Berichtigung des Grundbuchs. Ihre Herbeiführung wird dem Gläubiger auf zweifachem Wege ermöglicht. Nach den Vorschriften der Grundbuchordnung (§§ 55, 56) kann er verlangen, daß der Schuldner zur Eintragung seines Eigentums zwangsweise angehalten wird. Darüber hinaus gibt ihm § 6 des Immobiliarvollstreckungsgesetzes auch das Recht, unmittelbar an Stelle des Schuldners dessen Eintragung als Eigentümer zu beantragen. Letzterenfalls hat der Gläubiger zur Begründung seines Antrags alle Nachweisungen beizubringen, deren Beschaffung dem Schuldner obliegen würde. Die erforderlichen Urkunden kann er bei Gericht oder Notar erholen.

Für die vollstreckbare Geldforderung wird grundsätzlich eine Hypothek in das Grundbuch eingetragen. Die Hypothek ist Verkehrshypothek [9]). Zum Schutze des Schuldners gegen die hiermit verbundenen Gefahren greift das Gesetz ausnahmsweise auf die Vormerkung. In Betracht kommen drei Fälle:

1. Vormerkungsweise Eintragung erfolgt, wenn sich die Forderung des Gläubigers auf eine vollstreckbare Urkunde (§ 702 Nr. 5 ZPO.) oder auf einen vollstreckbaren Vergleich gründet, der nicht unter § 702 Nr. 1 und 2 ZPO. fällt, also nicht vor einem deutschen Gericht im anhängigen Rechtsstreit oder vor einem deutschen Amtsgericht im Sühneverfahren abgeschlossen ist. Die Vorschrift geht auf einen Beschluß der Kommission des Herrenhauses zurück [10]). Dieser erschien es bedenklich, aus vollstreckbaren Urkunden und Vergleichen ohne vorgängige Anhörung des Schuldners eine Hypothek eintragen zu lassen, weil mit einer Abtretung der Forderung an einen gutgläubigen Dritten dem Schuldner die Geltendmachung seiner Einwendungen benommen wird. Deshalb entschied sie sich für die Einfügung einer Bestimmung, nach der bei solchen Schuldtiteln nur die Eintragung einer Vormerkung Platz greifen sollte. Das Plenum des Abgeordnetenhauses schränkte in zweiter Lesung den Zusatz ein. Es nahm die nach § 702 Nr. 1 und 2 ZPO. er-

---

[9]) Vgl. auch Dernburg a. a. O. S. 120 f.
[10]) Stegemann S. 145.

richteten gerichtlichen Vergleiche aus, da gegenüber diesen Schuldtiteln die Besorgnis einer mißbräuchlichen Ausnutzung der Hypothekeintragung nicht als begründet angesehen wurde [11]).

2. Zur Eintragung einer Vormerkung kommt es weiter, wenn die Forderung des Gläubigers nur vorläufig oder nur gegen Sicherheitsleistung vollstreckbar ist. Hierin liegt eine Anpassung an den § 658 ZPO., wonach die Vollziehung vorläufig vollstreckbarer Urteile, durch die auf Bewirkung einer Eintragung im Grund- oder Hypothekenbuch erkannt ist, lediglich in der für Sicherstellung eines Anspruchs auf Eintragung zulässigen Form gestattet wird. Bei einer gegen Sicherheitsleistung vollstreckbaren Forderung ist die Eintragung der Vormerkung nicht durch die Erbringung der Sicherheitsleistung bedingt, da die Beschränkung der Eintragung auf die Vormerkung dem Schuldner im wesentlichen die gleiche Sicherheit bietet. Wird die vorläufig oder gegen Sicherheitsleistung vollstreckbare Forderung, für welche die Vormerkung eingetragen ist, später endgültig vollstreckbar, so kann der Gläubiger die Umschreibung in eine Hypothek beantragen.

3. Schließlich ist die Vormerkung für den Fall vorgesehen, daß der Gläubiger die Vorlegung gewisser Urkunden unterläßt, deren Beibringung für die Eintragung einer Hypothek besonders erfordert wird. Es sind dies nach § 8 des Gesetzes Inhaberpapiere, Wechsel und andere durch Indossament übertragbare Orderpapiere (altes HGB. Art. 301—304 [12])), auf die sich der Schuldtitel gründet, ferner Hypothekenurkunden und Grund-

---

[11]) Stegemann S. 404, 409 ff. Die Ausscheidung der gerichtlichen Vergleiche war bereits in den Komm.-Verh. des Abg.-Hauses beantragt worden; doch wurde hier der Antrag mit 10 gegen 7 Stimmen abgelehnt. Stegemann S. 369 f.

[12]) Die angeführten Artikel des Handelsgesetzbuchs nennen kaufmännische Anweisungen und Verpflichtungsscheine über Leistungen von Geld oder einer Quantität vertretbarer Sachen oder Wertpapiere, Konnossemente der Seeschiffer, Ladescheine der Frachtführer, Auslieferungsscheine der zur Aufbewahrung von Waren oder anderen beweglichen Sachen staatlich ermächtigten Anstalten, Bodmereibriefe und Seeassekuranzpolizen. Alle diese Papiere können, wenn sie auf Order ausgestellt sind, durch Indossament übertragen werden. Dazu kommen noch die nach landesgesetzlicher Vorschrift indossablen Orderpapiere.

schuldbriefe über bereits erfolgte Eintragungen der Forderung auf andere Grundstücke[13]). Auch hier wird die Vormerkung in eine Hypothek umgeschrieben, wenn nachträglich die Urkunden zur Stelle geschafft werden.

Als Gegenstand der Zwangseintragung kann der Gläubiger das gesamte Liegenschaftsvermögen des Schuldners in Anspruch nehmen. Die Form, in der sich der Zugriff auf mehrere Grundstücke zu vollziehen hat, war der umstrittenste Punkt bei der Regelung der Materie. Der Entwurf hatte, entgegen dem Standpunkt der Verordnung vom 4. März 1834, aber in Fortführung der in den späteren Provinzialgesetzen angebahnten Entwicklung, die ungeteilte Eintragung der Forderung ohne irgendwelche Beschränkung vorgesehen. Das geschah, weil bei einer Verweisung auf Teilhypotheken die Stellung des Gläubigers nicht als hinlänglich gesichert erschien, vor allem aber wegen der großen Schwierigkeiten, welche die praktische Durchführung des Verteilungszwangs angesichts der Frage verursachte, was als selbständiges Grundstück zu gelten habe. Im Verlaufe der Landtagsverhandlungen wurde wiederholt die Rückkehr zur Verordnung von 1834 gefordert[14]). Leitend war der Gesichtspunkt, daß einer Vermehrung der Korrealhypotheken wegen des schädigenden Einflusses auf den Realkredit des Schuldners und wegen der Verwicklungen, die sich bei der Feststellung des geringsten Gebots im Zwangsversteigerungsverfahren ergeben, entgegengetreten werden müsse. Allein die Mehrheit hielt, obschon im Herrenhaus namentlich auch Dernburg, der bekannte Berliner Rechtslehrer, für eine Belassung des Verteilungszwanges eingetreten war, an dem Vorschlage des Entwurfs fest. Selbst ein in der Kommission des Abgeordnetenhauses gestellter Vermittlungsantrag, der für bereits einer Korrealhypothek unterliegende Grundstücke eine Ausnahme vom Verteilungszwange zugestehen

---

[13]) Es brauchen also nicht mehr ohne weiteres alle dem Schuldtitel zugrunde liegenden Urkunden beigebracht zu werden, wie dies § 22 Abs. 2 der VO. vom 4. März 1834 vorschrieb. Eine derart weitgehende Verpflichtung ist nach der Begr. des Entw. weder geboten noch auch wegen der daraus vielfach entstehenden Weiterungen geraten. Vgl. hierzu Stegemann S. 51.

[14]) Stegemann S. 145, 205 ff., 368 f.

wollte, führte nicht zum Ziele. Dagegen setzte sich eine ergänzende Vorschrift durch, die in der Kommission des Herrenhauses beschlossen worden war [15]. Hiernach wurde zum Schutze des Schuldners gegen eine ungebührliche Beschwerung seines Grundbesitzes aus dem rheinisch-französischen Rechte die Einrichtung der Reduktionsklage übernommen [16]. Hat der Gläubiger durch die Eintragung für seine Forderung eine übermäßige Sicherheit erlangt, so kann der Schuldner im Wege einer gegen den Gläubiger zu erhebenden Klage die Verteilung der Forderung auf einzelne Grundstücke, bzw. die Befreiung einzelner Grundstücke von der Hypothek verlangen. Der Begriff der Übermäßigkeit ist nicht näher abgegrenzt; es entscheidet das richterliche Ermessen.

Die Herbeiführung der Eintragung untersteht dem Prinzip des Selbstbetriebs, zu dem sich bereits der § 22 Abs. 1 des Gesetzes vom 4. März 1879 bekannt hatte. Demnach hat sich der Gläubiger mit seinem Eintragungsantrag unmittelbar an den Grundbuchrichter zu wenden. Der Antrag bedarf nicht der Beglaubigung; das gleiche gilt nunmehr auch für die Vollmacht eines Prozeßbevollmächtigten, der an Stelle des Gläubigers die Eintragung beantragt. Dem Antrag ist die vollstreckbare Ausfertigung des Schuldtitels beizufügen. Außerdem sind nach § 8 des Gesetzes die dem Schuldtitel zugrunde liegenden Inhaberpapiere, Wechsel und sonstigen indossablen Orderpapiere sowie im Falle einer bereits anderweitig erfolgten Eintragung der Forderung die einschlägigen Hypothekenurkunden und Grundschuldbriefe vorzulegen. Doch wirkt sich bei letzteren Papieren eine Unterlassung der Vorlegung, wie schon erwähnt, lediglich dahin aus, daß an Stelle der Hypothek nur eine Vormerkung eingetragen werden darf.

Über die Eintragung der Hypothek wird, sofern nicht der Gläubiger hierauf verzichtet, ein Hypothekenbrief ausgestellt und dem Gläubiger ausgehändigt. Mit dem Briefe sind außer der vollstreckbaren Ausfertigung des Schuldtitels [17] auch die anderweitigen Urkunden zu verbinden, deren Vorlegung der § 8

---

15) Stegemann S. 144 f.
16) Code civil Art. 2161 ff. Vgl. hierzu auch Heft 1 S. 49.
17) Grundbuchordnung § 122.

des Gesetzes gebietet. Hierdurch soll der Schuldner gegen die Gefahr einer doppelten Zahlung gesichert werden, da er Einreden gegen spätere Erwerber der Papiere nur in sehr beschränktem Maße geltend machen könnte. Verzichtet der Gläubiger auf die Ausstellung des Hypothekenbriefs oder erfolgt nur eine Vormerkung, so ist die Eintragung auf der vollstreckbaren Ausfertigung des Schuldtitels zu vermerken. Auch dieser Vermerk dient dem Schutze des Schuldners. Außerdem sieht das Gesetz noch vor, daß von einer jeden Eintragung der Schuldner besondere Nachricht erhält.

Die Zwangseintragung ist auf Antrag des Eigentümers zu löschen, wenn in der Folge die Zwangsvollstreckung unter gleichzeitiger Aufhebung der bereits erfolgten Vollstreckungsmaßregeln eingestellt wird. Für die Herbeiführung der Löschung besteht insofern eine Erleichterung, als die sonst erforderliche Löschungsbewilligung des Gläubigers durch die gerichtliche Einstellungsverfügung ersetzt wird. Den Löschungsantrag hat der Eigentümer entsprechend dem Prinzip des Selbstbetriebs unmittelbar an das Grundbuchamt zu richten. Eine Beglaubigung des Antrags oder der Vollmacht eines den Antrag stellenden Prozeßbevollmächtigten ist auch hier nicht geboten.

Angesichts der Bedeutung, die dem Gesetz vom 13. Juli 1883 in der Entwicklungsgeschichte der Zwangshypothek zukommt, mag der Text der hier einschlägigen Vorschriften angefügt werden. Sie lauten:

§ 2. Die Zwangsvollstreckung in Grundstücke erfolgt:

1. durch Eintragung der vollstreckbaren Forderung in das Grundbuch,
2. durch Zwangsversteigerung,
3. durch Zwangsverwaltung.

Der Gläubiger kann nach seiner Wahl eine dieser Maßregeln oder mehrere derselben nebeneinander ausführen lassen [18]).

§ 6. Eine vollstreckbare Geldforderung, deren Betrag in gesetzlicher Währung bestimmt ist, wird auf Antrag des Gläubigers als Hypothek eingetragen, wenn der Schuldner im

---

[18]) Die weiteren Abs. 3 und 4 des § 2 sind hier ohne Belang.

Grundbuche als Eigentümer eingetragen ist oder seine Eintragung gleichzeitig erlangt wird. Der Gläubiger kann die Eintragung auf alle Grundstücke des Schuldners beanspruchen.

Die Forderung wird auf mehrere Grundstücke ungeteilt eingetragen, sofern der Gläubiger nicht etwas Anderes beantragt. Im Falle der Übermäßigkeit der für eine Forderung durch die Eintragung entstandenen Sicherheit steht dem Schuldner das Recht zu, mittels einer gegen den Gläubiger anzustellenden Klage die Verteilung der Forderung auf einzelne Grundstücke, beziehungsweise die Befreiung einzelner Grundstücke von der eingetragenen Hypothek zu beantragen.

Aus vollstreckbaren Urkunden (§ 702 Nr. 5 der Civilprozeßordnung) und aus vollstreckbaren Vergleichen außerhalb der in § 702 Nr. 1 und 2 der Civilprozeßordnung vorgesehenen Fälle wird nur eine Vormerkung eingetragen.

Ist der Schuldner Eigentümer, als solcher aber nicht eingetragen, so ist der Gläubiger berechtigt, an Stelle desselben dessen Eintragung als Eigentümer zu beantragen und die zum Zwecke derselben erforderlichen Urkunden von Gerichten und Notaren zu fordern.

§ 7. Ist die Forderung nur vorläufig oder nur gegen Sicherheitsleistung vollstreckbar, so wird nur eine Vormerkung eingetragen. Dieselbe wird auf Antrag des Gläubigers nach Vorlegung einer unbeschränkt vollstreckbaren Ausfertigung des Schuldtitels in eine Hypothek umgeschrieben.

Die Vormerkung ist einzutragen, ohne daß die Sicherheit, von deren Leistung die Zwangsvollstreckung abhängig gemacht ist, geleistet zu werden braucht.

§ 8. Mit dem Antrage auf Eintragung muß die vollstreckbare Ausfertigung des Schuldtitels vorgelegt werden.

Wenn sich der Schuldtitel auf Inhaberpapiere oder Wechsel gründet oder auf Papiere, welche auf Order lauten und durch Indossament übertragen werden können (Handelsgesetzbuch Art. 301 bis 304), so sind auch diese Urkunden, und wenn die Forderung bereits auf andere Grundstücke eingetragen ist, auch die vorhandenen Hypothekenurkunden oder Grundschuldbriefe mit dem Antrage vorzulegen, widrigenfalls nur eine Vormerkung eingetragen werden darf. Diese wird nach

Vorlegung der bezeichneten Urkunden in eine Hypothek umgeschrieben.

§ 9. Die im § 8 bezeichneten Urkunden sind mit dem Hypothekenbriefe als Schuldurkunden zu verbinden.

Der Hypothekenbrief ist dem Gläubiger auszuhändigen.

Wird ein Hypothekenbrief nicht ausgefertigt, so wird die erfolgte Eintragung auf der vollstreckbaren Ausfertigung des Schuldtitels vermerkt.

Der Schuldner erhält eine Benachrichtigung.

§ 11. Die Einwilligung des Gläubigers zur Löschung einer nach Vorschrift der §§ 6, 7, 10[19]) erfolgten Eintragung wird durch eine Urkunde ersetzt, auf Grund deren nach den Vorschriften der Civilprozeßordnung die Zwangsvollstreckung

---

[19]) Der § 10 betrifft die Eintragung einer Vormerkung zum Zwecke der Arrestvollziehung.

Auf die Arresthypothek ist in dieser Arbeit nicht näher einzugehen. Die Institution, die das französische Recht nicht kennt, unterscheidet sich nach Grundlage wie nach geschichtlicher Entwicklung von der Zwangshypothek. Es haben auch die Anschauungen über die Gestaltung des Arrestvollzugs in Immobilien sehr gewechselt. Von den deutschen Partikularrechten ließ nur ein Teil eine Eintragung in das Hypotheken-, bzw. Grundbuch mit pfandrechtlicher Wirkung zu, wofür fast durchweg die Hypothekvormerkung zur Verfügung gestellt wurde. Andere Partikularrechte verbanden mit der Arresteintragung lediglich die Folge einer Verfügungsbeschränkung. In Mecklenburg geschah der Arrestvollzug durch Eintragung einer Beschlagnahme zur Sicherung der Zwangsvollstreckung; sie verschaffte dem Anspruche des betreibenden Gläubigers ein Vorzugsrecht vor jenen Gläubigern, die nicht eingetragen waren oder erst später zur Eintragung gelangten. Einige Landesgesetze gestatteten auch die Anordnung einer Zwangsverwaltung (vgl. Motive zu dem Entwurf eines Bürgerlichen Gesetzbuchs Bd. 3 S. 624 ff., Begründung zur Zivilprozeßnovelle vom 17. Mai 1898, Drucks. des Reichstags 1897/98 Nr. 61 S. 180 f.). Mit der reichsrechtlichen Regelung, welche der durch das Gesetz vom 17. Mai 1898 eingefügte § 811 der deutschen Zivilprozeßordnung (in neuer Fassung § 932) brachte, wurde die Arresthypothek in der Gestalt der Höchstbetragssicherungshypothek als Form des Arrestvollzugs in Liegenschaften bestimmt. Der neue Entwurf einer Zivilprozeßordnung vom Jahre 1931 weicht hiervon wieder ab. Sein § 1008 sieht vor, daß der Vollzug des Arrests in ein Grundstück oder in eine Berechtigung, für welche die sich auf Grundstücke beziehenden Vorschriften gelten, durch Eintragung eines Verfügungsverbots zugunsten des Gläubigers unter Angabe der Lösungssumme erfolgt.

mit der Wirkung einzustellen ist, daß die bereits erfolgten Vollstreckungsmaßregeln aufgehoben werden.

§ 12. Die nach den Vorschriften der §§ 6 bis 11 erforderlichen Anträge sind unmittelbar an den Grundbuchrichter zu richten.

Eine Beglaubigung der Anträge oder der Vollmachten der die Anträge stellenden Prozeßbevollmächtigten ist nicht erforderlich.

§ 3.
Die bayerische Novelle zur Subhastationsordnung vom 29. Mai 1886.

Bayern hatte bereits in dem Gesetz vom 23. Februar 1879, die Zwangsvollstreckung in das unbewegliche Vermögen wegen Geldforderungen betr.[1]), auch Subhastationsordnung genannt, eine sein Staatsgebiet umfassende Kodifikation des Immobiliarvollstreckungsrechts geschaffen. Das Gesetz baute im wesentlichen auf der Regelung der bürgerlichen Prozeßordnung vom 29. April 1869[2]) auf, nahm jedoch im einzelnen eine Reihe von Änderungen vor, unter denen namentlich die Unterstellung des auf Betreiben des Gläubigers in Gang gebrachten Verfahrens unter das Offizialprinzip und die Ausstattung der Beschlagnahme mit einem Rechte auf vorzugsweise Befriedigung hervorzuheben sind. Als Vollstreckungsarten werden nur Zwangsversteigerung und Zwangsverwaltung zugelassen. Die materiellen Grundlagen der Zwangsversteigerung blieben die gleichen wie bisher. Der Zuschlag des zur Versteigerung gebrachten Grundstücks ist von der Erreichung einer bestimmten Höhe des Kaufpreises unabhängig. Die am Grundstück bestehenden Pfand- und Vorzugsrechte gehen, soweit sie nicht aus dem erzielten Kaufpreis befriedigt werden können, ohne Rücksicht auf ihre Rangstelle unter.

---

[1]) GesBl. 1879 Bd. I S. 203 ff.; kommentierte Ausgabe von Ortenau, Die Subh.-Ordn. für das Kgr. Bayern vom 23. Febr. 1879, Nördlingen 1880. In Kraft trat das Gesetz gemäß Art. 191 am 1. Okt. 1879.

[2]) Besondere Beil. z. GesBl. 1866/69 Nr. 62 S. 1233 ff. Wegen der Zwangsvollstr. in Immobilien vgl. die Hauptstücke XXV u. XXVI des Gesetzes.

Nicht lange währte es, da sah sich Bayern zu einer Revision seiner Subhastationsordnung veranlaßt. Die neuen Ideen, die mittlerweile Württemberg und noch weitergehend Preußen[3]) der Umgestaltung ihres Immobiliarvollstreckungsrechts zugrundegelegt hatten, übten eine derartige Anziehungskraft aus, daß auch anderwärts, vor allem von den Kreisen der Landwirtschaft, auf ihre Verwirklichung gedrängt wurde. Dem Vorgehen Preußens schloß sich zunächst das Königreich Sachsen in dem Gesetz vom 15. August 1884, betr. die Zwangsversteigerung und die Zwangsverwaltung unbeweglicher Sachen[4]), an. Bayern folgte alsbald nach. Es vollzog mit Gesetz vom 29. Mai 1886, Änderungen der Bestimmungen über die Zwangsvollstreckung in das unbewegliche Vermögen betr.[5]), den Übergang zum Deckungs- und Übernahmeprinzip. Entsprechend der nunmehrigen Regelung darf der Beschlagnahmegegenstand nur noch versteigert und zugeschlagen werden, wenn durch das gelegte Meistgebot außer den Kosten die dem Beschlagnahmegläubiger vorgehenden Ansprüche gedeckt sind. Auch werden die der Forderung des Beschlagnahmegläubigers vorgehenden Hypotheken regelmäßig nicht mehr durch die Subhastation fällig und zahlbar, sondern müssen vom Ansteigerer in Anrechnung auf den Kaufpreis übernommen werden[6]). Die Neuordnung beschränkte sich jedoch auf die rechtsrheinischen Gebietsteile. Für die Pfalz verblieb es in Anbetracht der Unvollkommenheit des dort geltenden Hypothekensystems bei den

[3]) Eine die bayerische Subhastationsordnung mit den Bestimmungen des preuß. Gesetzes vom 13. Juli 1883 vergleichende Darstellung gibt Henle, Die preußische und bayerische Subhastationsordnung, Bad Kissingen 1884.

[4]) GVBl. S. 223 ff. Vgl. insbes. § 10, § 16 Abs. 1 des Gesetzes.

[5]) GVBl. S. 239 ff. In Kraft trat das Gesetz nach Art. 47 am 1. Januar 1887. Die Novelle wurde in Verb. mit der Subh.-Ordn. mehrfach kommentiert; vgl. Ortenau, Komm. z. Subh.-Ordn. f. d. Kgr. Bayern vom 23. Febr. 1879/29. Mai 1886, in 2. Aufl. neubearbeitet von Max Fischer und Wilh. Henle, Nördlingen 1888; Hellmann, Komm. z. Subh.-Ordn. f. d. Kgr. Bayern, Erlangen 1887; Henle, Subh.-Ordn. f. d. Kgr. Bayern, Nördlingen 1886.

[6]) Vgl. namentlich Art. 1 und Art. 6 des Gesetzes und wegen der Ausnahmen vom Übernahmeprinzip Art. 8 Abs. 1 u. 2.

Vorschriften der Subhastationsordnung, die aber in einzelnen Beziehungen geändert und ergänzt wurden[7]).

Noch eine weitere Neuerung sah die Novelle vor. Im rechtsrheinischen Bayern hatte bisher der § 12 Ziff. 12 des Hypothekengesetzes vom 1. Juni 1822[8]) den Gläubigern vollstreckbarer Forderungen[9]) einen gesetzlichen Rechtstitel zum Erwerb einer Hypothek an den Immobilien ihres Schuldners nur unter der Voraussetzung gewährt, daß die gerichtliche Immission, d. h. die Einweisung in den Besitz und die Nutzungen der Liegenschaften, bzw. nach Inkrafttreten der Subhastationsordnung die Beschlagnahme zum Zwecke der Zwangsverwaltung[10]), erwirkt worden war[11]). Diese Immissionshypothek wurde von der Novelle beseitigt. Dafür fand die Institution der Zwangshypothek Aufnahme, die nunmehr als dritte Vollstreckungsmaßnahme neben Zwangsversteigerung und Zwangsverwaltung steht. Der Schritt geschah, wie der Begründung des Gesetzentwurfs zu entnehmen ist[12]), unter dem Einfluß des Deckungsprinzips. Es sollte einem nachstehenden Gläubiger, der mangels Erziel-

---

[7]) Art. 47 Abs. 1 Satz 2; Art. 45 und 46.

[8]) GesBl. S. 17 ff.

[9]) Der Art. 81 § 5 des Notariatsgesetzes vom 10. Nov. 1861 (GesBl. 1861/62 S. 129 ff.) stellte den rechtskräftigen Urteilen die vollziehbaren Notariatsurkunden gleich.

[10]) Vgl. Begr. zum Entw. der Nov. S. 162; Ortenau, Komm. z. Subh.-Ordn., 2. Aufl., S. 501 Note 1.

[11]) Die Vorschrift des § 12 Ziff. 12 des Hypothekengesetzes geht auf Kap. XVIII § 6 Nr. 2 der Gerichtsordnung (Codex juris bavarici judiciarii) von 1753 zurück. Dort wurde mit der Immission, die auf liegende Güter und Grundstücke ex causa rei judicatae et executionis erfolgte, die Entstehung einer legalen Hypothek zugunsten des immittierten Gläubigers verknüpft. Seit dem Gesetze vom 22. Juli 1819, einige Verbesserungen der Gerichtsordnung betr. (GesBl. Sp. 59 ff., vgl. § 32) konnte die Immission auch beim Antrag auf Zwangsverkauf als vorläufige Maßregel erwirkt werden. Das Hypothekengesetz vom 1. Juni 1822 schränkte sodann die Wirkung der Immission auf die Gewährung eines Hypothektitels ein; die Hypothek selbst wurde nunmehr erst durch die Eintragung in das Hypothekenbuch begründet. Der Regelung des Hypothekengesetzes folgte noch der Entw. des Bürgerlichen Gesetzbuchs für das Königreich Bayern von 1861/64 (Teil III Art. 368 Nr. 10), der indes keine Gesetzeskraft erlangte.

[12]) A. a. O. S. 138, 162 ff.

barkeit eines die besser berechtigten Gläubiger deckenden Erlöses vom Betrieb der Zwangsversteigerung absehen muß, ermöglicht werden, sich für den Fall einer Änderung der Verhältnisse die künftige Zwangsversteigerung unmittelbar auf Grund seines Vollstreckungstitels zu sichern. Die Befürchtung, daß hiermit die Verschuldung des landwirtschaftlichen Grundbesitzes eine Steigerung erfahren könnte, lehnt die Begründung ab. Nach ihrer Auffassung wird, wo eine Zwangsversteigerung mangels eines zulässigen Gebots nicht ausführbar ist, die im wirtschaftlichen Interesse einzuhaltende Grenze der Belastung bereits überschritten sein und eine Beschränkbarkeit der Belastung auf dieses Maß ferne liegen. Außerdem empfindet es die Begründung als einen Widerspruch, wollte die Gesetzgebung auf der einen Seite dem Grundbesitzer die Belastung seines Anwesens mit Schulden für persönliche Bedürfnisse freigeben, auf der anderen Seite aber dem Gläubiger einen infolge der Neugestaltung der Zwangsversteigerung gebotenen Schutz lediglich deshalb versagen, weil er eine Belastung des Grundbesitzes wegen persönlicher Bedürfnisse des Besitzers nach sich ziehe. Schließlich wird erwogen, daß die Übernahme der Zwangshypothek als der angemessensten Form des Gläubigerschutzes auch im Interesse des Schuldners liegt, da anderenfalls das Bedürfnis zu sonstigen Abhilfeversuchen führen würde, die in ihren Folgen den Schuldner zum Teil noch härter träfen. Gedacht ist dabei, abgesehen von der Zwangsversteigerung, an den Arrest und die Versteigerungsbeschlagnahme mit tunlichster Verzögerung des Verfahrens.

Bei den Beratungen des Entwurfs im Landtag begegnete die vorgesehene Einführung der Zwangshypothek keinen Schwierigkeiten. Es erhob sich nur anläßlich der erstmaligen Beratung im Ausschuß der Abgeordnetenkammer[13]) eine Stimme, welche die Übernahme der neuen Vollstreckungsform als für die beabsichtigte Minderung der Subhastationen bedenklich bezeichnete[14]). Die Auffassung fand indes keinen Beifall. Weitere Er-

---

[13]) Bericht des Abg. Geiger, Verh. d. Kamm. d. Abg. 1885/86 Beil.-Bd. X S. 261.

[14]) Außerhalb des Landtags kamen ablehnende Beurteilungen aus Notariatskreisen. Vgl. Denkschrift der Mitglieder der unterfränkischen

innerungen wurden in der Folge nicht geltend gemacht, so daß die Regierungsvorlage in ihren auf die Zwangshypothek bezüglichen Bestimmungen unverändert in das Gesetz überging[15]).

Die Novelle behandelt die neue Vollstreckungsmaßnahme in den Art. 40 bis 43[16]). Danach kommt die Zwangshypothek, die dem Gläubiger nur die Befriedigung seines Anspruchs sichern soll, ausschließlich für vollstreckbare Geldforderungen in Betracht. Das Verhältnis zur Zwangsversteigerung und zur Zwangsverwaltung ist das gleiche wie in Preußen[17]). Die Hypothek wird in der Form der Normalhypothek gewährt, so daß der öffentliche Glaube des Hypothekenbuchs auch die Forderung erfaßt. Gegen die Nachteile, die daraus dem Schuldner drohen, trifft das Gesetz besondere Vorkehrung. Es läßt in keinem Falle eine sofortige endgültige Eintragung der Hypothek zu. Vielmehr wird auf den Antrag des Gläubigers zunächst nur eine Vormerkung in das Hypothekenbuch aufgenommen.

Notariats-Kammer zu dem Entw. der Nov. zur bayer. Subh.-Ordn., abgedr. in der Deutsch. Not.-Zeitung Jahrg. 15 (1886) S. 100ff., insbes. S. 109ff., ferner den mit St. gezeichneten Artikel „Zum Entwurfe der Nov. zur bayer. Subh.-Ordn. von 1879", ebenda S. 137ff., nebst der Anmerkung der Redaktion, S. 140*). In diesen Äußerungen wurde der Befürchtung Ausdruck gegeben, daß die Institution der Zwangshypothek mehr Schaden als Nutzen stiften würde. Zudem glaubte man, die neue Einrichtung entbehren zu können. Wie zur Begründung ausgeführt wurde, zwingt nach der geltenden Subh.-Ordn. die Beschlagnahme keineswegs zum sofortigen Vollzuge der Zwangsversteigerung, gewährt vielmehr dem Gläubiger genügend Spielraum für eine Schonung des Schuldners; außerdem verschafft auch die eingetragene Beschlagnahme dem Gläubiger faktisch so ziemlich dieselben Vorzugsrechte wie eine Hypothek. Allein gerade der einstweiligen Erwirkung der Versteigerungsbeschlagnahme wollte das Gesetz entgegentreten, weil es nach der Begründung des Entwurfs hierin eine den Schuldner weit härter treffende Abhilfemaßnahme erblickte.

[15]) Verh. der Kammer der Abg. 1885/86 Sten. Ber. Bd. VI S. 529ff., insbes. S. 567, 585; Verh. der Kammer der Reichsräte 1885/86 Beil. Bd. IV S. 244f., 253ff., Prot. Bd. V S. 665ff., 718.

[16]) Vgl. hierzu außer den bereits angeführten Kommentaren Regelsberger, Das bayer. Hypothekenrecht, 3. Aufl., Leipzig 1896 S. 407ff., ferner den mit „St." gezeichneten Artikel über die Novelle zur bayer. Subh.-Ordn. vom 29. Mai 1886 in der Deutschen Not.-Zeitung Jahrg. 15 (1886) S. 223ff.

[17]) Hellmann a. a. O. S. 3, Anm. 8 zu Art. 1.

Im Anschluß daran gibt das Hypothekenamt dem Schuldner Nachricht und stellt ihm anheim, seine etwaigen Einwendungen gegen den Anspruch oder das Vollstreckungsrecht des Gläubigers anzubringen. Erst wenn seit dieser Benachrichtigung ein Monat verstrichen ist, darf auf weiteren Antrag des Gläubigers die Definitiveintragung erfolgen, wofern nicht der Schuldner vor Eingang des Antrags die Geltendmachung seiner Einwendungen in der hierfür vorgeschriebenen Weise nachgewiesen hat. Gründet sich die Vormerkung auf eine nur vorläufig vollstreckbare oder eine andere, den Anspruch des Gläubigers nicht endgültig feststellende Entscheidung[18]), so muß mit der Betreibung der Definitiveintragung zugewartet werden, bis die Entscheidung endgültig geworden ist.

Für die Anträge des Gläubigers auf Vormerkung und Definitiveintragung gilt das Prinzip des Selbstbetriebs. Eine Vermittlung durch das Vollstreckungsgericht greift nicht Platz; sie ist nach der Begründung des Entwurfs[19]) entbehrlich, da das mit einem Richter besetzte Hypothekenamt das Vorliegen der Vollstreckungsvoraussetzungen ebensowohl festzustellen vermag.

Hinsichtlich des Umfangs der Belastung verweist die Novelle auf die Vorschriften, die § 11 des Hypothekengesetzes für die auf gesetzlichem Rechtstitel beruhenden Hypotheken vorsieht[20]). Daraus folgt, daß an sich dem Gläubiger der Zugriff auf das gesamte unbewegliche Vermögen des Schuldners offen steht; es kann aber der Schuldner verlangen, daß die Vormerkung oder die Hypothekeintragung auf einen solchen freien

---

[18]) Als Entscheidungen, welche den Anspruch des Gläubigers nicht endgültig feststellen, gelten nach Art. 41 Abs. 2 insbes. Urteile, in denen gemäß §§ 502, 562 ZPO. (a. F.) die Geltendmachung von Verteidigungsmitteln oder die Ausführung der Rechte des Beklagten vorbehalten ist, Entscheidungen, gegen welche das Rechtsmittel der Beschwerde stattfindet, die in den Fällen der §§ 664, 665 ZPO. über die Erteilung der Vollstreckungsklausel erlassenen Entscheidungen und andere vorläufige, im Wege der Klage anfechtbare Entscheidungen.

[19]) A. a. O. S. 163.

[20]) Vgl. hierzu auch § 28 Nr. 14 der Instruktion vom 13. März 1823 über den Vollzug des Hypothekengesetzes (RegBl. S. 499).

Güterwert beschränkt wird, der nach Abzug der vorstehenden Posten den Betrag der Forderung um ein Dritteil übersteigt[21]).

Erforderlich ist auch, daß der Schuldner im Hypothekenbuch als Besitzer der in Anspruch genommenen Grundstücke eingetragen ist. Eine bloße Vormerkung seines Besitztitels reicht selbst zur Einschreibung einer Hypothekvormerkung nicht aus. Ist der Schuldner zwar Eigentümer, die Besitztitelberichtigung auf ihn aber noch nicht erfolgt, so kann der Gläubiger an Stelle des Schuldners die Berichtigung erwirken[22]).

Über die definitive Eintragung wird dem Gläubiger eine urkundliche Bestätigung, der sog. Hypothekenbrief, erteilt. Aus dem Briefe, der mit dem Vollstreckungstitel zu verbinden ist, kann die unmittelbare Zwangsvollstreckung durch Zwangsversteigerung und Zwangsverwaltung gegen dritte Besitzer des Hypothekenobjekts betrieben werden.

Kommt es nachträglich zu einer Einstellung der Zwangsvollstreckung, bei der die bereits erfolgten Vollstreckungsmaßregeln aufzuheben sind, so hat das Hypothekenamt auf den bei ihm einzureichenden Antrag des Schuldners die Vormerkung oder die Hypothekeintragung zu löschen. Einer Vernehmung des Gläubigers bedarf es nicht.

Mit der bayerischen Subhastationsnovelle schließt die partikularrechtliche Entwicklung unserer Institution ab. Ziehen wir das Ergebnis, so unterstand nunmehr der größte Teil Deutschlands der Zwangshypothek. Es bekannten sich zu ihr Preußen mit der Hauptmasse seiner Landesteile, das rechtsrheinische Bayern, Sachsen, Oldenburg mit Ausnahme des Fürstentums Lübeck sowie die thüringischen Bundesstaaten. Außerhalb des Anwendungsbereichs der Zwangshypothek galt in dem vom Code civil beherrschten Westen die gerichtliche Hypothek des französischen Rechtes[23]). In anderen Territorien, wie Württem-

---

[21]) Wegen der Berechnungsweise vgl. Becher, Das rechtsrheinische Landescivilrecht und Landescivilprozeßrecht, München 1896, Bd. I S. 807 Note 14.

[22]) Begr. a. a. O. S. 163; Subh.-Ordn. Art. 21 Abs. 2; Regelsberger, Das bayer. Hypothekenrecht, 1. Aufl., Abt. I, Leipzig 1874, S. 311 unter Nr. 3; Ortenau, Komm. z. Subh.-Ordn., 2. Aufl., S. 506.

[23]) Vgl. hierzu Heft 1 S. 140ff.

berg, Hessen rechts des Rheins hatte sich das auf Verfügung des Richters gegründete richterliche Pfandrecht forterhalten. Gebiete ohne Judizialhypothek irgendwelcher Art gab es nur wenige; es waren dies vornehmlich Mecklenburg, Braunschweig und Hamburg.

Mecklenburg[24]) besaß ursprünglich die Immissionshypothek in Verbindung mit der Adjudikation. Letztere wurde in Mecklenburg-Strelitz 1811 schlechthin untersagt. Mecklenburg-Schwerin ersetzte sie 1812 interimistisch durch die Anordnung, daß die Gerichte sofort zum Verkauf des Grundstücks schreiten sollen, womit zugleich die Immission entfiel; 1834 wurde auch hier die Adjudikation endgültig beseitigt. Die weitere Entwicklung verlief in beiden Ländern gleichmäßig. Zunächst wurden die Gerichte auf das gemeinrechtliche Exekutionsverfahren verwiesen. Daraus ergab sich der Zweifel, ob nicht die pignoris capio in Beziehung auf Grundstücke mit der Wirkung stattfindet, daß hierdurch ein Rechtstitel zur Eintragung einer Hypothek auf das gepfändete Grundstück begründet wird[25]). Die Exekutionsordnung vom 30. September 1857 schloß in § 17 eine Abpfändung der Grundstücke ausdrücklich aus und verfügte, daß die Immobiliarexekution regelmäßig durch Subhastation, ausnahmsweise durch Sequestration zu erfolgen hat. Daran hielt auch die Verordnung vom 24. Mai 1879, die Zwangsvollstreckung in das unbewegliche Vermögen wegen Geldforderungen betr., fest[26]).

In Braunschweig[27]) wurde das gemeinrechtliche pignus judiciale in dem Einführungsgesetz zu dem Gesetz über den Eigentumserwerb und die dingliche Belastung der Grundstücke, Bergwerke und selbständigen Gerechtigkeiten vom 8. März 1878

---

[24]) Vgl. hierzu Trotsche, Der mecklenb. Zivilprozeß, Wismar 1866/68, Bd. 2 S. 312ff.; von Meibom, Arch. f. d. ziv. Prax. Bd. 52 (1869) S. 301 f. und Mecklenb. Hypothekenrecht, Leipz. 1871 S. 107; von Kühlewein, Erg.-Bd. zu von Meiboms Mecklenb. Hypothekenrecht, Leipz. 1889 S. 24 und S. 43 Fußnote 2.

[25]) von Meibom, Arch. f. d. ziv. Prax. Bd. 52 S. 301 f.

[26]) RegBl. f. Mecklenburg-Schwerin S. 253ff.

[27]) Vgl. hierzu Mansfeld, Die braunschweigischen Ausführungsgesetze zu den Reichs-Justizgesetzen mit den Regierungsmotiven und einzelnen Erläuterungen, Braunschweig 1879, insbes. S. 194f.

(§ 20) aufgegeben. Das am 10. Juli des folgenden Jahres erlassene Gesetz, die Zwangsvollstreckung in das unbewegliche Vermögen wegen Geldforderungen betr., anerkannte in § 1 als Vollstreckungsmaßregeln nur die Zwangsversteigerung und die Zwangsverwaltung. Den Motiven zum Entwurf des Gesetzes ist zu entnehmen, daß die Regierung auch erwogen hatte, ob daneben noch der Eintragung einer Zwangshypothek Raum zu geben sei. Sie kam zu dem Ergebnis, daß hierfür ein Bedürfnis nicht bestehe. Nach der Begründung, mit der dieser Standpunkt gerechtfertigt wurde, hat der persönliche Gläubiger, wenn das Grundstück bereits über seinen Wert mit Hypotheken beschwert ist, kein Interesse an der Bestellung einer neuen Hypothek. Liegt aber eine Überbelastung nicht vor, so wird er eine Hypothek auch durch Übereinkunft mit dem Schuldner unschwer erlangen können; anderenfalls ist die Zwangsversteigerung des Grundstücks zu beantragen.

Nach dem Rechte von Hamburg[28]) diente ehedem die Pfandsetzung als Mittel, um den Zugriff auf das Grundstück des Schuldners wegen einer fälligen Forderung zu eröffnen. Der Schuldner bot dem Gläubiger zwecks Befreiung von der Personalhaft die Verpfändung seines Grundstücks an. Die Annahme war dem Gläubiger zunächst grundsätzlich freigestellt. Im Laufe der weiteren Entwicklung mußte sich jedoch der Gläubiger das Grundstück auch wider Willen zum Pfande setzen lassen. Gewährte der Wert des Grundstücks nach Schätzung durch den Rat hinlängliche Sicherheit, so wurde die zu vollstreckende Forderung unter Umwandlung in eine Rente, später unmittelbar als Kapital inskribiert, worauf nach Ablauf eines Jahres ohne vorgängige Kündigung das Grundstück verkauft werden konnte. Die vom Schuldner dem Gläubiger aufgezwungene Inskription kam allmählich in Wegfall. Es blieb nur die Befugnis des unpfändbar befundenen Schuldners, sein Grundstück bei zureichender Deckung der Forderung zum öffentlichen Verkauf anzubieten und dadurch Universalarrest oder Freizettel abzuwenden. Mit dem Gesetz über Grundeigen-

---

[28]) Baumeister, Privatrecht der freien und Hansestadt Hamburg, Hamburg 1856, Bd. 1 S. 170f.

tum und Hypotheken vom 4. Dezember 1868[29]) trat hierin keine Änderung ein[30]). Die Hypothek wird nach §§ 4, 28 ausschließlich auf Grund Konsenses des Grundstückseigentümers durch Einschreibung im Hypothekenbuch erworben. Für die Zwangsvollstreckung in das Grundstück, die dem Hypothekengläubiger als Mittel zur Verwirklichung seines hypothekarischen Anspruchs vorbehalten ist, steht nur die Form der Subhastation bereit. Das weitere Gesetz, betr. die Zwangsvollstreckung in das unbewegliche Vermögen und gerichtliche Verkäufe, vom 14. Juli 1879[31]) gab die Immobiliarexekution auch dem nicht hypothekarisch gesicherten Gläubiger frei. Die Durchführung der Vollstreckung beschränkt sich nach § 2 des Gesetzes nach wie vor auf den Weg der Zwangsversteigerung; weder die Zwangsverwaltung noch die Eintragung einer Zwangshypothek werden als Vollstreckungsmaßnahmen zugelassen[32]).

[29]) GesBl. S. 88 ff. Eine Textausgabe mit kurzen Anmerkungen aus den Motiven und der Rechtsprechung wurde von Mittelstein herausgegeben (Hamburg 1886).

[30]) Vgl. auch den Bericht des von der Bürgerschaft am 9. Nov. 1864 niedergesetzten Ausschusses betr. den Entw. eines Hypothekengesetzes, Protokolle und Ausschußberichte der Bürgerschaft 1866 Nr. 5 S. 5 f., 11 ff.

[31]) GesBl. S. 159 ff., auch abgedruckt bei Mittelstein S. 82 ff.

[32]) Die zur Beratung des Gesetzentwurfs eingesetzte Kommission bemerkte in ihrem Bericht vom 7. März 1879 (Verh. zwischen Senat und Bürgerschaft 1879 S. 149), daß von der anderwärts zugelassenen Administration oder Sequestration im Hinblick auf die Natur des meist städtischen und deshalb leicht realisierbaren Grundeigentums sowie im Hinblick auf das Herkommen abgesehen worden sei. Wegen der Zwangshypothek ist nichts gesagt.

ZWEITER ABSCHNITT.

Das Reichsrecht.

1. Kapitel.
Die Entwürfe zum Bürgerlichen Gesetzbuch.

§ 1.
Der Vorentwurf des Sachenrechts.

Die ZPO. vom 30. Januar 1877 hatte in § 757 Abs. 2 die Bestimmung, inwiefern der Gläubiger berechtigt ist, im Wege der Zwangsvollstreckung seine Forderung in das Hypothekenbuch eintragen zu lassen und wie die Eintragung zu bewirken ist, der Landesgesetzgebung vorbehalten. Das war geschehen, weil sich auf den verschiedenartigen partikulären Liegenschaftsnormen eine reichsrechtliche Regelung der Materie nicht aufbauen ließ. Wandel sollte hier das Bürgerliche Gesetzbuch schaffen. Ihm kam die Aufgabe zu, mit der Vereinheitlichung des Privatrechts auch die bisherige Zersplitterung auf dem Gebiet des Immobiliarrechts zu beseitigen.

Bereits der Vorentwurf des Sachenrechts vom Jahre 1880, den der preußische Geh. Oberjustizrat Johow im Auftrag der infolge Bundesratsbeschlusses vom 22. Juni 1874 zur Ausarbeitung des Entwurfs eines BGB. eingesetzten ersten Kommission fertiggestellt hatte[1]), zog die Zwangshypothek in den Bereich seiner Regelung. Die Begründung[2]) faßt sich in ihren Bemerkungen über die Aufnahme der Institution sehr kurz. Sie verweist auf die bisherige Rechtsentwicklung, nach der sich die Vollstreckungshypothek, wie die Zwangshypothek genannt

[1]) Der Entw. und die ihm beigegebene, 3 Bände umfassende Begründung wurden im Drucke vervielfältigt (Berlin 1880, Reichsdruckerei).

[2]) Bd. 3 S. 1584 ff.

wird [3]), in dem weitaus größten Teile Deutschlands eingebürgert hat. Außerdem muß, wie geltend gemacht wird, der Gläubiger, der die Leistung auf dem Wege der Zwangsvollstreckung in das Vermögen des Schuldners beitreiben darf, auch das mindere Recht haben, eine Hypothek auf die zu diesem Vermögen gehörenden Grundstücke zu nehmen. Daran knüpft sich die Feststellung, daß die Rechtsgrundlage der Institution in der Vollstreckbarkeit des Anspruchs gegen den Schuldner zu erblicken ist.

Die Ausgestaltung der Vollstreckungshypothek war vor allem durch die Ordnung des Hypothekenrechts bedingt. Der Entwurf hatte sich für das Grundbuchsystem entschieden, womit die Hypothek dem Eintragungsprinzip unterworfen wurde. Im Hinblick darauf schied eine Nachbildung des französischen Rechtes, das die gerichtliche Hypothek unmittelbar mit dem Urteil oder dem gerichtlichen Akte entstehen läßt, im vornherein aus. Es mußte der Weg beschritten werden, den die deutschen Partikulargesetze eingeschlagen hatten. Dem Urteil und den gleichgestellten Akten konnte nur die Bedeutung eines Hypothektitels beigelegt werden, während die Begründung der Hypothek mit der gemäß dem Titel bewirkten Eintragung zu verbinden war.

Auf dieser Grundlage baut der Entwurf die Institution in folgender Weise aus:

Die Eintragung der Vollstreckungshypothek wird als Maßnahme der Zwangsvollstreckung gewährt. Zu ihrer Herbeiführung berechtigen alle Akte, die nach den Vorschriften der ZPO. und der sie ergänzenden Landesgesetze ohne weiteres in das Vermögen des Schuldners vollstreckt werden können. Nicht notwendig ist, daß der Vollstreckungstitel auf Zahlung einer bestimmten Geldsumme lautet. Die Vollstreckungshypothek soll auch Platz greifen, wenn die Verpflichtung des Schuldners auf eine andere Leistung als Zahlung oder zwar auf Zahlung, aber unter Vorbehalt des zu zahlenden Betrags, geht [4]).

---

[3]) Der Entw. verwendet den Ausdruck „Vollstreckungshypothek" nur in den am Rande der §§ 373 und 423 angebrachten Inhaltsvermerken; im Texte findet sich eine besondere Bezeichnung dieser Hypothekform nicht vor.

[4]) Die Begr. (Bd. 3 S. 1784) beschränkt sich auf die Feststellung,

Dagegen wird erfordert, daß der Titel endgültig vollstreckbar ist. Bei vorläufiger Vollstreckbarkeit darf eine Hypothek nicht eingetragen werden. Die Begründung[5]) rechtfertigt diese Beschränkung unter Bezugnahme auf § 658 ZPO.; sie bemerkt, daß dem Schuldner, wenn der Gläubiger über die Hypothek zugunsten eines gutgläubigen Dritten verfügt, die Möglichkeit benommen wäre, nach etwaiger Aufhebung des Titels ohne Zustimmung des Dritten die Beseitigung der Eintragung zu verlangen. Dagegen soll der Gläubiger, der einen vorläufig vollstreckbaren Titel besitzt, zur Erwirkung einer Vormerkung berechtigt sein. Das gleiche gilt für die im Mahnverfahren ergangenen Vollstreckungsbefehle und die noch mit Beschwerde anfechtbaren Entscheidungen, deren Vollstreckbarkeit materiell gleichfalls nur eine vorläufige ist. Eine besondere Vorschrift für den Fall des Übergangs der vorläufigen Vollstreckbarkeit in eine endgültige ist nicht getroffen. Der Gläubiger kann sich auf seinen nunmehr endgültig vollstreckbaren Titel berufen, um die Eintragung der Hypothek an Stelle der Vormerkung herbeizuführen.

Als Hypothekarten sieht der Entwurf die selbständige Hypothek, die von einer Forderung unabhängig ist, und die akzessorische Sicherungshypothek vor[6]). Beide Formen werden auch für die Vollstreckungshypothek zugelassen. Doch gilt für die Vollstreckungshypothek, die als selbständige Hypothek eingetragen wird, eine Besonderheit. Im Falle freiwilliger Bestellung einer selbständigen Hypothek können die Beteiligten nach ihrem Willen die veranlassende Forderung weiter bestehen lassen. Eine derartige Möglichkeit scheidet bei der Vollstreckungshypothek aus. Dem Gläubiger, der nach dem Voll-

---

daß ein Bedürfnis zur Sicherstellung des Gläubigers unleugbar auch in solchen Fällen vorhanden ist.

[5]) Bd. 3 S. 1586.

[6]) Der Entw. läßt zwischen beiden Formen den Beteiligten die Wahl. Als Normaltypus ist indes die selbständige Hypothek gedacht. Dementsprechend gestaltet sich auch die Regelung des Grundstückspfandrechts. Es werden zunächst die Rechtssätze für die selbständige Hypothek aufgestellt (§§ 367—419) und anschließend diese Sätze auf die Sicherungshypothek unter Hervorhebung der hier Platz greifenden Abweichungen als anwendbar erklärt (§§ 420—430).

streckungstitel sofortige Befriedigung verlangen kann, kommt ein Recht auf Fortbestand der Forderung nicht zu. Deshalb verbindet der Entwurf mit der Eintragung der Vollstreckungshypothek als einer selbständigen Hypothek die Folge, daß die bisherige Forderung des Gläubigers erlischt und an ihre Stelle der Anspruch aus der Hypothek tritt[7]). Auf die Sicherungshypothek, die notwendig mit einer Forderung verknüpft ist, findet diese Bestimmung keine Anwendung. Die verschiedenartige Gestaltung wirkt auch auf die Verwendbarkeit beider Hypothekarten ein. Auf Grund eines Vollstreckungstitels, der keine oder eine dem Betrag nach nicht festgestellte Geldleistung zum Gegenstand hat, kann, wie die Begründung des Entwurfs hervorhebt[8]), eine selbständige Hypothek nicht eingetragen werden. Die Hypothekform, welche die Forderung in dem Anspruch aus der Hypothek aufgehen läßt, ist hier nach der Art der Verbindlichkeit nicht geeignet; es muß auf die Sicherungshypothek gegriffen werden. Dagegen sind bei einem Titel, der auf Zahlung einer bestimmten Geldsumme lautet, beide Hypothekformen benutzbar. Dem Gläubiger steht es frei, ob er eine selbständige Hypothek oder eine Sicherungshypothek begründen will. Der Schuldner ist nicht befugt, ihn auf die eine oder andere Form zu verweisen[9]).

Belastbar mit der Vollstreckungshypothek ist das gesamte Grundeigentum des Schuldners. Der Gläubiger bestimmt nach seinem Ermessen die Zahl der Grundstücke, die er der Hypothek unterstellen will; er entscheidet bei Beschwerung mehrerer Grundstücke, ob die Hypothek geteilt oder ungeteilt eingetragen werden soll. Ein Verbot der Belastung mit einer Gesamthypothek, wie es die preußische VO. vom 4. März 1834 aufgestellt hatte, ist nach der Begründung[10]) mit den neuzeitlichen Anschauungen über eine straffere Ausgestaltung der Zwangs-

---

[7]) Über die rechtliche Natur dieses Vorgangs spricht sich die Begr. nicht aus; sie überläßt es den Grundsätzen des Obligationenrechts, ob hierin eine Zahlung, datio in solutum oder Novation zu sehen ist (Bd. 3 S. 1589).

[8]) Bd. 3 S. 1784.

[9]) Begr. Bd. 3 S. 1586.

[10]) Bd. 3 S. 1586 f.

vollstreckung nicht vereinbar. Es wird ihm auch die sachliche Berechtigung an sich abgesprochen; der Schuldner verdient nicht eine Erhaltung des Realkredits, den ihm die einzelnen Grundstücke nach Sicherstellung der vollstreckbaren Forderung zu gewähren vermögen, wenn er verabsäumt, die zur Befriedigung des Gläubigers erforderlichen Mittel zu beschaffen. Die Begründung legt das Schwergewicht darauf, daß sich der Gläubiger mit einer Hypothek begnügt, obwohl er zur zwangsweisen Beitreibung der ihm geschuldeten Leistung berechtigt ist. Deshalb wird ihm nicht nur bei Begründung der Hypothek der Zugriff auf die gesamten Liegenschaften des Schuldners freigestellt; er soll auch nachträglich nicht zur Entlassung von Grundstücken aus dem Hypothekenverband genötigt sein, selbst wenn sich ergibt, daß schon eine Belastung in geringerem Ausmaß seine Befriedigung verbürgt[11]).

Die von den Partikulargesetzen verschieden gelöste Frage, ob für die Eintragung der Vollstreckungshypothek eine Vermittlung des Gerichts zu fordern ist, entscheidet der Entwurf in bejahendem Sinne. Seine Stellung wird zunächst durch die Rücksicht auf das Konsensprinzip bestimmt. Nach der Ausgestaltung, die dieses Prinzip erfährt, darf das Grundbuchamt eine Eintragung, sofern sie nicht von dem hierzu Berechtigten ausdrücklich bewilligt ist, nur auf rechtskräftige Verurteilung zur Abgabe der Bewilligung oder auf Ersuchen einer zuständigen Behörde vornehmen. Damit erscheint es nicht vereinbar, den Vollstreckungstitel, der keine formelle Ermächtigung des Grundbuchamts zur Eintragung enthält, zu einer unmittelbaren Eintragungsvoraussetzung zu machen. Der Entwurf trägt überdies Bedenken, dem Grundbuchamt die Prüfung des Vollstreckungstitels zu übertragen. Es sieht darin eine Überspannung des

[11]) Darin liegt eine Abweichung von dem Standpunkt, den der Entw. im übrigen bei der Begründung von Hypotheken auf Grund eines gesetzlichen Hypothektitels einnimmt. Hier wird nach § 370 Abs. 3 der Schuldner nur verpflichtet, die Eintragung auf so viel Grundstücke zu bewilligen, als zur Sicherstellung der Schuld erforderlich ist. Die Begr. (Bd. 3 S. 1587) zieht indes in Betracht, daß in diesen Fällen der Anspruch nur auf Sicherstellung gerichtet ist, während der Gläubiger, der eine Vollstreckungshypothek nimmt, an sich Befriedigung verlangen kann.

Legalitätsprinzips, welche die sichere und schnelle Erledigung der Grundbuchsachen gefährdet[12]). So wird auf die Vermittlung des Vollstreckungsgerichts gegriffen, das auf Antrag des Gläubigers das Grundbuchamt um Vornahme der Eintragung ersucht[13]). In gleicher Weise ist bei nur vorläufig vollstreckbarem Titel die Einschreibung der Vormerkung zu erwirken. Die Vermittlung durch das Vollstreckungsgericht entfällt, wenn öffentliche Behörden, denen das Recht der Zwangsvollstreckung zusteht, eine Hypothek oder Vormerkung eintragen lassen wollen. Solchenfalls wird das Grundbuchamt unmittelbar auf Ersuchen der Behörde tätig.

Zur Eintragung der Vollstreckungshypothek ist entsprechend dem Spezialitätsprinzip erforderlich, daß der Geldbetrag der Hypothek im Grundbuch angegeben werden kann. Dies ist ohne weiteres nur möglich, wenn der Vollstreckungstitel auf Zahlung einer bestimmten Geldsumme lautet. Betrifft der Titel eine Verbindlichkeit, die nicht in einer Geldzahlung besteht, oder ist die vom Schuldner nach dem Titel zu zahlende Geldsumme noch nicht festgestellt, so muß zum Zwecke der Eintragung der Hypothek, die hier in der Form der Sicherungshypothek erfolgt, der in das Grundbuch aufzunehmende Geldbetrag zunächst noch besonders bestimmt werden. Dazu bedarf es keines Prozesses. Vielmehr ist das Vollstreckungsgericht, das ohnehin mit der Vermittlung der Eintragung befaßt ist, auch berufen, die zur Durchführung des Spezialitätsprinzips gebotene Festsetzung zu treffen[14]). Die Bestimmung des Geldbetrags, die das Vollstreckungsgericht auf Antrag des Gläubigers nach freiem Ermessen vornimmt, hat keine abschließende Bedeutung. Sie ist nur dazu bestimmt, den grundbuchamtlichen Vollzug zu ermög-

---

[12]) Begr. Bd. 3 S. 1587 ff.

[13]) Da sich die Eintragung auf das Ersuchen des Vollstreckungsgerichts gründet, sieht der Entw. von der Mitteilung einer Ausfertigung des Vollstreckungstitels an das Grundbuchamt ab; es genügt die Bezeichnung des Titels im Ersuchschreiben.

[14]) Die Begr. (Bd. 3 S. 1784) geht hierbei von der Anschauung aus, daß die Festsetzung des Geldbetrags zur Vollstreckung des Urteils oder sonstigen vollstreckbaren Titels gehört und deshalb nach §§ 684, 755 ZPO. Sache des Vollstreckungsgerichts ist.

lichen. Einer späteren Ermittlung des Betrags im Prozeßweg wird nicht vorgegriffen.

Die Vorschläge, die Johow hiernach für die Vollstreckungshypothek aufstellte, sind in den §§ 373, 374, 423 und 430 des Entwurfs niedergelegt. Hierzu ist zu bemerken, daß sich die §§ 373, 374, die in dem Abschnitt über Begründung der Hypothek stehen, auf die selbständige Hypothek und, soweit nichts Gegenteiliges bestimmt ist, auch auf die Sicherungshypothek beziehen, während die §§ 423, 430 als Teil des Abschnitts über die Sicherungshypothek nur diese Hypothekform zum Gegenstand haben. Im einzelnen besagen die Vorschriften:

§ 373. Der Gläubiger, welcher einen Titel zur Zwangsvollstreckung in das Vermögen des Schuldners erlangt hat, kann, sofern seine Forderung auf eine bestimmte Geldsumme endgültig festgestellt ist, in Höhe derselben eine Hypothek auf die Grundstücke des Schuldners eintragen lassen.

Das Vollstreckungsgericht hat auf den Antrag des Gläubigers das Grundbuchamt unter Bezeichnung des Titels um die Eintragung zu ersuchen.

Der Anspruch aus der Hypothek tritt an die Stelle der bisherigen Forderung des Gläubigers.

Vorläufig vollstreckbare Urteile und Vollstreckungsbefehle, desgleichen Entscheidungen, gegen welche noch das Rechtsmittel der Beschwerde stattfindet, berechtigen den Gläubiger nur, die Eintragung einer Vormerkung zu verlangen.

§ 374. Öffentliche Behörden bedürfen, soweit ihnen das Recht der Zwangsvollstreckung zusteht, zur Eintragung von Hypotheken und Vormerkungen nicht der Vermittlung des Gerichts.

§ 423. Soll im Falle des § 373 eine andere Leistung als die Zahlung einer Geldsumme sichergestellt werden, oder ist die von dem Schuldner zu zahlende Summe noch nicht festgestellt, so bestimmt das Vollstreckungsgericht auf den Antrag des Gläubigers nach freiem Ermessen den Geldbetrag der zur Sicherung der Forderung einzutragenden Hypothek.

§ 430. Die Bestimmungen in § 373 Abs. 3 ..... finden auf die Sicherungshypothek keine Anwendung[15]).

Im Jahre 1882 legte Johow noch „Vorschläge zu dem Entwurf eines Einführungsgesetzes zu dem BGB. vom Standpunkte des Sachenrechts" vor, denen gleichfalls eine Begründung beigegeben war[16]). Sie sahen in § 6 die Ersetzung der bisherigen §§ 755 bis 757 ZPO. durch einen neuen § 757 vor, der die Regelung der Zwangsversteigerung und der Zwangsverwaltung von unbeweglichen Sachen wie auch der Zwangsversteigerung der im Schiffsregister eingetragenen Kauffahrteischiffe und der Parten solcher Schiffe einem besonderen Gesetz vorbehielt. Wegen der Begründung einer Hypothek im Wege der Zwangsvollstreckung sollte in einem neu einzuschaltenden § 757a auf die nunmehr maßgebenden Vorschriften des BGB. hingewiesen werden[17]). Dabei war noch eine bemerkenswerte Neuerung in Aussicht genommen. Es wurde der Gedanke der zwangsweisen Sicherung des Gläubigers, wie er der Einrichtung der Vollstreckungshypothek zugrunde liegt, auf die Zwangsvollstreckung in die im Schiffsregister eingetragenen Kauffahrteischiffe und die Parten dieser Schiffe übertragen. An ihnen kann im Wege der Zwangsvollstreckung ein Pfandrecht für den Gläubiger

[15]) Im Zusammenhang mit § 373 Abs. 3 stehen noch die Bestimmungen in den §§ 492 Abs. 2 und 549 Abs. 2. Es handelt sich hier darum, daß nach Eintragung einer selbständigen Vollstreckungshypothek die Zwangsversteigerung oder Zwangsverwaltung betrieben werden soll. Nach § 373 Abs. 3 wäre die weitere Vollstreckung wegen der bisherigen Forderung, die mit der Eintragung der Hypothek unterging, unstatthaft; der Gläubiger müßte erst die Vollstreckbarkeit des Anspruchs aus der Hypothek herbeiführen. Dieses Ergebnis wird als unbillig und mit einer prompten Zwangsvollstreckung unvereinbar empfunden. Der Entwurf behält indes die Regelung der Art und Weise, wie dem Gläubiger der alsbaldige Weiterbetrieb der Zwangsvollstreckung zu ermöglichen ist, den zur Ergänzung der ZPO. erforderlichen Vorschriften über die Zwangsvollstreckung in das unbewegliche Vermögen vor. § 492 Abs. 2 beschränkt sich auf die Feststellung, daß die Eintragung der Vollstreckungshypothek dem Antrag auf Einleitung der Zwangsversteigerung nicht entgegensteht. § 549 Abs. 2 verfügt die entsprechende Anwendung auf die Zwangsverwaltung. Vgl. hierzu Begr. Bd. 3 S. 1959.

[16]) Auch diese Vorschläge wurden samt Begründung im Drucke vervielfältigt (Berlin 1882, Reichsdruckerei).

[17]) Vgl. hierzu Begr. S. 29.

durch Eintragung der Forderung in das Schiffsregister erworben werden[18]). Die Eintragung soll auch hier auf das Ersuchen des Vollstreckungsgerichts erfolgen. Dagegen wird zwischen definitiven und nur vorläufig vollstreckbaren Titeln nicht unterschieden, da nach dem Entwurf des Sachenrechts das Institut der Vormerkung für Schiffspfandrechte nicht besteht.

Außerdem fügte § 6 der Vorschläge in die Zivilprozeßordnung einen neuen § 705 a ein. Dieser enthielt die Ergänzung der vollstreckungsrechtlichen Bestimmungen, die im Hinblick auf § 373 Abs. 3 des Sachenrechtsentwurfs veranlaßt schien[19]). Der Gläubiger einer als selbständige Hypothek begründeten Vollstreckungshypothek wird in die Lage versetzt, ungeachtet des Umstands, daß an Stelle der bisherigen Forderung der Anspruch aus der Hypothek getreten ist, die Zwangsvollstreckung im Wege der Zwangsversteigerung oder der Zwangsverwaltung fortzusetzen. Das geschieht in der Weise, daß ihm § 705 a als Titel die Urkunde über die Eintragung der Vollstreckungshypothek im Grundbuch zur Verfügung stellt, die vom Grundbuchamt vollstreckbar auszufertigen ist.

§ 2.
Die Beratungen der ersten Kommission.

Die zur Ausarbeitung des Entwurfs eines Bürgerlichen Gesetzbuchs eingesetzte erste Kommission nahm nach Erledigung des allgemeinen Teiles und des Rechtes der Schuldverhältnisse den von Johow vorgelegten Vorentwurf des Sachenrechts in Beratung[1]). Mit den auf die Vollstreckungshypothek bezüglichen Vorschlägen, zu denen eine Reihe von Abänderungsanträgen gestellt worden war, befaßte sie sich erstmals in ihren Sitzungen vom 5. und 8. Dezember 1884[2]).

---

[18]) Nach der Begr. (S. 24) wurde die Vorschrift aufgenommen, um dem Gläubiger für den Fall, daß das Schiff sich auf der Reise befindet und deshalb die Zwangsversteigerung noch nicht erfolgen kann, ein Mittel zu gewähren, durch das er seine künftige Befriedigung aus dem Schiffe soweit möglich sicherstellen kann.

[19]) Vgl. auch Begr. S. 21 ff.

[1]) Die über die Verhandlungen der Kommission aufgenommenen Sitzungsprotokolle liegen lediglich metallographiert vor.

[2]) Prot. Bd. 6 S. 4971 ff., 4991 ff.

Einig war die Kommission mit dem Vorentwurf in der Aufnahme der Vollstreckungshypothek [3]). Sie ließ sich hierbei ausschließlich von Zweckmäßigkeitserwägungen leiten. Der Verkehr hatte sich, wie hervorgehoben wurde, an die im weitaus größten Teile des Reichs eingeführte Institution gewöhnt. Außerdem ermöglichte die Vollstreckungshypothek ein schonenderes Vorgehen gegen den Schuldner, ohne daß darunter das eigene Interesse des Gläubigers litt. Der rechtlichen Rechtfertigung, die in der Begründung des Entwurfs gegeben war, pflichtete die Kommission nicht bei. Sie war der Meinung, daß die Leistung, zu welcher der Schuldner nach dem Inhalt des Schuldtitels verpflichtet ist, durch die Vollstreckbarkeit des Titels keine Veränderung erleidet. Danach fordert aber der Gläubiger, der statt sofortiger zwangsweiser Verwirklichung seines Anspruchs die Eintragung einer Hypothek begehrt, tatsächlich nicht eine mindere, sondern eine andere Leistung als jene, die ihm an sich gebührt.

Dieser grundsätzlichen Stellungnahme schloß sich eine Aussprache über die Form der Vollstreckungshypothek an [4]). Nach den Beschlüssen der Kommission hatte das Hypothekensystem eine veränderte Gestalt erhalten [5]). Die selbständige, von einer Forderung unabhängige Hypothek war als eine besondere Belastungsform des Immobiliarkredits unter der Bezeichnung Grundschuld ausgeschieden. Damit beschränkte sich die Rechtsform der Hypothek auf die akzessorische Hypothek, die nunmehr in zwei Arten, als sog. Normalhypothek und als Sicherungshypothek, gewährt wurde [6]). Der Normalhypothek war im Gegensatz zur Sicherungshypothek eigentümlich, daß der öffentliche Glaube des Grundbuchs auch die unterliegende Forderung

---

[3]) Prot. Bd. 6 S. 4976 f.

[4]) Prot. Bd. 6 S. 4977 ff.

[5]) Vgl. hierzu Prot. Bd. 6 S. 4981 ff., 4945 ff., 5253 ff., 5366 ff., 5394 ff.

[6]) Die Sicherungshypothek durfte ausschließlich als Buchhypothek begründet werden. Bei der Normalhypothek war auch die Briefhypothek vorgesehen, doch nicht als Regelform, wie nach der späteren Ordnung des BGB. (§ 1116); vielmehr sollte das Grundbuchamt den Brief nur erteilen, wenn der Eigentümer es bewilligte. Prot. Bd. 6 S. 5253.

erfaßte. In die Neuregelung mußte die Vollstreckungshypothek eingefügt werden. Es war nach Loslösung der Grundschuld nunmehr zu bestimmen, ob und in welchen Grenzen dem Gläubiger die Eintragung einer Normalhypothek oder einer Sicherungshypothek gestattet werden sollte. Die Kommission ging bei ihren Erwägungen davon aus, daß die seitherigen Landesgesetze mit ihren verschiedenartigen Hypothekordnungen hier keinen entscheidenden Einfluß ausüben konnten. Sie entnahm die Lösung dem Wesen der beiden Hypothekarten und ihren Wirkungen für die Beteiligten. Beim Gläubiger fiel die Hypothekform nicht sonderlich ins Gewicht, da er in jedem Falle hinsichtlich seiner Forderung volle dingliche Sicherheit erhielt. Dagegen war es für den Schuldner von erheblicher Bedeutung, ob auf seinem Grundbesitz eine Normalhypothek oder eine Sicherungshypothek eingetragen wurde. Die Begründung einer Normalhypothek gefährdete seine Rechtsstellung. Gelangte die Hypothek in die Hände eines gutgläubigen Dritten, so konnte er, anders als bei der Sicherungshypothek, die ihm gegen die Forderung zustehenden Einreden dem Anspruch aus der Hypothek nicht mehr entgegensetzen. Mit Rücksicht auf das Interesse des Schuldners wurde beschlossen, die Vollstreckungshypothek nur in der Form der Sicherungshypothek zu gewähren. Die Frage, ob neben der endgültigen Eintragung auch der Vormerkung Raum gegeben werden sollte, hatte sich durch Ablehnung des Instituts der Vormerkung erledigt[7]).

Die weiteren Erörterungen betrafen die Ausgestaltung im einzelnen.

Entgegen dem Entwurf wurde die Vollstreckungshypothek auf Geldforderungen beschränkt[8]). Maßgebend war der Gesichtspunkt, daß auch die Zwangsversteigerung und die Zwangsverwaltung nur auf Grund von Geldansprüchen betrieben werden konnten. Es bestand kein Bedürfnis, die Vollstreckungshypothek darüber hinaus für Forderungen mit anderem Inhalt bereitzustellen.

Längere Auseinandersetzungen entspannen sich darüber, welche Vollstreckungstitel zur Eintragung der Vollstreckungs-

---

7) Vgl. hierzu Prot. Bd. 6 S. 4967 f.

8) Prot. Bd. 6 S. 4979 f.

hypothek berechtigen sollten[9]). In einem Antrag wurde verlangt, nur Urteile als Grundlage zuzulassen. Die Kommission war der Anschauung, daß eine solche Begrenzung, die augenscheinlich französischrechtlichen Vorstellungen entsprang, nicht in das der Institution zugrunde gelegte System paßt. Als Akt der Zwangsvollstreckung konnte die Eintragung der Vollstreckungshypothek nur von der Vollstreckbarkeit der Forderung, nicht von der Beschaffenheit des Titels abhängig gemacht werden. Auch eine Beschränkung in der Weise, daß Schuldtitel mit nur vorläufiger Vollstreckbarkeit ausgeschlossen blieben, fand keine Billigung. Hervorgehoben wurde, daß der Schutz des Schuldners, der mit dieser Maßnahme bezweckt werden sollte, bereits durch die gewählte Form der Vollstreckungshypothek verbürgt war. Kam, wie vorgesehen, eine Sicherungshypothek zur Eintragung, so lief der Schuldner keine Gefahr, mochte auch die Forderung bloß vorläufig vollstreckbar sein. Gleichfalls der Ablehnung verfiel ein Vorschlag, der nach Vorgang der badischen Gesetzgebung[10]) die im Mahnverfahren erlassenen Vollstreckungsbefehle von der Begründung der Vollstreckungshypothek ausnehmen wollte. Die Kommission erwog, daß eine Versagung der Hypothek bei Vollstreckungsbefehlen in nicht zu rechtfertigender Weise die praktische Bedeutung des Mahnverfahrens abschwächen und dessen Fortbestand gefährden mußte. Auf die mißlichen Erfahrungen, die seinerzeit in Baden mit der gerichtlichen Hypothek aus den Liquiderkenntnissen gemacht worden waren[11]), wurde kein maßgebendes Gewicht gelegt. Die Wahrnehmungen gründeten sich auf den Rechtszustand vor Inkrafttreten der ZPO. und betrafen ein Gebiet, in dem die französische Judizialhypothek galt. In anderen Ländern waren Klagen über ungünstige Wirkungen der aus Vollstreckungsbefehlen genommenen Hypotheken nicht zutage getreten. So ergab sich der Beschluß, daß die Vollstreckungshypothek ausnahmslos bei allen Vollstreckungstiteln Platz greift.

---

[9]) Prot. Bd. 6 S. 4983 ff.

[10]) Einschlägig ist § 26 des Gesetzes vom 3. März 1879, die Einführung der Reichsjustizgesetze im Großherzogtum Baden betr. (GVBl. S. 91 ff.).

[11]) Vgl. hierzu die Ausführungen in Heft 1 S. 170 ff., 178 ff.

Hinsichtlich der Herbeiführung des Hypothekeintrags bekannte sich die Kommission grundsätzlich zum System des Selbstbetriebs der Partei [12]. Deshalb sollte im Gesetz davon ausgegangen werden, daß der Gläubiger die Eintragung der Vollstreckungshypothek durch unmittelbare Antragstellung beim Grundbuchamt zu erwirken hat. Die Abweichung vom Entwurf war durch mehrere Gründe beeinflußt. Der Selbstbetrieb des Gläubigers entsprach, wie geltend gemacht wurde, dem für die Zwangsvollstreckung eingenommenen Standpunkt der Zivilprozeßordnung; er trug zur Kostenersparnis bei und beugte der Verzögerungsgefahr vor, welcher der Gläubiger bei einer gerichtlichen Vermittlung der Eintragung ausgesetzt war. Andererseits wurde nicht verkannt, daß das System bedenklich war, wo das Grundbuchamt mit Beamten besetzt war, deren Vorbildung eine richtige Würdigung der Vollstreckungstitel nicht gewährleistete. Das traf wohl nur in einigen Gebieten des Reichs zu. Hierfür genügte eine Ermächtigung der Landesgesetzgebung, das Ersuchen des Vollstreckungsgerichts zu verlangen. Bei der Beratung kam auch der Fall zur Sprache, daß die Eintragung der Vollstreckungshypothek für eine Forderung aus einem Inhaberpapier, einem Wechsel oder einem anderen durch Indossament übertragbaren Orderpapier betrieben wird [13]. Es entstand die Frage, ob sich das Gesetz hier über die Notwendigkeit einer Vorlegung der Urkunde zu äußern hat. Die Kommission hielt dies nicht für veranlaßt, da aus der Natur der einzelnen Obligation und den allgemeinen Prozeßgrundsätzen zu entnehmen ist, inwieweit die Eintragung von der Vorlage des Papiers abhängt. Ferner war ein Antrag gestellt, wonach bei Schuldtiteln, in denen die Zwangsvollstreckung von einer Sicherheitsleistung des Gläubigers abhängig gemacht ist, die Eintragung der Vollstreckungshypothek unabhängig von der Leistung der Sicherheit erfolgen sollte [14]. Der Antragsteller meinte, daß der Schuldner gegen allenfallsige Nachteile durch die Form der Sicherungshypothek hinlänglich geschützt war. Die Entscheidung lautete auf Ablehnung. Nach der Begründung, mit der die

---

[12] Prot. Bd. 6 S. 4987 f.

[13] Prot. Bd. 6 S. 4988.

[14] Prot. Bd. 6 S. 4991 ff.

Kommission ihre Stellungnahme rechtfertigte, wahrte wohl die Eintragung der Sicherungshypothek dem Schuldner die ihm gegen die Forderung zustehenden Einreden. Trotzdem konnte der Schuldner, wenn sich die Vollstreckung nachträglich als unberechtigt erwies, noch insofern geschädigt sein, als durch die Grundstücksbelastung sein Realkredit eine Minderung erfuhr. Zur Deckung hieraus entspringender Ansprüche war die dem Gläubiger auferlegte Sicherheitsleistung bestimmt. Ein Verzicht auf die Sicherheitsleistung, wie ihn das dem Antrag als Vorbild dienende preußische Gesetz vom 13. Juli 1883 in seinem § 7 Abs. 2 vorgesehen hatte, erschien als nicht vereinbar mit der grundsätzlichen Einstellung, auf der sich die Regelung der Vollstreckungshypothek aufbaute. Als Akt der Zwangsvollstreckung unterstand die Eintragung dem § 672 Abs. 2 ZPO., wonach der Beginn der Zwangsvollstreckung durch den Nachweis der dem Gläubiger obliegenden Sicherheitsleistung bedingt war.

Gebilligt wurde, daß dem Gläubiger die Eintragung der Vollstreckungshypothek auf alle Grundstücke des Schuldners zu gestatten ist[15]). Doch sollte die Härte gemildert werden, die letzterem möglicherweise aus einer Belastung mehrerer Liegenschaften erwächst. Deshalb wurde beschlossen, daß der Schuldner die Löschung der Hypothek insoweit verlangen darf, als das Maß der Mündelsicherheit überschritten war[16]). Es galt noch, sich über den Weg zu verständigen, auf dem der Schuldner seinen Löschungsanspruch verwirklichen konnte. Ein Antrag hatte angeregt, die Entscheidung in die Hände des Vollstreckungsgerichts zu legen. Die Kommission sah hierin einen

---

[15]) Prot. Bd. 6 S. 4989f.

[16]) Wie die Rückwirkung dieser Befugnis auf das Recht des Gläubigers zur Inanspruchnahme sämtlicher Grundstücke des Schuldners juristisch zu werten ist, blieb dahingestellt. Es waren zwei Auffassungen geäußert worden. Nach der einen Meinung sollte das Recht des Gläubigers, die Eintragung auf alle Grundstücke des Schuldners zu verlangen, nur ein formelles sein; materiell ist der Gläubiger lediglich zu mündelmäßiger Sicherheit berechtigt. Die andere Ansicht ging von dem absoluten Charakter des Rechtes aus; es tritt nur teilweise Befriedigung ein, wenn die Voraussetzungen eines dem Schuldner zustehenden Gegenrechts nachgewiesen sind.

Widerspruch mit dem allgemeinen Grundsatz, daß ein vom Verpflichteten nicht anerkanntes Recht vor dem Prozeßrichter zu verfolgen ist. Sie erachtete es demgemäß als richtiger, den Schuldner entsprechend dem § 6 des preußischen Gesetzes vom 13. Juli 1883 auf den Klageweg zu verweisen.

Die Befugnis öffentlicher Behörden, das Grundbuchamt um die Eintragung einer Vollstreckungshypothek zu ersuchen, blieb landesgesetzlicher Ordnung überlassen[17]). Hierfür war die Grundlage durch Aufnahme eines Vorbehalts in das Einführungsgesetz zu schaffen, zu dem eine Verfahrensvorschrift in der Grundbuchordnung treten sollte. Erforderlich schien der Kommission, in dem Vorbehalt zwei Punkte klarzustellen. Es durfte die Vollstreckungshypothek auch auf das Ersuchen einer öffentlichen Behörde nur als Sicherungshypothek eingetragen werden. Außerdem mußte der Schuldner, wie bei jeder anderen Vollstreckungshypothek, berechtigt sein, im Falle einer Belastung mehrerer Grundstücke die Löschung der über das Maß der pupillarischen Sicherheit hinausgehenden Eintragung zu verlangen. Der § 374 des Entwurfs, der die öffentlichen Behörden von der Inanspruchnahme gerichtlicher Vermittlung befreite, wurde als entbehrlich gestrichen.

Einverständnis bestand darüber, daß die Vollstreckungshypothek erst mit der Eintragung in das Grundbuch entsteht[18]). Die Frage, in welcher Form dieser Auffassung im Gesetz Ausdruck zu geben sei, wurde der Prüfung bei der Redaktion anheimgestellt. Ebenso behielt die Kommission redaktioneller Würdigung vor, ob die Bezeichnung Vollstreckungshypothek beizubehalten oder, wie auch angeregt worden war, in Zwangshypothek geändert werden soll[19]).

Die aus diesen Beschlüssen sich ergebenden Bestimmungen wurden vom Vorsitzenden der Kommission fixiert und in einer vorläufigen Zusammenstellung niedergelegt[20]). Hier erschien die Institution nunmehr unter dem Namen Zwangshypothek.

---

[17]) Prot. Bd. 6 S. 4993 ff.

[18]) Prot. Bd. 6 S. 4987.

[19]) Prot. Bd. 6 S. 4990.

[20]) Metallogr. vorläufige Zusammenstellung der Beschlüsse erster Lesung, Abschnitt Sicherungshypothek; Prot. Bd. 6 S. 5390.

Die Regelung umfaßte zwei Paragraphen, die in dem Abschnitt über die Sicherungshypothek unter Wegfall der §§ 423 und 430 des Vorentwurfs Aufnahme finden sollten. Im einzelnen war folgendes vorgesehen:

§ a (§ 373). Der Gläubiger einer vollstreckbaren Geldforderung kann im Wege der Zwangsvollstreckung[21]) verlangen, daß für die Forderung eine Sicherungshypothek auf die Grundstücke des Schuldners in das Grundbuch eingetragen werde (Zwangshypothek).

Vor der Eintragung in das Grundbuch wird auch die Zwangshypothek nicht begründet.

§ b (§ 373). Ist der Schuldner der Eigentümer mehrerer Grundstücke, so kann der Gläubiger verlangen, daß die Eintragung der Zwangshypothek ohne Teilung der Forderung auf (mehrere oder auch auf) alle Grundstücke erfolgt. Ist jedoch für die Forderung durch eine vor der Zwangsvollstreckung oder durch die letztere begründete Hypothek eine größere Sicherheit erlangt, als das Gesetz für die Belegung von Mündelgeldern erfordert, so kann der Schuldner verlangen, daß der Gläubiger die Löschung der Zwangshypothek bis zu dem für die Belegung von Mündelgeldern gesetzlich erforderlichen Maße der Sicherheit bewillige[22]).

In der Sitzung der Kommission vom 9. Febr. 1885 gab die Erörterung des Abschnitts über die Sicherungshypothek Veranlassung, nochmals auf die Zwangshypothek zurückzukommen[23]). Es wurde der Fall zur Sprache gebracht, daß nach § 692 ZPO. die Zwangsvollstreckung aus dem Schuldtitel des Gläu-

---

[21]) Nach einem Randvermerk in der vorläufigen Zusammenstellung wohnt den Worten „im Wege der Zwangsvollstreckung" ein wichtiger Sinn bei; sie ergeben, daß in Abweichung vom französischen Rechte die Forderung exekutionsreif sein muß und daß die Zwangshypothek aus der Zwangsvollstreckung entspringt.

[22]) Auch bei diesem Paragraphen ist eine Randnotiz angebracht. Danach wurde nicht für nötig befunden, besonders auszusprechen, daß der Schuldner, falls sich der Gläubiger zur Löschungsbewilligung nicht freiwillig versteht, gegen diesen Klage zu erheben hat und daß für eine solche Klage die allgemeinen Grundsätze, namentlich in Ansehung der Zuständigkeit, gelten.

[23]) Prot. Bd. 6 S. 5391 ff.

bigers unter Aufhebung der bereits erfolgten Vollstreckungsmaßregeln einzustellen ist. Ein Antrag hatte die Anbringung eines Zusatzes verlangt, wonach hier der Eigentümer des belasteten Grundstücks die Löschung der Hypothek verlangen kann und mit der Löschung die Hypothek aufgehoben wird. Die Kommission stimmte grundsätzlich zu. Nach ihrer Anschauung mußte eine Vorschrift aufgenommen werden, die dem Eigentümer ohne weiteres auf Grund der Einstellungsverfügung die Beseitigung der Hypothek ermöglichte. Anderenfalls konnte nach allgemeiner Regel die Löschung nur vollzogen werden, wenn der Gläubiger sie bewilligt hatte oder zu ihrer Bewilligung rechtskräftig verurteilt worden war. Das entsprach weder dem § 692 ZPO. noch der Billigkeit gegenüber dem Eigentümer. Die Fassung der beantragten Ergänzung und ihre Unterbringung an geeigneter Stelle wurde der Redaktion überlassen. Notwendig erschien jedoch der Kommission, daß der Gesichtspunkt der unmittelbaren Löschungserwirkung durch den Eigentümer deutlicher zutage trat[24]). Auch mußte, wie bei der Eintragung, der Landesgesetzgebung vorbehalten werden, die Löschung erforderlichenfalls von einer gerichtlichen Vermittlung abhängig zu machen[25]).

Bei der Neufassung des Entwurfs, die der von der Kommission gebildete Redaktionsausschuß vornahm[26]), erfuhr die

---

[24]) Ein Mitglied der Kommission hatte die Fassung vorgeschlagen: „Auf Antrag des Eigentümers hat das Grundbuchamt die Hypothek zu löschen."

[25]) Ein weiterer Antrag sah in § 373a die Anfügung eines Abs. 3 vor, demzufolge sich die Zwangshypothek auf die von der Eintragung an laufenden gesetzlichen Zinsen und, wenn die Verzinslichkeit zu einem höheren Zinssatz mit eingetragen wird, auch auf die höheren Zinsen der Stammforderung erstreckt. Der Antragsteller hielt eine derartige Vorschrift für geboten, weil es ihm nicht richtig schien, eine Zwangshypothek auch rücksichtlich der Zinsen als Ultimathypothek zu behandeln. In der Kommission verständigte man sich dahin, daß hier eine Ultimathypothek überhaupt nicht vorliegt, sondern eine Sicherungshypothek mit feststehendem Forderungsbetrag, weshalb hinsichtlich der hypothekarischen Haftung für die Zinsen die gewöhnlichen Bestimmungen Platz greifen. Darauf wurde der Antrag als gegenstandslos zurückgezogen.

[26]) Sie ist unter dem Titel „Zusammenstellung der sachlich beschlossenen Bestimmungen" metallographiert worden.

Zwangshypothek ihre Regelung als Unterform der Sicherungshypothek in den §§ 1103, 1104 und 1106. Die beiden ersten Paragraphen entsprachen inhaltlich, wenn auch im Wortlaut geändert, den §§ 373a und b der vorläufigen Zusammenstellung. In § 1106 wurde die Einstellung der Zwangsvollstreckung unter Aufhebung der bisher erfolgten Vollstreckungsmaßregeln behandelt. Dabei fand die Befugnis des Schuldners, die Löschung der Zwangshypothek auf Grund der Einstellungsverfügung herbeizuführen, in der Form Ausdruck, daß es zur Löschung einer Bewilligung des Gläubigers nicht bedarf. Der Text der vorgeschlagenen Paragraphen lautete folgendermaßen:

§ 1103. Der Gläubiger einer vollstreckbaren Geldforderung kann im Wege der Zwangsvollstreckung verlangen, daß für die Forderung eine Sicherungshypothek an den Grundstücken des Schuldners durch Eintragung in das Grundbuch begründet werde (Zwangshypothek).

§ 1104. Haften dem Gläubiger auf Grund einer Zwangshypothek allein oder in Verbindung mit einer vor deren Eintragung begründeten Hypothek mehrere Grundstücke des Schuldners und hat der Gläubiger hierdurch eine größere Sicherheit erlangt, als das Gesetz für die Belegung von Mündelgeldern erfordert, so kann der Schuldner verlangen, daß der Gläubiger die Löschung der Zwangshypothek an einem oder mehreren Grundstücken bewillige, sofern die übrigbleibende Sicherheit den Vorschriften über die Belegung von Mündelgeldern noch entspricht.

§ 1106. Ist die Zwangsvollstreckung ..... mit der Wirkung einzustellen, daß zugleich die bereits erfolgten Vollstreckungsmaßregeln aufzuheben sind ...., so ist zu der Löschung der Zwangshypothek ..... die Bewilligung des Gläubigers nicht erforderlich[27]).

Außerdem hatte der Ausschuß unter die allgemeinen Vorschriften für Rechte an Grundstücken einen § 829a aufgenommen. Er enthielt die ergänzenden Bestimmungen über den Selbstbetrieb der Parteien, der hinsichtlich der Zwangshypothek

---

[27]) Weggelassen sind die Worte, die auf die in § 1105 geregelte Arresthypothek Bezug haben.

im Verkehr mit dem Grundbuchamt gelten sollte. Wegen der Ermächtigung der Landesgesetzgebung, eine Vermittlung durch das Vollstreckungsgericht anzuordnen, war die Einstellung eines Vorbehalts in das Einführungsgesetz vorgesehen.

Die Kommission unterzog die Neufassung des Redaktionsausschusses einer Nachprüfung. Am 10. Juni 1885 wurde zunächst der Wortlaut des § 829a festgelegt[28]). Mit den die Zwangshypothek betreffenden Vorschriften der §§ 1103ff. beschäftigte sich die Kommission in ihrer Sitzung vom 15. Juni 1885[29]). Es lagen hier zwei Anträge vor. Der erste Antrag wollte in § 1103 den Entstehungszeitpunkt der Hypothek schärfer herausgestellt wissen. Deshalb wurde vorgeschlagen, an Stelle der Schlußworte „durch Eintragung begründet werde" die Worte „in das Grundbuch eingetragen werde" zu setzen und in einem zweiten Absatz auszusprechen, daß die Zwangshypothek erst mit der Eintragung in das Grundbuch begründet wird. Der zweite Antrag verfolgte ein gleiches Ziel hinsichtlich der Beendigung der Hypothek. Es sollte dem § 1106 ein Zusatz angefügt werden, wonach mit der Löschung die Hypothek aufgehoben wird. Die Kommission erachtete letztere Ergänzung nicht für veranlaßt. Der Antrag zu § 1103 wurde angenommen.

Hiermit fand die erste Beratung, soweit unsere Institution in Betracht kommt, ihren Abschluß[30]). Nachdem in der Folge auch die Entwürfe zum Familien- und Erbrecht behandelt worden waren, unterstellte die Kommission im letzten Quartal des Jahres 1887 den aus der sukzessiven Erledigung der einzelnen Teilgebiete entstandenen Gesamtentwurf nochmals einer allgemeinen Revision. Anregungen hinsichtlich der Zwangshypothek wurden bei dieser Gelegenheit nicht mehr vorgebracht[31]). Die

[28]) Prot. Bd. 7 S. 6210ff.

[29]) Prot. Bd. 7 S. 6243ff.

[30]) Nach Beendigung der Beratungen über das Sachenrecht wurde die nunmehrige Fassung der bisher behandelten Teilgebiete unter dem Titel „Entwurf eines Bürgerlichen Gesetzbuchs für das Deutsche Reich. 1. Beratung. 1.—3. Buch" im Drucke vervielfältigt (Berlin 1885, Reichsdruckerei).

[31]) Lediglich zu § 829a war eine Fassungsänderung vorgeschlagen worden, der aber die Mehrheit der Kommission die Zustimmung versagte. Prot. Bd. 11 S. 11954f.

auf die Institution bezüglichen Bestimmungen gingen, wie bei der ersten Beratung beschlossen, in die endgültige Fassung des Entwurfs eines bürgerlichen Gesetzbuchs über [32]. Nur die Paragraphierung erfuhr eine Änderung. Die §§ 1103, 1104, 1106 bekamen bei der Schlußredaktion die Bezeichnung §§ 1130, 1131, 1133; der § 829a wurde als § 846 eingereiht.

Im nächsten Jahre nahm die Kommission noch die Vorschläge zum Entwurf des Einführungsgesetzes in Beratung. Dabei wurden die Vorbehalte zugunsten der Landesgesetzgebung untergebracht, die in den früher gefaßten Beschlüssen hinsichtlich der Anordnung einer vollstreckungsgerichtlichen Vermittlung bei der Eintragung und Löschung von Zwangshypotheken sowie hinsichtlich der Erwirkung von Hypothekeintragungen auf Ersuchen des Fiskus und anderer juristischer Personen vorgesehen waren [33]. Die neue Vorschrift, die an Stelle der seitherigen §§ 755 bis 757 der ZPO. treten sollte, erhielt, jetzt als § 755 bezeichnet, die Fassung, daß die Zwangsvollstreckung in das unbewegliche Vermögen sich nach dem sie betreffenden besonderen Gesetz richtet und daß nach diesem Gesetz sich auch bestimmt, welche Gegenstände in Ansehung der Zwangsvollstreckung zum unbeweglichen Vermögen gehören [34]. Gestrichen wurde der in den Vorschlägen von Johow aufgenommene § 757a. Sein Inhalt galt als entbehrlich, auch in Ansehung der Bestimmungen über die zwangsweise Begründung eines Pfandrechts an den im Schiffsregister eingetragenen Kauf-

---

32) Die endgültige Fassung wurde unter dem Titel „Entwurf eines Bürgerlichen Gesetzbuchs für das Deutsche Reich. Ausgearbeitet von der infolge des Beschlusses des Bundesrats vom 22. Juni 1874 eingesetzten Kommission. I. Lesung" noch im Jahre 1887 durch die Reichsdruckerei im Drucke vervielfältigt. Im folgenden Jahre erschien eine amtliche Ausgabe des Entwurfs im Verlag von J. Guttentag (Berlin).

33) Sie erscheinen in dem Entw. der Kommission als Art. 78 und Art. 74.

34) Prot. Bd. 12 S. 12458ff., 12517. Die Kommission ging von der Voraussetzung aus, daß ein besonderes Reichsgesetz über die Zwangsvollstreckung in das unbewegl. Vermögen nicht später als das BGB. in Kraft treten wird. Für den Fall, daß diese Annahme nicht zutreffen sollte, wurde in Aussicht genommen, nur die auf die Zwangshypothek bezüglichen Worte in dem § 757 Abs. 2 ZPO. zu streichen, im übrigen aber die §§ 755 bis 757 grundsätzlich in Geltung zu belassen.

fahrteischiffen und den Parten solcher Schiffe, da mit der Zwangsvollstreckung in diese Gegenstände sich gleichfalls das besondere Immobiliarvollstreckungsgesetz zu befassen haben wird[35]). Ferner fiel noch der von Johow vorgeschlagene § 705a weg; er war mit der Beseitigung der selbständigen Hypothek als Form der Zwangshypothek gegenstandslos geworden.

§ 3.

Der erste Entwurf eines Bürgerlichen Gesetzbuchs.

Der von der ersten Kommission aufgestellte Entwurf eines Bürgerlichen Gesetzbuchs war Ende 1887 vollendet. Auf Grund Bundesratsbeschlusses vom 31. Januar 1888 erschien er im Drucke[1]), wobei Motive beigegeben wurden[2]). Die Beratungen

---

[35]) Prot. Bd. 12 S. 12462. Die spätere Regelung der Zwangsvollstreckung in eingetragene Schiffe, welche die §§ 162ff. des ZwangsVerst.-Ges. vom 24. März 1897 und der durch die Novelle vom 17. Mai 1898 eingefügte § 757f der ZPO. (n. F. § 870) brachten, sah als alleinige Vollstreckungsform die Zwangsversteigerung vor. Wie aus der Begründung des Entw. zu genannter Novelle hervorgeht, mußte von der Zulassung der Zwangsverwaltung abgesehen werden, weil ihr die Zweckbestimmung der Schiffe entgegensteht; der Ausschluß der zwangsweisen Pfandrechtseintragung fand seine Rechtfertigung darin, daß sich ein Bedürfnis für diese Vollstreckungsart nicht geltend gemacht hat (Drucks. d. Reichst. 1897/98 Nr. 61 S. 185; Mugdan-Falkmann, Die gesamten Materialien zu den Reichs-Justizgesetzen, Bd. 8, Berlin 1898, S. 167). Die Zwangsvollstreckung in Schiffsparten wurde unter die Mobiliarvollstreckung aufgenommen; einschlägig ist § 754a der ZPO. (n. F. § 858), der gleichfalls auf der Novelle vom 17. Mai 1898 beruht. (Vgl. hierzu Denkschrift zum revidierten Entw. eines Ges. über die Zwangsverst. und die Zwangsverw., Drucks. d. Reichst. 1895/97 Nr. 607, Schlußbem. zum 2. Abschn.; Mugdan-Falkmann, Bd. 5, Berlin 1898, S. 66; ferner Begründung des Entw. zur Nov. vom 17. Mai 1898, Drucks. d. Reichst. 1897/98 Nr. 61 S. 175f., Mugdan-Falkmann, Bd. 8 S. 159f.)

[1]) Entwurf eines Bürgerlichen Gesetzbuches für das Deutsche Reich. Erste Lesung. Amtliche Ausgabe. Berlin u. Leipzig (J. Guttentag) 1888.

[2]) Motive zu dem Entwurfe eines Bürgerlichen Gesetzbuches für das Deutsche Reich. Amtliche Ausgabe. 5 Bde., Berlin u. Leipzig (J. Guttentag) 1888. Die Motive wurden auf Grund der Vorarbeiten und der Beratungsprotokolle durch Hilfsarbeiter der Redaktoren unter deren Leitung hergestellt, von der Gesamtkommission aber nicht geprüft und genehmigt. Der das Sachenrecht umfassende dritte Band ist von Achilles und von Liebe bearbeitet.

über den Entwurf des Einführungsgesetzes kamen am 1. Juni 1888 zum Abschluß. So konnte auch dieser Entwurf nebst Motiven noch im gleichen Jahre veröffentlicht werden[3]).

Mit der Zwangshypothek befaßt sich der Entwurf des BGB. in den §§ 1130, 1131 und 1133. Die Vorschriften haben folgenden Wortlaut:

§ 1130. Der Gläubiger einer vollstreckbaren Geldforderung kann im Wege der Zwangsvollstreckung verlangen, daß für die Forderung eine Sicherungshypothek an den Grundstücken des Schuldners in das Grundbuch eingetragen werde (Zwangshypothek).

Die Zwangshypothek wird mit der Eintragung in das Grundbuch begründet.

§ 1131. Haften dem Gläubiger auf Grund einer Zwangshypothek allein oder in Verbindung mit einer vor deren Eintragung begründeten Hypothek mehrere Grundstücke des Schuldners, und hat der Gläubiger hierdurch eine größere Sicherheit erlangt, als das Gesetz für die Belegung von Mündelgeldern erfordert, so kann der Schuldner verlangen, daß der Gläubiger die Löschung der Zwangshypothek an einem oder mehreren Grundstücken bewillige, sofern die übrigbleibende Sicherheit den Vorschriften über die Belegung von Mündelgeldern noch entspricht.

§ 1133. Ist die Zwangsvollstreckung .... mit der Wirkung einzustellen, daß zugleich die bereits erfolgten Vollstreckungsmaßregeln aufzuheben sind, ... so ist zur Löschung der Zwangshypothek ... die Bewilligung des Gläubigers nicht erforderlich[4]).

Der Entwurf[5]) gewährt die Zwangshypothek als Maßnahme der Zwangsvollstreckung in das unbewegliche Vermögen. Dabei ist, im Gegensatz zur Zwangsversteigerung und zur Zwangsverwaltung, nicht Befriedigung, sondern Sicherung des Gläu-

---

[3]) Entwurf eines Einführungsgesetzes zum Bürgerlichen Gesetzbuche für das Deutsche Reich. Erste Lesung. Nebst Motiven. Amtliche Ausgabe. Berlin u. Leipzig (J. Guttentag) 1888.

[4]) Die weggelassenen Worte beziehen sich auf die in § 1132 des Entw. vorgesehene Arresthypothek.

[5]) Vgl. auch Motive Bd. 3 S. 621 ff., 769 ff.

bigers bezweckt. Die Forderung, für welche die Hypothek eingetragen werden soll, muß eine bestimmte Geldforderung sein[6]). Daß bereits eine Vertragshypothek an Grundstücken des Schuldners besteht, schließt, wie § 1131 zeigt, eine Zwangshypothek an weiteren, dem Schuldner gehörenden Liegenschaften nicht aus[7]).

Als Vollstreckungsakt erfordert die Zwangshypothek einen Vollstreckungstitel. Die Forderung muß gegen den Eigentümer des zu belastenden Grundstücks vollstreckbar sein. Auf die Art des Titels kommt nichts an. Ein jeder Schuldtitel, der nach den Vorschriften der ZPO. eine gerichtliche Zwangsvollstreckung gestattet, berechtigt zur Erwirkung einer Zwangshypothek. Auch vorläufig vollstreckbare Urteile, im Mahnverfahren ergangene Vollstreckungsbefehle, vollstreckbare Urkunden können der Eintragung als Grundlage dienen. Ebenso müssen die weiteren Voraussetzungen einer Zwangsvollstreckung erfüllt sein. Der Gläubiger hat eine vollstreckbare Ausfertigung des Titels vorzulegen. Es muß der Titel dem Schuldner zugestellt sein. Hängt die Zwangsvollstreckung von einer dem Gläubiger obliegenden Sicherheitsleistung ab, so ist der Nachweis der Sicherheitsleistung geboten.

Die Begründung der Zwangshypothek kann nur in der Form der Sicherungshypothek geschehen[8]). Deshalb darf der Schuldner Einwendungen, die ihm gegen die Forderung zustehen, auch einem gutgläubigen Erwerber der Hypothek entgegensetzen. Andererseits findet stets sofortige Eintragung als Hypothek statt. Eine bloße Hypothekvormerkung kennt der Entwurf nicht,

---

[6]) Dies entspricht der Vorschrift, die § 1062 Abs. 1 des Entw. für die gewöhnliche Hypothek trifft. Danach stellt die Hypothek eine Grundstücksbelastung dar, derzufolge eine bestimmte Person berechtigt ist, *wegen einer bestimmten Geldforderung* Befriedigung aus dem Grundstücke zu verlangen.

[7]) Außer Grundstücken können auch Miteigentumsanteile an Grundstücken Gegenstand hypothekarischer Belastung sein (arg. § 1063).

[8]) Die Sicherungshypothek ist eine solche mit feststehendem Betrag, nicht eine Kautionshypothek; auf ihre Eintragung finden deshalb die für die gewöhnliche Hypothek geltenden Vorschriften (Entw. § 1064) mit der Maßgabe Anwendung, daß an Stelle der Eintragungsbewilligung der vollstreckbare Schuldtitel tritt. Vgl. Mot. Bd. 3 S. 771.

selbst nicht bei vorläufiger Vollstreckbarkeit. Die Eintragung in das Grundbuch ist notwendiges Erfordernis für die Begründung der Hypothek. Erst mit ihr gelangt die Zwangshypothek zu rechtlicher Existenz.

Ist der Schuldner Eigentümer mehrerer Grundstücke, so steht dem Gläubiger frei, die Zwangshypothek als Gesamthypothek eintragen zu lassen. Doch hat bei übermäßiger Belastung der Schuldner einen Ermäßigungsanspruch. Der Anspruch greift in allen Fällen Platz, in denen die Hypothek als Gesamthypothek an mehreren Grundstücken besteht. Es macht keinen Unterschied, ob sie an allen Grundstücken im Wege der Zwangsvollstreckung begründet oder an einigen von ihnen freiwillig bestellt wurde. Übermäßig ist die vom Gläubiger erlangte Sicherheit, wenn sie größer ist, als das Gesetz für die Belegung von Mündelgeldern erfordert[9]). Trifft dies zu, so kann der Schuldner verlangen, daß die Zwangshypothek an einem oder einigen Grundstücken insoweit gelöscht wird, als das Maß der mündelmäßigen Sicherheit überschritten ist. Die Geltendmachung des Anspruchs hat durch Klageerhebung zu geschehen. Die Klage unterliegt, auch in Ansehung der Zuständigkeit[10]), den allgemeinen Grundsätzen.

Bei Einstellung der Zwangsvollstreckung unter Aufhebung der bereits erfolgten Vollstreckungsmaßregeln geht die Zwangshypothek, die ihren Inhalt lediglich aus dem Vollstreckungstitel empfängt, der Existenzberechtigung verlustig. Der Eigentümer erhält das Recht auf Löschung der Hypothek, ohne daß die Bewilligung des Gläubigers beigebracht oder dessen Verurteilung zu ihrer Abgabe erwirkt zu werden braucht. Nicht entsteht eine

---

[9]) Damit wird dem allgemeinen Grundsatz des § 203 Rechnung getragen, wonach eine Hypothek zur Sicherheitsleistung nur geeignet ist, wenn sie den Voraussetzungen entspricht, unter welchen Mündelgelder in Hypotheken angelegt werden dürfen. Nach § 1664 Abs. 3 muß aber eine Hypothek, um mündelsicher zu sein, bei einem landwirtschaftlichen Grundstück innerhalb der ersten zwei Dritteile, bei einem anderen Grundstück innerhalb der ersten Hälfte des Grundstückswerts stehen; den Landesgesetzen wird vorbehalten, für die innerhalb ihres Geltungsbereichs belegenen Grundstücke die Grundsätze zu bestimmen, nach denen der Wert der Grundstücke festzustellen ist.

[10]) ZPO. §§ 25, 26.

Eigentümerhypothek. Von dieser Pfandrechtsform macht der Entwurf, der hier im wesentlichen dem preußischen Rechte folgt, einen enge begrenzten Gebrauch. Die Eigentümerhypothek, bei welcher der Eigentümer die Hypothek ohne die Forderung erwirbt, greift nur Platz, wenn im Falle wirksamer Hypothekbegründung die gültig entstandene Forderung zufolge Befriedigung des Gläubigers durch den zugleich persönlich haftenden Eigentümer oder zufolge Vereinigung von Forderung und Schuld in dessen Person erlischt. Auch das gilt nicht in Ansehung der Sicherungshypothek, da auf sie die Vorschriften über die Eigentümerhypothek keine Anwendung finden [11].

In formeller Beziehung bekennt sich der Entwurf zum Prinzip des Selbstbetriebs. Der Gläubiger hat den Antrag auf Eintragung der Zwangshypothek unmittelbar beim Grundbuchamt anzubringen, ebenso der Eigentümer den Löschungsantrag, falls die Zwangsvollstreckung unter Aufhebung der bereits erfolgten Vollstreckungsmaßregeln eingestellt wird. Es schlägt § 846 ein [12], woselbst gesagt ist:

> Die Eintragung im Wege der Zwangsvollstreckung ..... erfolgt auf den unmittelbar an das Grundbuchamt zu richtenden Antrag des Berechtigten, sofern nicht das Gesetz ein Anderes bestimmt.
>
> Das gleiche gilt in Ansehung der Löschung, wenn die Zwangsvollstreckung ..... mit der Wirkung einzustellen ist, daß zugleich die bereits erfolgten Vollstreckungsmaßregeln aufzuheben sind ..... [13].

Doch wird auf unbedingter Durchführung des Prinzips nicht bestanden. Den Landesgesetzen steht frei, an Stelle des Selbstbetriebs eine Vermittlung durch das Vollstreckungsgericht treten

---

[11]) Vgl. Entw. §§ 1094, 1097, 1128; Motive Bd. 3 S. 725 ff., 733, 766. Wird der Gläubiger durch den ausschließlich dinglich haftenden Eigentümer befriedigt, so kommt es zu einer „Hypothek des Eigentümers“, bei der Forderung und Hypothek auf den Eigentümer übergehen. Diese ist auch bei der Sicherungshypothek möglich (Entw. § 1094 Abs. 2; § 1128).

[12]) Vgl. auch Motive Bd. 3 S. 245 ff.

[13]) Ausgelassen sind die Worte, welche die Eintragung zur Vollziehung eines Arrestes oder einer einstweiligen Verfügung und die Löschung einer solchen Eintragung zum Gegenstand haben.

zu lassen. Die Ermächtigung hierzu gibt der Entwurf des EinfG., der in seinem Art. 78 verfügt[14]):

Unberührt bleiben die landesgesetzlichen Vorschriften, nach welchen die im § 846 des Bürgerlichen Gesetzbuches bezeichneten Eintragungen und Löschungen nur auf Ersuchen des Vollstreckungsgerichtes erfolgen.

Hinzuweisen ist weiter auf den Art. 74 des Entw. des Einf.-G., der die Hypothekerwirkung durch Behörden im Wege der Verwaltungsexekution betrifft. Satz 1 dieses Artikels hält grundsätzlich die landesgesetzlichen Vorschriften aufrecht, wonach der Fiskus oder eine andere juristische Person berechtigt ist, zur Sicherung gewisser Forderungen die Eintragung einer Hypothek an den Grundstücken des Schuldners zu verlangen, und die Eintragung der Hypothek auf das Ersuchen einer bestimmten Behörde zu erfolgen hat. Es werden aber der landesrechtlichen Regelung durch die Sätze 2 und 3 Schranken gezogen. Die Hypothek kann auch hier nur als Sicherungshypothek eingetragen werden. Ihre Begründung knüpft sich, entsprechend dem § 1130 Abs. 2 des Entw. d. BGB., an die Eintragung in das Grundbuch an. Bei übermäßiger Belastung steht dem Schuldner die Reduktionsklage gemäß § 1131 des Entw. d. BGB. offen[15]).

Zur Ergänzung und Ausführung der im Entwurf des BGB. niedergelegten Bestimmungen arbeitete die erste Kommission auf Grund eines ihr vom Bundesrat am 14. Juni 1888 erteilten Auftrags noch den Entwurf einer Grundbuchordnung sowie den Entwurf eines Gesetzes, betr. die Zwangsvollstreckung in das unbewegliche Vermögen, aus[16]). Beide enthalten Vorschriften, die sich auf die Zwangshypothek beziehen.

Der Entw. einer GBO.[17]) besagt in § 32 Abs. 1, daß die Eintragung einer Zwangshypothek nur angeordnet werden soll,

---

14) Mot. z. d. Entw. d. EinfG. S. 203.

15) Mot. z. d. Entw. d. EinfG. S. 199.

16) Ersterer Entwurf wurde 1888, letzterer 1889 fertiggestellt. Eine amtliche Ausgabe erschien unter dem Titel „Entwurf einer Grundbuchordnung und Entwurf eines Gesetzes betreffend die Zwangsvollstreckung in das unbewegliche Vermögen, ausgearbeitet durch die vom Bundesrate berufene Kommission, nebst Motiven“, Berlin (J. Guttentag) 1889.

17) Dem Entwurf lagen Vorarbeiten von Johow, dem Redaktor des Sachenrechts, zugrunde; es waren dies der Entw. einer Grundbuchordnung

wenn der Schuldner als Eigentümer des Grundstücks eingetragen ist oder infolge eines Antrags, der gleichzeitig mit dem Antrag auf Eintragung der Hypothek oder vorher gestellt ist, eingetragen wird. Die Vorschrift wurde durch den § 828 Abs. 1 des Entw. des BGB. veranlaßt[18]). Danach kann durch Vertrag über ein eingetragenes Recht grundsätzlich nur derjenige verfügen, dem das Recht im Grundbuch zugeschrieben ist. Leitend war der Gedanke[19]), daß das Grundbuch den Rechtsstand des Grundstücks und folglich die eintretenden Änderungen nicht bloß richtig, sondern auch klar und verständlich darzustellen hat. Deshalb soll der Buchbehörde die Vollziehung einer vertraglichen Rechtsänderung lediglich dann gestattet sein, wenn der Verfügende als Berechtigter im Grundbuch eingetragen ist. Da dieser andererseits in der Lage sein muß, dem Vertragsgegner die der Rechtsänderung entsprechende Stellung zu verschaffen, wird die Eintragung des Verfügenden zum Erfordernis für den wirksamen Abschluß des dinglichen Vertrags gemacht. Der § 32 des Entw. der GBO. überträgt den Grundsatz, daß der von der Eintragung Betroffene als Berechtigter eingetragen sein soll, auf Rechtsänderungen, die im Wege der Zwangsvollstreckung

---

f. d. Deutsche Reich mit Begründung, gedruckt in der Reichsdruckerei, Berlin 1883, und der unter Berücksichtigung der späteren Kommissionsbeschlüsse aufgestellte Neue Entwurf einer Grundbuchordnung f. d. Deutsche Reich, gleichfalls gedruckt in der Reichsdruckerei, Berlin 1888.

[18]) Der § 828 Abs. 1 lautet: „Zur Übertragung des Eigentums, sowie zur Begründung, Übertragung oder Belastung eines anderen Rechtes an einem Grundstücke durch Rechtsgeschäft ist ein zwischen dem eingetragenen Berechtigten und dem Erwerber zu schließender Vertrag und Eintragung in das Grundbuch erforderlich, soweit nicht das Gesetz ein Anderes bestimmt." Mit dem grundbuchamtlichen Vollzug der Eintragung befassen sich die §§ 21 und 23 des Entw. d. GBO. Danach genügt es bei einer auf Vertrag sich gründenden Rechtsänderung regelmäßig, wenn zur Begründung des Eintragungsantrags an Stelle des Vertrags die einseitige Eintragungsbewilligung des eingetragenen Berechtigten vorgelegt wird (sog. formelles Konsensprinzip); geht die Bewilligung von einem Nichtberechtigten aus, so kann das Grundbuchamt nur tätig werden, wenn dieser infolge eines Antrags, der gleichzeitig mit dem Antrag auf die bewilligte Eintragung oder vorher gestellt ist, als der Berechtigte eingetragen wird.

[19]) Mot. z. Entw. eines BGB. Bd. 3 S. 160 f., S. 185 f.

vorgenommen werden[20]). Doch liegt hier, im Gegensatz zu § 828 des Entw. des BGB., eine Verfahrensvorschrift vor.

Im Zusammenhang mit § 32 Abs. 1 stehen die Vorschriften der §§ 45 und 47. Sie bieten dem Gläubiger, falls der eigentumsberechtigte Schuldner im Grundbuch nicht vorgetragen ist, die Möglichkeit, die zur Erwirkung der Zwangshypothek gebotene Eintragung des Schuldners unmittelbar herbeizuführen. Auf Grund des vollstreckbaren Schuldtitels, der ihn berechtigt, das Grundstück des Schuldners mit der Zwangshypothek zu belasten, kann der Gläubiger im Wege der Zwangsvollstreckung auch beantragen, daß der Schuldner als Eigentümer in das Grundbuch eingetragen wird. Dabei ist die Erbringung des Eigentumsnachweises erleichtert. Der Gläubiger erhält das Recht, an Stelle des Schuldners die Mitteilung dienlicher Urkunden von Behörden und Beamten, einschließlich der Notare, insoweit zu begehren, als der Schuldner hierzu befugt ist. Befindet sich allerdings eine Urkunde im Besitz des Schuldners selbst oder eines Dritten, so kann der Vorlegungsanspruch nur in gewöhnlicher Weise, also notfalls durch Klage, verfolgt werden[21]).

Schließlich sind in § 51 aus dem Entwurf des EG.z.BGB. die Bestimmungen des Art. 74 Satz 2 und 3 übernommen. Die auf Ersuchen einer Behörde einzutragende Hypothek kann nur als Sicherungshypothek eingetragen werden. Auf sie finden die Vorschriften in § 1130 Abs. 2 und in § 1131 des Entw. d. BGB. entsprechende Anwendung[22]).

---

[20]) Mot. z. Entw. einer GBO. S. 67: „Was die Frage betrifft, ob das Grundbuchamt eine Eintragung vornehmen soll, ist rücksichtlich des Erfordernisses der Eintragung des Berechtigten, gegen dessen Recht die Eintragung sich richtet, kein Unterschied zu machen, ob die Rechtsänderung durch Rechtsgeschäft oder im Wege der Zwangsvollstreckung herbeigeführt werden soll. Durch § 32 wird diese Analogie mit Berücksichtigung der §§ 21, 23 durchgeführt.“

[21]) Mot. z. Entw. einer GBO. S. 82, 85.

[22]) Dazu ist noch eine formelle Vorschrift in dem vorausgehenden § 50 getroffen. Das Grundbuchamt hat in den Fällen, in denen eine Behörde gesetzlich befugt ist, eine Eintragung zu verlangen, die Eintragung auf das Ersuchen dieser Behörde anzuordnen.

Von dem Entwurf eines Gesetzes, betr. die Zwangsvollstreckung in das unbewegliche Vermögen [23]) kommen die §§ 3 und 245 Abs. 1 in Betracht.

Nach § 3 erfolgt die Zwangsvollstreckung in ein Grundstück durch Zwangsversteigerung und durch Zwangsverwaltung, unbeschadet der Eintragung einer Zwangshypothek. Die besondere Erwähnung der im Entwurf des BGB. bereits geregelten Zwangshypothek will außer Zweifel stellen, daß es sich auch bei dieser Institution um eine Maßnahme der Immobiliarvollstreckung handelt, auf die insbesondere die allgemeinen Vollstreckungsvorschriften der Zivilprozeßordnung Anwendung finden [24]). Außerdem bestimmt § 3 das Verhältnis der Zwangshypothek zur Zwangsversteigerung und zur Zwangsverwaltung. Er überläßt es dem Gläubiger, nach seiner Wahl zu verlangen, daß eine der drei Vollstreckungsmaßregeln allein oder neben den übrigen angeordnet wird [25]). Das Recht zum Antrag auf Zwangsversteigerung und auf Zwangsverwaltung ist nicht auf Hypothekengläubiger beschränkt, so daß der persönliche Gläubiger, der eine dieser Zwangsmaßnahmen betreiben will, zunächst zur Erwirkung einer Zwangshypothek schreiten müßte. Die Motive halten ein Bedürfnis zu einer solchen Anordnung nicht für gegeben. Das Recht des Gläubigers auf

---

[23]) Ihm ging ein Vorentwurf voraus, der gleichfalls von Johow, dem Redaktor des Sachenrechts, verfaßt worden war (gedruckt in der Reichsdruckerei, Berlin 1888); hierzu Begründung, im Auftrag des Redaktors ausgearbeitet von Oberlandesgerichtsrat Achilles (gedruckt in der Reichsdruckerei, Berlin 1888/1889).

[24]) Mot. z. Ges.-Entw. S. 82.

[25]) Die nämliche Bestimmung hatte auch schon der Vorentwurf von Johow getroffen. Nach § 2 (in der berichtigten Fassung, vgl. hierzu Vorentw. S. 39) erfolgt die Zwangsvollstreckung in ein Grundstück durch Eintragung der Forderung in das Grundbuch, durch Zwangsversteigerung oder durch Zwangsverwaltung; derjenige, auf dessen Antrag die Zwangsvollstreckung anzuordnen ist, kann nach seiner Wahl verlangen, daß eine dieser Maßregeln oder mehrere nebeneinander ausgeführt werden. Mit der Zwangshypothek befaßte sich übrigens der Vorentwurf noch besonders in seinem § 3. Hier wird zunächst auf die einschlägigen Bestimmungen des BGB. verwiesen; daran schließt sich die Vorschrift an, daß der Antrag auf Eintragung wie auch die Vollmacht des den Antrag stellenden Prozeßbevollmächtigten nicht der Beglaubigung bedürfen.

Zwangsversteigerung und Zwangsverwaltung erklärt sich, wie dargelegt wird[26]), nicht aus einer pfandrechtlichen Verhaftung der Sache für die Forderung, sondern aus der Aufgabe des Staates, den zur Rechtsverwirklichung erforderlichen Zwang zu üben. Wenn bei der Mobiliarvollstreckung die Pfändung dem Gläubiger ein Pfandrecht an der Sache verschafft, so dient dieses Recht nicht zur Rechtfertigung des Zwangsverkaufs; vielmehr soll hierdurch der wachsame und eifrige Gläubiger dagegen geschützt werden, daß andere Gläubiger der Pfändung mit gleichem Rechte beitreten und ihm so den Gegenstand der Zwangsvollstreckung schmälern. Bei der Immobiliarexekution übernimmt den Schutz das an die Beschlagnahme anknüpfende Vorzugsrecht. Deshalb mag es dem Gläubiger anheimgestellt bleiben, ob er sich eine Hypothek verschaffen oder unmittelbar auf Grund seines persönlichen Anspruchs die Zwangsversteigerung oder die Zwangsverwaltung in die Wege leiten will. Diese Maßnahmen dürfen um so weniger von der vorgängigen Eintragung einer Hypothek für die Forderung abhängig gemacht werden, als damit finanzielle Aufwendungen und Verzögerungen verbunden sind.

Der § 245 Abs. 1 befaßt sich mit den Kosten, die durch die Erwirkung einer Zwangshypothek entstehen. Zweifelhaft war, ob für sie die Eintragung der Hypothek ohne vorherige Festsetzung begehrt werden dürfe[27]). Mußte der Gläubiger zu-

---

[26]) Mot. S. 83.

[27]) Anlaß hierzu gab namentlich der Streit, der in Preußen wegen der Behandlung der außergerichtlichen Kosten des Eintragungsantrags, vor allem der Anwaltsgebühren, entstanden war. Das Kammergericht hatte anfänglich in ständiger Rechtsprechung die Auffassung vertreten, daß zur Eintragung der Kosten einer Zwangshypothek, soweit nicht nach § 30 des preuß. Eigentumserwerbsgesetzes vom 5. Mai 1872 das Grundstück ohne besondere Eintragung für diese haftet, ein Festsetzungsbeschluß erforderlich sei (Johow, Jahrb. d. Kammergerichts i. S. d. nichtstreit. Gerichtsb. u. i. Strafs., Bd. 1 S. 122, Bd. 2 S. 122, Bd. 5 S. 155, Bd. 7 S. 101). Später gab es diesen Standpunkt in einer Entsch. v. 6. Juli 1892 (Johow, Jahrb. Bd. 12 S. 91) auf; wie jetzt ausgesprochen wurde, hat der Grundbuchrichter die Anwaltsgebühren für die im Wege der Zwangsvollstreckung gestellten Anträge auf Eintragung nach Prüfung ihrer Notwendigkeit zusammen mit der Judikatsforderung auf Grund des über die letztere vorgelegten vollstreckbaren Titels einzutragen.

nächst die Festsetzung beantragen, um sich einen vollstreckbaren Titel für die zwangsweise Eintragung der Kosten zu verschaffen, so erwuchsen daraus neue Kosten, wegen deren sich dann wieder die Frage der Notwendigkeit eines Festsetzungsbeschlusses erhob. Es war zu befürchten, daß unter diesen Umständen der Gläubiger auf die Erwirkung einer Zwangshypothek überhaupt verzichtete und sogleich zum Antrag auf Zwangsversteigerung schritt. Das widersprach aber der Absicht, die der Entwurf des BGB. mit der Institution der Zwangshypothek verfolgte. Die Vorschrift, die § 245 Abs. 1 zur Abhilfe vorsieht, knüpft an den § 697 ZPO. an, wonach die Kosten der Zwangsvollstreckung zugleich mit dem zur Vollstreckung stehenden Anspruch vom Schuldner beizutreiben sind. Dementsprechend wird bestimmt, daß bei Erwirkung einer Zwangshypothek der Gläubiger die Eintragung ohne weiteres auch für den von ihm berechneten Betrag der Kosten dieser Zwangsvollstreckung verlangen kann. Späterer Erwägung wurde vorbehalten, die Vorschrift zu § 1130 des Entw. des BGB. zu versetzen[28]).

§ 4.

Die Kritik des ersten Entwurfs.

Die erste Kommission hatte mit dem 30. März 1889 ihre Tätigkeit beendigt. Am 27. Juni 1889 erließ der Reichskanzler ein Rundschreiben an die Bundesregierungen einschließlich der Regierung für das Reichsland Elsaß-Lothringen, in dem um Äußerung über den Entwurf des Bürgerlichen Gesetzbuchs ersucht wurde[1]).

Baden, Elsaß-Lothringen und die beiden Mecklenburg sprachen sich gegen die Zwangshypothek aus.

Die badische Regierung[2]) befürchtete von der Zwangshypothek die gleichen Mißstände, die bei der Urteilshypothek des

[28]) Mot. S. 377.

[1]) Die erstatteten Gutachten sind teils als Manuskript gedruckt, teils nur metallographiert worden. Im Reichsjustizamt wurde eine Bearbeitung vorgenommen, die unter dem Titel „Zusammenstellung der Äußerungen der Bundesregierungen zu dem Entwurf eines Bürgerlichen Gesetzbuchs" als Manuskript im Drucke erschien (2 Bde., Berlin 1891).

[2]) Zusammenstellung Bd. 1 S. 128 f. Der Referent der zur Begutachtung des Entw. eingesetzten Kommission hatte seinem Antrag auf

französischen und badischen Rechtes so vielfach beklagt worden waren. Sie nahm an, daß der Wegfall der Institution von den Interessenten nicht als Nachteil empfunden werde, falls, wie zu erwarten, gleichzeitig die Möglichkeit geschaffen wird, rascher und billiger als bisher eine vertragsmäßige Hypothek zu erhalten.

In ähnlicher Weise verwies die Regierung von Elsaß-Lothringen [3]) auf die schlimmen Erfahrungen, die das Reichsland mit der Zwangshypothek als einem Mittel wucherischer Ausbeutung der Landbevölkerung gemacht hatte. Nach den Ausführungen ihres Gutachtens war die Aufnahme der Zwangshypothek zum Zwecke der Einleitung der Zwangsvollstreckung nicht notwendig. Für die Sicherung des pfändenden Gläubigers gegen nachteilige Verfügungen des Schuldners genügte es, wenn diesen die Wirksamkeit gegenüber dem Gläubiger versagt wird.

Die Regierungen von Mecklenburg-Schwerin und Mecklenburg-Strelitz [4]) hatten ihrem auf Beseitigung der Zwangshypothek lautenden Votum einen Eventualvorschlag angefügt. Es sollte im Falle der Beibehaltung der Institution ein Vorbehalt in das Gesetz eingestellt werden, der wenigstens den einzelnen Bundesstaaten die Ausschließung der auf die Zwangshypothek bezüglichen Vorschriften freigibt. Wie der Begründung zu entnehmen ist, konnten sich die Regierungen der beiden Großherzogtümer von der Stichhaltigkeit der zugunsten der Institution vorgebrachten Argumente nicht überzeugen. Mit einer Berufung auf das Pfändungspfandrecht ist ihrer Meinung nach nicht gedient, da Natur und wirtschaftliche Bedeutung von Immobiliar- und Mobiliarvermögen verschieden sind, was auch eine abweichende Behandlung beider Vermögensarten in der Zwangsvollstreckung angezeigt erscheinen läßt. Aus der ge-

---

Streichung der §§ 1130—1133 die Bemerkung beigesetzt, daß, falls die Institution etwa beibehalten werden sollte, gegen deren Regelung im einzelnen nichts zu erinnern ist. Vgl. Denkschrift des Referenten zum dritten Buche (Sachenrecht) des Entwurfs S. 27.

[3]) Zusammenstellung Bd. 1 S. 131.

[4]) Zusammenstellung Bd. 1 S. 129, 131; Bemerkungen der Großh. Mecklenbg.-Schwerinschen Regierung zu den Entwürfen eines BGB. f. d. Deutsche Reich u. eines EinfG. zu diesem Gesetzbuch, Schwerin 1891/92 Bd. 1 S. 288 f.

schichtlichen Entwicklung geht hervor, daß gerade die Ausscheidung der Ansprüche auf Intabulation ex lege eine der Voraussetzungen für eine gedeihliche Entwicklung des Immobiliarkredits bildet. In der Tat beruht die Zwangshypothek auf einer Bevorzugung des Personalgläubigers gegenüber dem Schuldner, die jeder inneren Berechtigung entbehrt. Sie läßt sich auch nicht mit den Motiven aus dem Gesichtspunkt halten, daß es der Billigkeit entspricht, dem Gläubiger, der zu schonender Behandlung des Schuldners geneigt ist, eine solche ohne Gefährdung des eigenen Rechtes zu ermöglichen. Denn es ist nicht wohlgetan, wegen einzelner ausnahmsweise eintretender Fälle eine allgemeine, der Regel nach unangemessene Norm aufzustellen. Überdies wird da, wo die Umstände wirklich so günstig liegen, wie die Motive voraussetzen, die Herbeiführung der Einwilligung des Eigentümers zur Intabulation keinen Schwierigkeiten begegnen. Die mecklenburgischen Länder besitzen keine der Zwangshypothek entsprechende Einrichtung und sind mit der Beschränkung der Immobiliarvollstreckung auf Zwangsversteigerung und Zwangsverwaltung gut gefahren. Würde die Institution hier eingeführt, so wäre ein unheilvoller Einfluß auf die Verhältnisse der Eigentümer von Grund und Boden zu besorgen.

Abänderungsvorschläge brachten Hessen und Preußen.

Die hessische Regierung[5]) bezweifelte, ob dem Schuldner mit dem im § 1131 eingeräumten Rechte, auf Herabsetzung einer übermäßigen Sicherheit zu klagen, ein ausreichender Schutz gegen eine Ausbeutung durch den Gläubiger zuteil wird. Nach ihrer Ansicht mußte solchenfalls ein einfacherer Weg Platz greifen. Dem Schuldner soll im Anschluß an die §§ 708 und 685 ZPO. gestattet sein, das Vollstreckungsgericht anzurufen, wenn sein Grundbesitz über das zur Sicherung des Gläubigers erforderliche Maß herangezogen worden ist. Die beiden Berichterstatter der hessischen Kommission hatten außerdem über-

[5]) Vorschläge des Großherzogl. Hess. Ministeriums des Innern u. der Justiz, Sektion für Justizverwaltung, zu den in dem Rundschreiben des Herrn Reichskanzlers v. 27. Juni 1889 bezeichneten u. einigen anderen, von der Großherzogl. Hess. Kommission begutachteten Fragen, Darmstadt 1891, S. 151 f.; Zusammenstellung Bd. 2 S. 29.

einstimmend die Streichung des Art. 78 EinfG. empfohlen. Wie zur Rechtfertigung bemerkt wurde, darf nicht von der den Motiven zugrunde liegenden Vorstellung ausgegangen werden, daß möglicherweise in einzelnen Bundesstaaten Beamte mit der Versehung der Grundbuchämter betraut würden, deren Vorbildung keine Gewähr für eine richtige Beurteilung der vollstreckbaren Schuldtitel und der einschlagenden Rechtsfragen bietet. Die Grundbuchämter haben auch in anderer Hinsicht Aufgaben zu erfüllen, die an Schwierigkeiten hinter den hier in Frage kommenden keineswegs zurückstehen. Es wäre deshalb ein verhängnisvoller Fehler, wollte man zur Wahrnehmung der grundbuchamtlichen Geschäfte Leute berufen, denen die von der ZPO. bei jedem Gerichtsschreiber vorausgesetzte Befähigung abgeht. Die Bedeutung der Zwangshypothek und ihre den Erfolg sichernde Wirkung beruhen vielfach auf der Raschheit der Eintragung. Bedarf es zu ihrer Herbeiführung erst noch einer gerichtlichen Ermächtigung und Mitwirkung, so sind Verzögerungen, die zu unliebsamen Folgen führen müssen, unausbleiblich.

Das Gutachten des preußischen Justizministers [6]) lehnte jede gesamthypothekarische Belastung ab. Dem Gläubiger darf für den Fall, daß der Schuldner mehrere Grundstücke zu eigen hat, nur die Befugnis beigelegt werden, nach seiner Wahl entweder die ganze Forderung auf ein Grundstück eintragen zu lassen oder bei Inanspruchnahme mehrerer Grundstücke die Forderung auf die einzelnen Grundstücke zu verteilen [7]). Dazu kam

[6]) Bemerkungen des Kgl. Preuß. Justizministers über die in dem Rundschreiben des Reichskanzlers vom 27. Juni 1889 hervorgehobenen Punkte, Berlin 1891 S. 214; Zusammenstellung Bd. 1 S. 126 f.

[7]) Nach dem Vorschlag sollte § 1130, unter Streichung des § 1131, folgende Fassung erhalten:

„Der Gläubiger einer vollstreckbaren Geldforderung kann im Wege der Zwangsvollstreckung verlangen, daß für die Forderung eine Sicherungshypothek an dem Grundbesitz des Schuldners in das Grundbuch eingetragen wird (Zwangshypothek).

Auf mehrere Grundstücke kann der Gläubiger die Forderung nur geteilt zur Eintragung bringen. Die Größe der einzelnen Forderungsteile bestimmt der Gläubiger.

Die Zwangshypothek wird mit der Eintragung in das Grundbuch begründet.“

noch eine weitere Anregung. Der preußische Justizminister befürwortete die Aufnahme einer Bestimmung in die Grundbuchordnung, wonach die Eintragung der Zwangshypothek auf der vollstreckbaren Ausfertigung des Schuldtitels zu vermerken ist.

Durch die Drucklegung wurde der Entwurf der öffentlichen Kritik unterstellt. Sie gestaltete sich überaus rege. Nicht nur die Juristenwelt, auch die Vertreter wirtschaftlicher Interessen nahmen an der Aussprache lebhaften Anteil. Eine Fülle von Verbesserungsvorschlägen war das Ergebnis [8]).

Hinsichtlich der Zwangshypothek [9]) gingen die Ansichten wieder auseinander.

Eine ablehnende Haltung begegnet uns vor allem bei landwirtschaftlichen Organisationen. Auf der Generalversammlung zu Neuß am 11. Juli 1889 verwarf der Rheinische Bauernverein [10]) primär jede Beschwerung ländlicher Grundstücke mit Hypotheken, da er als geeignete Belastungsform für derartige Liegenschaften nur die Bestellung unkündbarer Renten ansah; eventuell sollte die Sicherungshypothek zur Normalhypothek erklärt, dabei aber die Zwangshypothek ausgeschlossen werden. Für die Beseitigung letzterer Hypothekart wurde im wesentlichen der Mangel eines Bedürfnisses geltend gemacht. Die Versammlung nahm an, daß der Schuldner, dem eine Zwangsversteigerung droht, gerne mit dem Gläubiger wegen Bestellung einer Vertragshypothek in Unterhandlung treten wird. Da-

---

[8]) Auch diese Äußerungen wurden, soweit sie bis Nov. 1890 bekannt waren, im Reichsjustizamt in gedrängten Auszügen zusammengefaßt u. unter dem Titel „Zusammenstellung der gutachtlichen Äußerungen zu dem Entwurf eines Bürgerlichen Gesetzbuchs“ als Manuskript gedruckt (6 Bde., Berlin 1890/91). Ebenso erschien eine Zusammenstellung der gutachtlichen Äußerungen zu dem Entw. eines EinfG. z. BGB. (1 Bd., Berlin 1891).

[9]) Den vom Entw. gewählten Ausdruck „Zwangshypothek“ erachtet von Meibom (Arch. f. d. ziv. Prax. Bd. 74 S. 358), der hierin eine Abkürzung für „Zwangsvollstreckungshypothek“ sieht, als eine passende Bezeichnung; O. Fischer (Recht u. Rechtsschutz, Berlin 1889, S. 47) würde den Namen „Urteilshypothek“ vorziehen, um den Gegensatz zur Arresthypothek besser zu kennzeichnen.

[10]) Der Entw. eines BGB. f. d. Deutsche Reich u. der Rheinische Bauernverein, Köln 1890, S. 6, 29 f., 107.

mit kann nach ihrer Meinung das vom Gläubiger erstrebte Ziel auf einem dem Schuldner günstigeren Wege erreicht werden; denn der Schuldner kommt hier vor Eintragung der Hypothek zu Worte.

Ebenso sprach sich das preußische Landes-Ökonomie-Kollegium in seiner Sitzung vom 20. Nov. 1889[11]) gegen die Institution aus. Nach dem hier gefaßten Beschluß darf die Eintragung einer Hypothek in das Grundbuch, außer dem Falle rechtskräftiger Verurteilung zur Hypothekbestellung (ZPO. § 779) und den im Interesse des Fiskus und anderer öffentlicher Behörden vorgesehenen Sicherungshypotheken, nur auf Grund einer Eintragungsbewilligung des Schuldners erfolgen, weshalb die Zwangshypothek im Entwurf zu beschränken, bzw. zu beseitigen ist[12]). Das Kollegium ging gleichfalls von der Anschauung aus, daß der Zwangshypothek, entgegen der Annahme der Motive, keine Existenzberechtigung zukommt. Der Verkehr kann, wie unter Hinweis auf das Beispiel Belgiens ausgeführt wurde, ohne eine solche Belastungsform auskommen und die schonende Behandlung des Schuldners wird besser durch eine Vertragshypothek verwirklicht. Außerdem sah man in der Institution eine nicht zu unterschätzende Gefahr für den kleinen Bauernstand. Dieser gerät häufig unter der Vorspiegelung der Gewährung eines Personalkredits in die Hände von Wucherern und wird auf diese Weise schließlich ein Opfer der Zwangshypothek.

Auch in Juristenkreisen stieß die Institution auf Gegnerschaft. In einer Abhandlung über das Hypotheken- und Grundschuldrecht des Entwurfs kennzeichnete Reichsgerichtsrat a. D. von Meibom[13]) die Erwirkung der Zwangshypothek als ein Glied in der Kette der Operationen, durch die wucherische Gläubiger, besonders im Bereiche des ländlichen Kleingrundbesitzes, den wirtschaftlichen Untergang ihrer Schuldner herbeiführen;

---

[11]) Verhandl. d. K. Landes-Ökonomie-Kollegiums über den Entw. eines BGB. f. d. Deutsche Reich u. andere Gegenstände, III. Sess. d. IV. Sitz.-Per., Berlin 1890 S. 833 ff.

[12]) Die mit der Vorberatung d. Entw. betraute Kommission hatte aber den vom Kollegium zum Beschluß erhobenen Antrag mit 10 gegen 8 Stimmen abgelehnt. Verhandl. S. 334 f.

[13]) Arch. f. d. ziv. Prax. Bd. 74 S. 358 f.

der Gläubiger verwickelt zunächst den Schuldner in immer wachsende persönliche Schulden, verschafft sich sodann für seine persönlichen Forderungen eine Zwangshypothek und wartet in so gesicherter Stellung den für den Schuldner ungünstigsten Zeitpunkt zur Herbeiführung des Zwangsverkaufs ab.

Professor Dernburg forderte anläßlich eines Referats über die im Entwurf vorgesehenen Arten des Pfandrechts an Grundstücken, das er auf dem 20. Deutschen Juristentag zu Straßburg im Sept. 1889 hielt[14]), die Abschaffung der Zwangshypothek, weil diese ein Kreuz für das Land sei. In der 1891 erschienenen zweiten Abteilung seines preußischen Hypothekenrechts[15]) sprach er von der Institution der Zwangshypothek als einer Wucherpflanze, die sich auf dem Gebiete des Realkredits einbürgerte. Hier gab Dernburg auch eine nähere Begründung seines Standpunkts. Die Urteilshypothek tritt, so führte er im wesentlichen aus, als eine Exekutionsmaßnahme auf, ist aber in Wahrheit kein Mittel der Urteilsvollstreckung, da sie Sicherung gewähren soll. Der Gläubiger, der seine Forderung vollstreckbar zu machen und zur Eintragung zu bringen weiß, erlangt vor anderen Gläubigern ein Vorrecht, ohne daß hierfür ein innerer Grund besteht. Durch die Judikatshypothek drängen sich Personalforderungen in das Grundbuch ein, das dazu geschaffen ist, dem Realkredite sichere Grundlagen zu gewähren. Mit dem generellen Titel zum Pfandrecht an sämtlichen Grundstücken des Schuldners wird in moderner Form die vielgetadelte Generalhypothek der Römer erneuert. Wenn für die Beibehaltung der Judikatshypothek geltend gemacht wird, daß sie dem Gläubiger zum Vorteile des Schuldners ermögliche, die Vollstreckung seiner Forderung ohne Gefährdung hinauszuschieben, so ist dies kaum ein triftiger Grund. Denn, falls sich der Gläubiger gegen Gewährung einer Sicherstellung zu einer Hinausschiebung der Zwangsversteigerung verstehen will, wird der Schuldner von sich aus gerne bereit sein, ihm eine Hypothek zu bewilligen. Dann erlangt aber auch der Schuldner gegen die Bewilligung der Hypothek eine kürzere oder längere Stundung, während bei der Urteilshypothek der Gläubiger zur Eintragung

[14]) Verhandl. d. 20. Deutsch. Juristentags Bd. 4 S. 250.
[15]) Vgl. S. 112.

schreiten und daneben die Zwangsversteigerung betreiben kann. Sonach geschieht die Eintragung der Judikatshypotheken auf Kosten der Schuldner, ohne daß diesen ein Vorteil daraus erwächst. Sie trägt zu ihrem Ruine bei und kann diesen geradezu herbeiführen. Überdies werden infolge der Urteilshypotheken die Grundbücher in schädlicher Weise mit Eintragungen überfüllt. Dabei sind diese noch häufig wertlos, da der Grundbesitzer seinen Realkredit aufs äußerste anspannen wird, wenn die Gefahr besteht, daß Personalgläubiger ihre Forderungen vollstrecken und eintragen lassen. Bricht aber der Konkurs über den Schuldner aus, so unterliegen die Judikatshypotheken oft wieder der Anfechtungsklage des Konkursverwalters. Zum Schlusse rief Dernburg aus: „Die Personalhaft des Schuldners als Vollstreckungsmittel erlag dem Urteil der öffentlichen Meinung. Wann wird die nicht minder gehässige und zweifelsohne schädlichere Judikatshypothek beseitigt werden!"

In der überwiegenden Zahl waren indes die gutachtlichen Äußerungen mit der Übernahme der Zwangshypothek einverstanden. Freilich kam vielfach die Zustimmung nur mittelbar in der Aufstellung von Abänderungsvorschlägen zum Ausdruck.

Auch hier sind zunächst Stimmen aus landwirtschaftlichen Kreisen anzuführen. Für die Einführung der Zwangshypothek sprach sich der im Juni 1889 versammelte Landwirtschaftsrat von Elsaß-Lothringen aus[16]). Gegenüber der Meinung, die in der Institution ein gefährliches Mittel in den Händen der Güterhändler erblickte, trug die Anschauung, daß durch die Zwangshypothek der Bauer vor Zwangsversteigerungen bewahrt werde, den Sieg davon. Weiter gehört hierher das Gutachten, das Amtsrichter Niesert als Referent über das Sachenrecht für die am 1. Juli 1890 tagende Generalversammlung des Westfälischen Bauernvereins ausarbeitete[17]). Es erachtete eine völlige Beseitigung der Institution weder als durchführbar noch als erstrebenswert. Gerechtfertigt wurde der Standpunkt, der, wie angenommen werden darf, auch die Billigung der Versammlung fand,

---

16) Vgl. den Bericht in der Norddeutschen Allgemeinen Zeitung, 28. Jahrg. Nr. 301 vom 2. Juli 1889 (Morgenausgabe) Seite 3.

17) Verhandl. des Westfälischen Bauernvereins über den Entw. eines BGB. f. d. Deutsche Reich, Münster i. W. 1890, S. 52.

damit, daß im Falle eines Verbots der Zwangshypothek entweder das Herrschaftsgebiet der freiwilligen Kautionshypotheken in nicht erwünschtem Maße erweitert oder die Kreditfähigkeit des Bauers aufgehoben oder doch erheblich herabgemindert würde.

Auf dem 20. Deutschen Juristentag trat der badische Senatspräsident von Stoeßer[18]) als Korreferent der von Dernburg geforderten Beseitigung der Zwangshypothek entgegen. Er verkannte nicht, daß die Institution manche Bedenken gegen sich hat; doch entschied er sich im Hinblick auf die einmal bestehende Übung und die wiederholten vergeblichen Versuche zur Abschaffung des richterlichen Pfandrechts für die Stellungnahme des Entwurfs, zumal nach dessen Regelung bei der in Rede stehenden Hypothekform jedenfalls die wichtigsten Grundsätze eines gesunden Pfandrechtssystems verwirklicht waren.

Mit besonderer Entschiedenheit nahm sich der Institution der Berliner Rechtsanwalt Levy[19]) an, der für den genannten Juristentag die Erstattung des Gutachtens über das den Referaten von Dernburg und von Stoeßer zugrunde liegende Thema übernommen hatte. Nach seinen Ausführungen, die sich in einer scharfen Polemik gegen von Meibom ergehen, ist die Einrichtung der Zwangshypothek durchaus zu billigen. Allerdings kann, wie Levy meint, die Rücksicht auf die Schonung des Schuldners, auf welche die Motive Gewicht legen, keinen Grund zur Rechtfertigung der Institution abgeben. Der Gläubiger, der sich mit der Eintragung der Hypothek an Stelle der Zwangsversteigerung oder Zwangsverwaltung vorläufig begnügen will, wird in der Regel den Schuldner auch bereit finden, die Eintragung zu bewilligen; anderenfalls verdient es dieser nicht, mit der Zwangsversteigerung oder Zwangsverwaltung verschont zu werden. Dagegen erheischen Recht und Interesse des Gläubigers die Zulassung der Zwangshypothek. Der Gläubiger kann verlangen, aus dem bereitesten Vermögen des Schuldners befriedigt zu werden, wie solches zur Zeit der Vollstreckbarkeit

---

[18]) Verhandl. d. 20. Deutschen Juristentags Bd. 4 S. 268. Die im Reichsjustizamt gefertigte Zusammenstellung nennt hier irrtümlich den Justizrat Dr. Weber in München.

[19]) Verhandl. d. 20. Deutschen Juristentags Bd. 3 S. 261 ff.

seiner Forderung beschaffen ist. Bei der Mobiliarvollstreckung wird ihm diese Befriedigung durch die Verleihung eines Pfandrechts an den beschlagnahmten Gegenständen gesichert, das ihm den Vorrang vor Nachpfändungen anderer Gläubiger verschafft. Es besteht kein Grund, die gleiche Sicherung bei der Zwangsvollstreckung in das unbewegliche Vermögen zu versagen. Auch die Zwangshypothek fixiert nur den Rang, in dem der Gläubiger aus dem Immobile Befriedigung erlangen soll und auf den er mit Recht zu der gegebenen Zeit Anspruch erheben darf. Inwiefern gerade die Erwirkung einer derartigen Hypothek ein besonders gefährliches Glied in der Kette der gegen den Schuldner unternommenen Operationen darstellen soll, vermag Levy nicht einzusehen. Viel schneller wird doch der Ruin des Schuldners durch den sofortigen Betrieb der Zwangsversteigerung herbeigeführt. Im übrigen kann der mögliche Mißbrauch eines an sich zu billigenden Gläubigerrechts durch Wucherer den Gesetzgeber nicht veranlassen, deshalb nun das Recht zu beseitigen. Dem Wucher ist, wenn sich ihm überhaupt steuern läßt, auf andere Weise beizukommen.

Ein weiterer Verteidiger entstand der Zwangshypothek in dem bayerischen Ministerialrat Jakubezky[20]). Auch er kann den Gründen, mit denen die Institution bekämpft wird, keine entscheidende Bedeutung beimessen. Eine Beseitigung der Zwangshypothek wird, so führt er aus, der Zunahme der Verschuldung des Grundbesitzes wenig Eintrag tun, solange die Grundbesitzer die Freiheit behalten, Schulden zu machen, und wegen dieser die Immobiliarvollstreckung stattfindet. Die Grundbesitzer erlangen trotzdem Kredit, bis der Wert der Liegenschaften erschöpft ist, und die Gläubiger können sie durch Drohung mit der Zwangsversteigerung, erforderlichenfalls durch Erwirkung der Beschlagnahme, zur Bestellung vertragsmäßiger Hypotheken zwingen. Am wenigsten werden die Spekulanten, die den Grundbesitzern Kredit gewähren, um sie auszubeuten, die rechtzeitige Sicherstellung verabsäumen. Andererseits hält Jakubezky den Gedanken, daß dem zur Zwangsvollstreckung in das unbewegliche Vermögen des Schuldners berechtigten Gläubiger

[20]) Bemerkungen zu dem Entw. eines BGB. f. d. Deutsche Reich, München 1892, S. 286 f.

eine Vollstreckungsmaßregel zu Gebote stehen soll, durch die er sich die künftige Zwangsvollstreckung zu sichern in der Lage ist, für vollauf berechtigt. Nach der hierfür gegebenen Begründung muß sich die Zwangsversteigerung, die für den Schuldner in der Regel den Verlust seiner bisherigen wirtschaftlichen Existenz bedeutet und bei ungünstigen Zeitverhältnissen häufig dem Gläubiger keine Befriedigung zu verschaffen vermag, ohne Gefahr für diesen verschieben lassen, damit der Schuldner womöglich im Besitz erhalten und schlimmsten Falles für die Zwangsversteigerung ein günstiger Zeitpunkt gewählt werden kann. Die letztere Rücksicht ist bei der neuzeitlichen Gestaltung der Zwangsversteigerung von besonderer Bedeutung. Erfordert der Zuschlag die Deckung der Ansprüche, die dem betreibenden Gläubiger im Range vorgehen, so muß dem nachstehenden Gläubiger, der unter den gegenwärtigen Verhältnissen keine Aussicht auf die Erzielung eines so hohen Erlöses hat und deshalb zum Abstehen von der Zwangsversteigerung genötigt ist, ein Mittel gegeben werden, um sich für den Fall einer günstigen Änderung der Verhältnisse den zu hoffenden Überschuß zu sichern.

Auch Amtsgerichtsrat Rothenberg[21]) setzte sich in einer gegen Dernburg gerichteten Kritik für die Aufrechterhaltung der Zwangshypothek ein. Nach seinen Darlegungen hat die Einrichtung, die einem praktischen Bedürfnis entsprang, ihre Lebensfähigkeit durch eine fast sechzigjährige Entwicklung erwiesen. Würde sie beseitigt, so hätte es der Schuldner in der Hand, persönliche Gläubiger ohne Vollstreckungstitel vor anderen Gläubigern, die einen Vollstreckungstitel erwirkt haben, durch Bewilligung von Hypotheken zu bevorzugen und dadurch die Realisierung vollstreckbarer Forderungen zu erschweren oder zu vereiteln. Das entspräche aber nicht der Billigkeit, zumal wenn der Schuldner durch Kapital oder Arbeit eines solchen Gläubigers das Grundstück erworben oder dessen Wert gehoben hat. Den Gefahren einer Generalhypothek ist durch das Erfordernis der Eintragung im Grundbuch genügend vorgebaut.

---

[21]) Gruchot, Beitr. zur Erläuterung des deutschen Rechtes, Jahrg. 36 (1892) S. 610f.

Bemerkenswert ist noch das Urteil eines Franzosen. Raoul de la Grasserie[22]), Richter am Zivilgerichtshof in Rennes, kommt in den einleitenden Bemerkungen, die er seiner Übersetzung des Entwurfs vorausschickt, auch auf die Zwangshypothek zu sprechen. Er nennt sie eine Hypothek, die eine der gerichtlichen Hypothek des französischen Rechtes entsprechende Stellung einnimmt, dabei aber alle Unbilligkeiten, die letzterer Institution anhaften, ausschaltet und nur ihre vernünftige Seite beibehält[23]).

In den Abänderungsvorschlägen kehrt mehrfach der Gedanke wieder, der Zwangshypothek durch Beschränkung ihres Anwendungsgebiets eine befriedigendere Gestaltung zu geben. Dabei wurden verschiedene Möglichkeiten in Betracht gezogen.

Reichsgerichtsrat Stolterfoth[24]) befürwortete eine Begrenzung der Forderungen, die den Gläubiger zur Erwirkung einer Zwangshypothek wie überhaupt zur Zwangsvollstreckung in das unbewegliche Vermögen berechtigen sollen. Nach seiner Meinung wird dadurch, daß ausnahmslos jede Schuld eines Grundbesitzers, selbst gegen dessen Willen, zu einer hypothekarischen Belastung seiner Liegenschaften führen kann, die Gefahr einer Mobilisierung des Grundbesitzes wachgerufen. Es darf der Zugriff auf das gesamte Schuldnervermögen unbedingt nur für solche Forderungen offenstehen, bei deren Begründung es der Gläubiger nicht in der Hand hat, sich eine Hypothek bestellen zu lassen, wie z. B. Alimentenforderungen, Forderungen auf Ersatz des durch unerlaubte Handlung verursachten Schadens. Im übrigen kommt es darauf an, ob die Parteien bei der Eingehung des Schuldverhältnisses die eventuelle Haftung des Grundbesitzes unzweideutig ins Auge faßten oder ob sich vielleicht der Schuldner auf das ganze Geschäft lediglich deshalb einließ, weil er erwartete, es werde eine Beitreibung aus dem

---

[22]) Projet de code civil allemand, traduit avec introduction, Paris 1893 S. XXXVIII.

[23]) Wörtlich lautet die Stelle: „remplissant un rôle analogue à celui de l'hypothèque judiciaire, mais en éliminant tout ce que cette dernière a d'inique et ne conservant que sa partie rationnelle".

[24]) Beiträge zur Beurteilung des Entw. eines BGB. f. d. Deutsche Reich, Leipzig 1890, S. 75 ff.

Grundbesitz nicht erfolgen. Die Annahme, daß von keiner Seite die Rücksicht auf eine allenfallsige Haftung des Liegenschaftsvermögens maßgebend war, trifft in der Regel für Kreditgewährungen auf Wechsel zu. Hier wird im reellen Geschäftsverkehr nicht neben der verschärften persönlichen Haftung des Schuldners auch auf eine Haftung seiner Grundstücke gerechnet. Deshalb soll aus Wechseln die Immobiliarvollstreckung, einschließlich der Erwirkung einer Zwangshypothek, nicht mehr zugelassen werden[25]). Das gleiche hat für Bereicherungsforderungen aus präjudizierten Wechseln (WO. Art. 83) und für Forderungen aus abstrakten Schuldversprechen (Entw. §§ 863, 864) zu gelten.

Für den Fall der Ablehnung dieser Anregungen sah Stolterfoth noch eine anderweitige Einschränkung der einer Immobiliarvollstreckung zugänglichen Forderungen vor. Sie knüpft an den Art. 275 des alten Handelsgesetzbuchs an, wonach Verträge über unbewegliche Sachen keine Handelsgeschäfte sind. Darin kommt das Prinzip zum Ausdruck, daß der Grundbesitz nicht als Handelsware zu erachten ist. Ihm entspricht es, von der Zwangsvollstreckung in das unbewegliche Vermögen alle Forderungen auszunehmen, die aus Handelsgeschäften sich ergeben. Mit einer derartigen Beschränkung würde, so führt Stolterfoth aus, der gesamte Geschäftsverkehr der Händler getroffen, die dem Landmann Vieh oder Inventarstücke auf Kredit verkaufen oder bares Geld vorschießen. Der Spekulation auf den Ruin ländlicher Besitzer wäre der Lebensfaden unterbunden.

Seinen Vorschlägen fügte Stolterfoth die Bemerkung an, daß es, gleichviel wie nun die Immobiliarvollstreckung begrenzt wird, weder notwendig auch noch ratsam ist, zwischen ländlichem und städtischem Grundbesitz zu unterscheiden. Dies wäre schon deshalb nicht angebracht, weil sonst dem Arbeiter, der ein Häuschen nebst Garten und einer Parzelle Ackerland besitzt, kein wirksamer Schutz gewährt werden könnte. Daß

---

[25]) Um Gesetzesumgehungen vorzubeugen, hielt es Stolterfoth für angezeigt, die Zwangsvollstreckung aus Forderungen, für die Wechsel gegeben sind, allgemein auch dann zu beschränken, wenn nicht wechselmäßig geklagt, sondern die dem Wechsel zugrunde liegende Forderung selbst geltend gemacht wird.

jede Beschränkung der Zwangsvollstreckung entfallen müßte, wenn der Schuldner Kaufmann ist, wurde als selbstverständlich angenommen[26].

In anderer Weise stellte sich Reichsgerichtsrat a. D. Bähr[27]) die gebotene Einengung des Anwendungsgebiets der Zwangshypothek vor. Die Institution soll nur Platz greifen, wo in der Tat ein berechtigtes Interesse für den Gläubiger besteht. Daraus ergab sich der Vorschlag, die Erwirkung der Zwangshypothek an die Voraussetzung zu knüpfen, daß der Gläubiger nicht bereits durch Hypothek zureichend gesichert ist. Außerdem wünschte Bähr eine Begrenzung hinsichtlich der Vollstreckungstitel. Die Zwangshypothek darf nur für rechtskräftig zuerkannte Forderungen bereitgestellt sein. Es würde, wie dargelegt wird, zum Verderbe der Grundbücher führen, wollte man diese zum Sammelplatz aller möglichen Eintragungen auch nur vorläufiger Art machen, die dann später vielleicht wieder gelöscht werden müssen. Solche vorläufige Eintragungen sind auf das knappste Maß wirklichen Bedürfnisses einzuschränken; alsdann ist aber die Arresthypothek am Platze. Noch weniger erachtete Bähr als gerechtfertigt, die Zwangshypothek ohne weiteres aus vollstreckbaren Urkunden zuzulassen. Hier hätte der Schuldner, wenn dies in seinem Willen gelegen wäre, die Hypothek schon bei der Ausstellung der Urkunde begründen können.

Häufiger wurde angeregt, die Belastung des Grundbesitzes mit Zwangshypotheken dadurch einzudämmen, daß dem Schuldner bei der Zwangsvollstreckung ein Teil seines Liegenschaftsvermögens als Heimstätte belassen wird. Hierfür setzte sich vor allem Rechtsanwalt Scholler ein, der im Auftrage des Deutschen Anwaltvereins das Gutachten über Pfandrecht und Grundschuld

---

[26]) Mit der Beschränkung der Immobiliarvollstreckung wäre nach Ansicht Stolterfoth's jedenfalls auch eine Änderung der Konkursordnung zu verbinden; es dürfen im Konkursverfahren die von der Zwangsvollstreckung in das unbewegliche Vermögen ausgeschlossenen Forderungen nicht an dem Erlös teilnehmen, der durch den Verkauf von Grundstücken des Schuldners erzielt wird.

[27]) Arch. f. bürgerl. Recht Bd. 2 (1889) S. 177, § 55 u. Bem. hierzu; ferner Gegenentwurf z. d. Entw. eines BGB. f. d. Deutsche Reich, Kassel 1892, § 1176 (S. 250).

erstattete[28]). Nach seinen Ausführungen verwirklicht das Heimstättenrecht einen Gedanken für die Immobiliarvollstreckung, der bereits im Bereich der Mobiliarvollstreckung durch die Pfändungsbeschränkungen (ZPO. §§ 715, 749) Anerkennung gefunden hat. Es soll dem Schuldner bei der Zwangsvollstreckung ein gewisses Existenzminimum gesichert sein. Dementsprechend bleiben auch Vertragshypotheken, die freiwillig durch den Schuldner begründet werden, von der Beschränkung ausgenommen.

Weitere Äußerungen im Sinne der Einführung eines Heimstättenrechts gingen von landwirtschaftlichen Vertretungen aus. Der Kongreß Deutscher Landwirte[29]) beanstandete in einer auf der 20. Hauptversammlung vom 26. Febr. 1889 gefaßten Resolution, daß es der Entwurf unterlassen hat, materielle Bestimmungen über die Zwangsvollstreckung von Grundstücken aufzuführen, namentlich solche, die eine Vertreibung des ländlichen Grundbesitzers von Haus und Hof im Wege der Subhastation verhindern. Wie hierzu von dem Korreferenten Amtsrichter Hartmann bemerkt worden war[30]), könnte das Heimstättenprinzip wenigstens insoweit sofort durchgeführt werden, als das BGB. vorschreibt, daß das Grundstück eines Landwirtschaft treibenden Schuldners bis zu einer im Zwangsvollstreckungsgesetz festzusetzenden Größe der Immobiliarexekution nicht unterliegt; ähnliches wäre auch zu erreichen gewesen, wenn der Entwurf die Zwangshypothek überhaupt aufgehoben und die Exekution in das Grundstück aus persönlichen Schulden nur für vertragsmäßige Hypotheken zugelassen hätte. Die Referenten für die im März 1889 abgehaltene Plenarversammlung des Deutschen Landwirtschaftsrats Frhr. von Cetto[31]) und Land-

[28]) Gutachten aus dem Anwaltstande über die erste Lesung des Entw. eines BGB., hrsg. im Auftrage des Deutschen Anwalt-Vereins von den Rechtsanwälten Adams, Wilke, Mecke, Hartmann u. Erythropel, Berlin 1890, S. 359 ff., insbes. S. 369 f.

[29]) Bericht über die Verhandlungen der 20. Haupt-Versammlung des Kongresses Deutscher Landwirte, Berlin 1889, S. 61, 112.

[30]) Vgl. vorgenannten Bericht S. 43.

[31]) Archiv des Deutschen Landwirtschaftsrats, 13. Jahrg. (1889), S. 189, 198.

richter Andrae[32]) befürworteten eine Ausgestaltung des Heimstättenrechts nach dem Vorschlage Schollers. Beide hielten übereinstimmend die Aufnahme einer Vorschrift für angezeigt, derzufolge Zwangs- und Arresthypotheken über eine gesetzlich bestimmte Wertgrenze hinaus nicht eingetragen werden dürfen. Der Westfälische Bauernverein[33]) erklärte bei seiner Generalversammlung vom 1. Juni 1890 die Schaffung bäuerlicher Heimstätten, die einer Belastung mit Zwangshypotheken unzugänglich sind, für sehr empfehlenswert[34]).

Auch andere Kreise erblickten in der Nichtberücksichtigung des Heimstättengedankens einen Mangel des Entwurfs. Insbesondere rügte Professor Gierke[35]), daß die wichtige Frage, ob nicht wenigstens von der Haftung aus Zwangs- und Arresthypotheken eine gewisse Grundfläche als Heimstätte ausgenommen und so dem Schuldner in ähnlicher Weise wie bei der Pfändung beweglicher Sachen ein Schutz gegen Entziehung seiner Lebensgrundlage gewährt werden muß, nicht einmal in Erwägung gezogen wurde. Ebenso vermißte Rechtsanwalt Fuld[36]) die Regelung eines Heimstättenrechts und Dr. Ehrlich-Wien[37]) erachtete es nicht für richtig, daß der Entwurf die römische Regel, nach der dem Schuldner unter gewissen Umständen so viel zurückgelassen werden muß, als für seinen Not-

---

[32]) Ebenda S. 201, 209.

[33]) Verhandl. d. Westfäl. Bauernvereins über den Entw. eines BGB. f. d. Deutsche Reich, Münster i. W. S. 5, 90.

[34]) Das der Äußerung zugrunde liegende Gutachten des Amtsrichters Niesert sah auch eine Beschränkung hinsichtlich der Befugnis des Hofbesitzers zur freiwilligen Hypothekbestellung vor; es sollte die Verpfändung von der Zustimmung eines nach Analogie des Fideikommißrechts oder des Familienrats näher zu bestimmenden Kreises von Angehörigen des Besitzers abhängig gemacht werden. Vgl. Verhandl. S. 53 ff.

[35]) Der Entw. eines BGB. u. das deutsche Recht, Leipzig 1889 S. 380. Die Notwendigkeit, die Zwangsvollstreckung in die Existenzgrundlage eines landwirtschaftlichen Betriebs, in den Boden und das Gutsinventar zu beschränken, dem Schuldner eine Heimstätte zu sichern, betonte Gierke auch in seinem am 5. April 1889 in der jurist. Gesellschaft zu Wien gehaltenen Vortrag über die soziale Aufgabe des Privatrechts, im Druck erschienen Berlin 1889 (S. 23).

[36]) Nord und Süd Bd. 53 (1890) S. 223.

[37]) Unsere Zeit Jahrg. 1890 Bd. 2 S. 33.

bedarf erforderlich ist, ganz beseitigte, anstatt sie zu einem materiellen Heimstättenrecht auszubilden.

Eingehender befaßte sich von Riepenhausen-Crangen[38]) mit dem Heimstättenrecht. Er wollte die Materie nicht im Bürgerlichen Gesetzbuch, sondern in einem besonderen Reichsgesetz geregelt wissen, für das er auch einen Entwurf aufstellte. Gemäß seinen Vorschlägen darf der als Heimstätte festzulegende Besitz, vorbehaltlich einer Übergangsregelung, höchstens bis zur Hälfte des Ertragswerts mit amortisierbaren Renten, in welche die bestehenden Hypotheken umgewandelt werden sollen, belastet sein. Gegen neue Verschuldung werden die Grundbücher der eingetragenen Heimstätte grundsätzlich gesperrt. Zwangsvollstreckung in die Heimstätte ist nur zulässig wegen Forderungen aus der Zeit vor Errichtung der Heimstätte, sofern noch nicht drei Jahre seit Veröffentlichung der Heimstätteneigenschaft verflossen sind, ferner nach der Errichtung wegen rechtskräftiger Ansprüche aus Leistungen, die zur Errichtung der Heimstätte verbraucht sind, schließlich wegen rückständiger Renten und Steuern[39]).

---

[38]) Gesicherte Familienheimstätten im Deutschen Reich, Leipzig 1890 (1. u. 2. Aufl.), 1891 (3. Aufl.).

[39]) Der Entw. wurde nach einer Umarbeitung im Juni 1890 von dem Abg. Graf von Dönhoff u. Gen. im Reichstag eingebracht. Die Reichstagskommission, der die Vorberatung oblag, nahm an dem Entw. einige Änderungen vor; zu einer Beratung im Plenum ist es nicht mehr gekommen (vgl. Reichst.-Drucks. 1890/91 Nr. 99, 1890/92 Nr. 711; Sten.-Ber. 1890/92 S. 3972 ff.). Auch später wiederholte Versuche, den Entw. zum Gesetz zu erheben, führten nicht zum Ziele.

Erst unter dem Einfluß des Weltkriegs wurde der Heimstättengedanke durch das Reichsheimstättengesetz vom 10. Mai 1920 (RGBl. S. 962) verwirklicht. Nach § 20 dieses Gesetzes ist die Zwangsvollstreckung wegen persönlicher Schulden des Heimstätters unzulässig. Eine Ausnahme wird nur für solche Schulden gemacht, die bereits beim Erwerbe der Heimstätte bestanden haben. Wegen ihrer kann noch innerhalb eines Jahres nach dem Erwerbe die Zwangsvollstreckung durch Erwirkung einer Zwangshypothek betrieben werden; es muß sich aber, wo eine Verschuldungsgrenze eingetragen ist, die Zwangshypothek in deren Rahmen halten. Zur Zwangsversteigerung darf erst geschritten werden, wenn die Forderung binnen fünf Jahren seit Eintragung der Zwangshypothek nicht getilgt ist.

Andererseits machten sich aber auch Bedenken gegenüber den Anregungen auf Schaffung eines Heimstättenrechts geltend. Kammergerichtsrat Schultzenstein[40]) anerkannte in einer Besprechung des Gutachtens von Scholler, daß die in Amerika bereits praktisch durchgeführte Idee der Heimstätte auch für Deutschland an sich vollste Beachtung verdient; er hielt jedoch Schollers Vorschlag weder für genügend begründet noch für ausführbar. Will man die Heimstätte, so muß man sie, meinte er, gegenüber jeder Zwangsvollstreckung wollen; beschränkt auf Zwangs- und Arresthypotheken hat die Exemtion der Heimstätte nicht den sozialen Erfolg, um dessenwillen sie allein berechtigt wäre. Bei allgemeiner Geltung der Exemtion aber kommt namentlich der Gesichtspunkt in Betracht, ob ohne Änderung der jetzigen Belastungsarten und des gesetzlichen Erbrechts für bäuerliche Grundstücke die Heimstätte überhaupt möglich ist, bzw. ihre Einrichtung nicht ganz andere Folgen, als beabsichtigt, zeitigen wird. Die wesentliche Schmälerung des ländlichen Kredits könnte leicht dazu führen, daß dem Eigentümer die jetzigen Belastungsarten sich versagen und beim Vorhandensein mehrerer gleichberechtigter Erben ein einzelner Miterbe zur Übernahme des Grundstücks außerstande ist, weil er die Mittel zur Abfindung der anderen Erben nicht hat und sich auch durch Belastung des Grundstücks nicht zu beschaffen vermag.

Zu einem ähnlichen Ergebnis gelangte Geh. Regierungsrat Hermes[41]) in seinem an das preußische Landes-Ökonomie-Kollegium erstatteten Bericht über Dienstbarkeiten, Pfandrecht und Grundschuld. Nach seiner Anschauung ist vom Standpunkt des Entwurfs, der hinsichtlich der Organisation des Realkreditwesens an der überkommenen Rechtsordnung festhält, für Schaffung eines Heimstättenrechts kein Raum; in der Beschränkung auf Zwangs- und Arresthypotheken läßt die Institution praktisch kaum einen Erfolg erwarten. Graf Stosch[42]), der

---

[40]) Zeitschr. f. Deutsch. Ziv.-Proz. Bd. 14 (1890) S. 192.

[41]) Verh. d. K. Landes-Ökonomie-Kollegiums über den Entw. eines BGB. f. d. Deutsche Reich u. andere Gegenstände, III. Sess. der IV. Sitz.-Per., Berlin 1890, S. 93.

[42]) Ebenda S. 209.

Hermes als Korreferent zur Seite trat, bezweifelte, ob die Einführung der angeregten Rechtsform erstrebenswert ist. Nicht nur begegnet, wie er auseinandersetzte, ihre Verwirklichung ganz außerordentlichen Schwierigkeiten; es ist sogar unter Umständen eine Wohltat, wenn eine wirtschaftlich nicht mehr haltbare Existenz von dem Besitz, den sie nicht mehr erhalten kann, losgelöst und zur Gründung einer neuen Lebensstellung gezwungen wird, zumal ein besitzloser Arbeiter viel besser steht als ein mit einem verschuldeten Besitz belasteter Eigentümer.

Zu verweisen ist noch auf eine Studie zum Entwurf des BGB., die Amtsrichter Schneider unter dem Titel „Über die demnächstige Gestaltung des Grundbesitzrechtes in Deutschland, insbesondere die Verwirklichung eines Heimstättenrechtes" in Schmollers Jahrbuch veröffentlichte[43]). Hier wird die Schaffung eines Heimstättenrechts nach amerikanischem Muster abgelehnt, einesteils im Hinblick auf die Schwierigkeit, welche die Festsetzung des dem Grundbesitzer zu belassenden Besitzminimums darbietet, außerdem wegen der Gefahr, daß ein solches Heimstättenrecht, wie etwa das verallgemeinerte Fideikommiß, zur Erhaltung eines faulen Grundbesitzerstandes führt, der selbst seinen Nachkommen durch Nachlässigkeit und Unwirtschaftlichkeit nichts entzieht[44]). Die Lösung des Agrarproblems sah Schneider in der Einführung einer Verschuldungsbeschränkung für ländliche Grundstücke, von der er sich zugleich eine entsprechende Ausgestaltung des Heimstättengedankens versprach[45]).

---

[43]) Jahrb. f. Gesetzgebung, Verwaltung u. Volkswirtschaft im Deutschen Reich, hrsg. v. Schmoller, 14. Jahrg. (1890), 2. Heft S. 125 ff.

[44]) a. a. O. S. 162.

[45]) Wie Schneider vorschlug (vgl. a. a. O. S. 156 ff.), soll für alle ländlichen Grundbesitzungen kreisweise eine Beleihungsgrenze derart festgesetzt werden, daß der Zins nebst bestimmten Amortisationsjahreszahlungen höchstens einer sicher zu erzielenden mäßigen Pacht gleichkommt. Innerhalb dieser Beleihungsgrenze können ausschließlich öffentliche Beleihungsanstalten Hypotheken und zwar nur in der allein zugelassenen Form der Sicherungshypothek erwerben. Die Anstalten sind bei Nichtzahlung auf das Recht der Zwangsverwaltung beschränkt. Privathypotheken dürfen nur hinter der Beleihungsgrenze freiwillig oder zwangsweise eingetragen werden. Die Forderungen der Privatpersonen berech-

Einige Beurteiler nahmen an der Ausgestaltung der Zwangshypothek als Sicherungshypothek Anstand. Dem Entwurf widersetzte sich hier von Meibom[46]), der, obschon Gegner der Institution, deren nähere Regelung einer Würdigung unterzog. Nach seiner Meinung besteht kein hinreichender Grund, die Zwangshypothek, wenn sie schon in das Reichsrecht aufgenommen wird, abweichend von den Normen der gewöhnlichen Hypothek zu ordnen. Die besonderen Vorschriften, die bei der Kautionshypothek[47]) Platz greifen und dieser Hypothekform angemessen sind, passen zum größten Teile für die Zwangshypothek nicht. Eine Zusammenschweißung von Kautionshypothek und Zwangshypothek ist nicht tunlich. Auch Oberlandesgerichtsrat Kindel[48]) wollte der Zwangshypothek unter Berufung auf das seitherige Recht die Form der Verkehrshypothek geben. Es ist unerfindlich, so führte er aus, weshalb dem siegenden Gläubiger, der alle Sachen seines Schuldners verkaufen lassen kann, gerade die Verfügungsmacht über die eingetragene Post verkümmert sein soll. Zur Vermeidung von Subhastationen trägt es mehr bei, wenn dem Gläubiger, dem doch an einer Barzahlung gelegen ist, die Möglichkeit einer leichteren Begebbarkeit der gewonnenen Hypothek offensteht. Das Bedenken, daß im Falle einer Verkehrshypothek dem Schuldner mit einer Verfügung über die Hypothek die Einreden verloren gehen, erscheint nicht als gerechtfertigt. Dem Schuldner sind die Einreden bereits durch das rechtskräftige Urteil entzogen. Wird dagegen auf die Einreden in der Exekutionsinstanz verwiesen, so kommt in Betracht, daß eine jede Zwangsvollstreckung diese unberücksichtigt läßt und

---

tigen lediglich zu einer einstweiligen Sicherung, nicht zu Zinsbezug und Zwangsvollstreckung. Zu ihrer Liquidation kommt es erst beim Erbfall oder beim Verkauf des ganzen Grundbesitzes. Alsdann sind die Privathypotheken vom Erben, bzw. Käufer zu decken; notfalls erfolgt Beitreibung im Wege der Zwangsversteigerung.

[46]) Arch. f. d. ziv. Prax. Bd. 74 S. 359 ff.

[47]) Die Heranziehung der Kautionshypothek ist unzutreffend. Die Zwangshypothek fällt, da sie der Sicherung einer bestimmten Geldforderung dient, nicht unter diese Unterart der Sicherungshypothek; sie stellt vielmehr eine Sicherungshypothek mit feststehendem Betrag dar. Vgl. auch Mot. Bd. 3 S. 771.

[48]) Das Recht an der Sache, Breslau 1889, S. 253 f.

lassen muß; denn mit der Erwägung, der Schuldner könne vielleicht noch eine Einrede in der Exekutionsinstanz haben, läßt sich jede Art der Zwangsvollstreckung beseitigen.

Weit überwiegend wurde indes der Standpunkt des Entwurfs gebilligt. Für ihn trat namentlich Levy[49]) in dem Gutachten für den 20. Deutschen Juristentag ein. Gemäß seinen Darlegungen muß die Zwangshypothek, auch wenn sie den berechtigten Interessen des Gläubigers an sich entspricht, doch so ausgestaltet werden, daß sie ihren Zweck, die Sicherung einer Personalforderung, nicht überschreitet. Deshalb kann dem Gläubiger, der keinen Immobiliarkredit gewährt, sondern lediglich die Beitreibung seiner persönlichen Forderung ins Auge faßt, kein Anspruch auf eine Verkehrshypothek, weder eine Brief- noch eine Buchhypothek, zugestanden werden. Nicht einzusehen ist auch, weshalb einem Schuldner, der die eingeklagte Forderung nach der entscheidenden mündlichen Verhandlung getilgt hat, verwehrt sein soll, den Zahlungseinwand gegenüber einem Rechtsnachfolger des Gläubigers geltend zu machen. Eine Zusammenschweißung der Zwangshypothek mit der Kautionshypothek, die von Meibom in der Regelung des Entwurfs erblickt, findet tatsächlich nicht statt. Beide Hypothekformen haben nur gewisse gemeinsame Merkmale, die sie als Unterarten der Sicherungshypothek erscheinen lassen; in besonderen Stücken sind sie wieder voneinander getrennt.

Geh. Regierungsrat Krech[50]) bemerkte, daß die Einrichtung der Zwangshypothek als Sicherungshypothek eine Abschwächung der bisher mit der Judikatshypothek verbundenen Rechtsfolgen enthält. Mag die Zwangshypothek auf einem vorläufig oder endgültig vollstreckbaren Titel beruhen, der Zwangshypothekar und der gutgläubige Erwerber einer solchen Hypothek sind trotz der Eintragung allen Einwendungen ausgesetzt, welche die Zivilprozeßordnung gegenüber endgültig vollstreckbaren Schuldtiteln zuläßt. Auch der Grundstückseigentümer wird schlechter gestellt, da er durch Befriedigung oder Beerbung

---

[49]) Verh. d. 20. Deutschen Juristentags Bd. 3 S. 278 ff.

[50]) Die Rechte an Grundstücken, Heft 14 der Beiträge zur Erläuterung u. Beurteilung des Entw. eines BGB. f. d. Deutsche Reich, hrsg. v. Bekker u. Fischer, Berlin 1889, S. 114.

des Gläubigers nicht die Rechte der Eigentümerhypothek erwirbt. Andererseits anerkannte Krech, daß, wo es zur Eintragung einer Zwangshypothek kommt, nur in den seltensten Fällen das Interesse beider Teile die Begründung einer Verkehrshypothek wünschenswert macht. Besteht aber ausnahmsweise ein Bedürfnis für eine Verkehrshypothek, so kann diese vertragsmäßig bestellt werden.

Die übrigen Beurteiler schlossen sich im wesentlichen der Begründung der Motive an. Durch die Form der Sicherungshypothek wird, wie sie hervorhoben, die Versöhnung der Belange des Schuldners mit jenen des Gläubigers ermöglicht. Es bleiben dem Schuldner, bzw. Eigentümer, seine Einreden auch bei Weiterbegebung der Hypothek erhalten. Zudem tritt mit der Gewährung der Sicherungshypothek eine Vereinfachung insofern ein, als sonst für gewisse Schuldtitel, wie vollstreckbare Urkunden und vorläufig vollstreckbare Urteile, eine vorläufige Eintragung gestattet werden müßte, was eine weitere Vermehrung der ohnehin reichlichen Belastungsformen bedeuten würde [51].

Mit dem Falle, daß der Gläubiger einen nur vorläufig vollstreckbaren Schuldtitel in Händen hat, befaßten sich noch besonders von Meibom [52] und Levy [53]. Beide ließen hier lediglich die Eintragung einer bedingten Zwangshypothek zu. Von Meibom ging von der Vorschrift in § 833 Abs. 2 des Entwurfs aus, wonach auf Grund eines vorläufig vollstreckbaren Urteils, das die Verpflichtung zur Abgabe einer Eintragungsbewilligung ausspricht, die Rechtsänderung als abhängig von der Bedingung der Rechtskraft des Urteils zu buchen ist [54]. Der gleiche Weg soll in dem verwandten Falle beschritten werden, daß die Be-

---

[51]) Brettner, Arch. f. bürgerl. Recht, Bd. 2 (1889) S. 189; Deybeck in Gruchots Beitr. z. Erläuterung des deutschen Rechtes, 34. Jahrg. (1890) S. 393; Jakubezky, Bemerkungen zu dem Entw. eines BGB. f. d. Deutsche Reich, München 1892, S. 287.

[52]) Arch. f. d. ziv. Prax. Bd. 74 S. 369 ff.

[53]) Verhandl. d. 20. Deutschen Juristentags Bd. 3 S. 280.

[54]) Der Bedingung wird sonach das eingetragene Recht, nicht die förmliche Handlung der Eintragung unterstellt; deshalb ist es, wie v. Meibom bemerkt, nicht zutreffend, wenn die Motive (Bd. 3 S. 198 f.) hier von einer bedingten Eintragung sprechen.

gründung einer Zwangshypothek zur Vollziehung eines vorläufig vollstreckbaren Urteils begehrt wird. Levy stützte sich auf den § 7 des preußischen Gesetzes vom 13. Juli 1883. Nach seinem Vorschlag hat das Gesetzbuch zu bestimmen, daß bei vorläufig vollstreckbarem Schuldtitel die Zwangshypothek nur unter dem ausdrücklichen Vorbehalt der endgültigen Vollstreckbarerklärung des Titels eingetragen werden darf. Im Anschluß daran wären Vorschriften über die Umwandlung der bedingten Zwangshypothek in eine unbedingte zu treffen.

Gegen die Begründung einer Zwangshypothek aus Vollstreckungsbefehlen äußerte Freiherr von Cetto[55]) Bedenken. Nach seinen Ausführungen legen hier die in Baden gemachten Erfahrungen die Möglichkeit eines argen Mißbrauchs nahe, dem von vornherein zu steuern angezeigt erscheint. Auf der anderen Seite spricht gegen eine völlige Ausschaltung der Vollstreckungsbefehle die Notwendigkeit des Schutzes berechtigter Gläubigerinteressen, wofür auf dem Lande außer dem Grundbesitz in der Regel nur wenig Objekte vorhanden sind, zumal wenn man den Begriff der Zubehörungen sehr weit faßt. Als Ausweg wird erwogen, die Forderung, zu deren Gunsten ein Vollstreckungsbefehl erwirkt wurde, zunächst nicht einzutragen, sondern lediglich vorzumerken. Der Entwurf sieht wohl Vormerkungen zur Erhaltung von Ansprüchen auf Einräumung dinglicher Rechte, deren Erwerb von einer Eintragung abhängt, an sich nicht vor. Doch meinte von Cetto, daß es bei der so überaus scharfen Rechtsform der Hypothek und deren Einfluß auf die allgemeine Kreditfähigkeit des Schuldners für diesen immerhin eine Wohltat bedeuten würde, wenn der definitiven Eintragung der Zwangshypothek die dem Gläubiger mindestens die Stelle sichernde Vormerkung vorherginge.

Professor O. Fischer[56]) sah in der Eintragung der Zwangshypothek keine Maßnahme der Zwangsvollstreckung, sondern einen Akt der freiwilligen Gerichtsbarkeit. Die Rechtfertigung

---

[55]) Arch. des Deutschen Landwirtschaftsrats, 13. Jahrgang (1889) S. 188 f., 198.

[56]) Recht und Rechtsschutz, Heft 6 der Beiträge zur Erläuterung u. Beurteilung d. Entw. eines BGB. f. d. Deutsche Reich, hrsg. v. Bekker u. Fischer, Berlin 1889, S. 46 ff.

hierfür entnahm er daraus, daß der Entwurf die Institution im Privatrecht bei der gewöhnlichen Sicherungshypothek untergebracht hatte. Schwierigkeiten verursachte allerdings der Wortlaut des § 1130, demzufolge der Gläubiger einer vollstreckbaren Geldforderung die Eintragung der Sicherungshypothek „im Wege der Zwangsvollstreckung" verlangen kann. Allein auch diese Ausdrucksweise läßt sich, wie Fischer darlegte, mit der Annahme eines Aktes der freiwilligen Gerichtsbarkeit in Einklang bringen. Es wollte damit anscheinend nur ausgesprochen werden, daß die sachlichen Voraussetzungen einer Zwangsvollstreckung vorzuliegen haben, wenn zur Eintragung einer Zwangshypothek geschritten wird. Das müßte dann freilich im Gesetz deutlicher in Erscheinung treten. Sollte der Zusatz mehr besagen und die Maßregel auch in der Ausführung dem Zwangsvollstreckungsrecht und nicht dem Grundbuchrecht unterstellen, so würde die Institution in der Tat nicht in das Bürgerliche Gesetzbuch, sondern in die Zivilprozeßordnung, bzw. in das zu ihrer Ergänzung zu erlassende Gesetz über die Zwangsvollstreckung in Immobilien gehören. Ebenso erachtete Fischer den § 1133 mit seiner Anschauung von dem Wesen der Zwangshypothek nicht gerade als unverträglich. Besser schien ihm indes, die Vorschrift zu streichen oder ihr wenigstens eine direkt auf den Fall der Aufhebung der Zwangsvollstreckung berechnete privatrechtliche Fassung zu geben[57]).

---

[57]) Anders liegt nach Anschauung Fischers die Sache mit dem § 846 d. Entw., der ganz allgemein verordnet, daß Eintragungen im Wege der Zwangsvollstreckung oder der Vollziehung eines Arrestes oder einer einstweiligen Verfügung durch direkte Anträge an das Grundbuchamt erfolgen, ebenso Löschungen, wenn der Fall der Aufhebung der Zwangsmaßregel gegeben ist. Bei den hier gemeinten, in den Mot. Bd. 3 S. 246 im einzelnen aufgeführten Fällen handelt es sich — von der Urteilshypothek, welche die Mot. mit Unrecht hierher zählen, abgesehen — um eine Ergänzung der Vollstreckungsmaßregeln durch Akte der freiwilligen Gerichtsbarkeit, die im Wege des direkten Betriebs der Parteien herbeizuführen sind. Die Bestimmung gehört daher des Zusammenhangs wegen in die ZPO. Auch hier wird aber dafür zu sorgen sein, daß nicht etwa das Grundbuchamt mit dem Vollstreckungsgericht konfundiert wird. Zu diesem Zwecke ist namentlich der Ausdruck „im Wege der Zwangsvollstreckung" zu vermeiden. A. a. O. S. 48.

Amtsgerichtsrat Rothenberg[58]) verkannte zwar nicht, daß der Zwangshypothek ein Vollstreckungsakt zugrunde liegt; allein unmittelbares Ziel der Vollstreckung ist ihm nicht die Eintragung der Hypothek, sondern die Eintragungsbewilligung des Schuldners, die nach gesetzlicher Fiktion mit dem Eingang des ordnungsgemäß gestellten Antrags beim Grundbuchamt als abgegeben gilt. Diesen Gedanken wollte Rothenberg auch im Entwurf zum Ausdruck gebracht wissen. Es sollte hier klargestellt werden, daß der im Wege der Zwangsvollstreckung geltend zu machende Anspruch des Gläubigers einer vollstreckbaren Geldforderung in dem generellen, durch Zwangsvollstreckung realisierbaren Hypothektitel an den Grundstücken des Schuldners besteht. Der Gläubiger kann, wie erläuternd beigefügt wird, im Wege der Zwangsvollstreckung nur die Bewilligung des Schuldners zur Eintragung der vollstreckbaren Geldforderung verlangen; die Eintragung selbst wird nicht im Wege der Zwangsvollstreckung durchgeführt, sondern stellt sich als ein Akt der freiwilligen Gerichtsbarkeit dar, dessen Grundlage die durch Zwangsvollstreckung erzwungene Eintragungsbewilligung bildet.

Von anderer Seite wurde der Vollstreckungscharakter der Zwangseintragung betont. Damit verband sich die Anschauung, daß für eine Regelung der Institution das BGB. nicht der geeignete Ort ist. Diesen Standpunkt vertrat insbesondere von Meibom[59]). Nach seinen Ausführungen findet, nachdem der Entwurf das Recht auf Eintragung oder auf Bewilligung der Eintragung von Rechten an Grundstücken im Sachenrecht nicht behandelt, das Recht auf Eintragung einer Zwangshypothek und, was damit zusammenhängt, das Recht auf Beschränkung oder Löschung einer solchen Hypothek (§§ 1131, 1133) seine Stelle richtiger in dem Gesetz über die Zwangsvollstreckung in das unbewegliche Vermögen. In dem BGB. bedarf es einer Erwähnung der Institution nur insofern, als die Zwangshypothek eine Ausnahme von dem Grundsatz bildet, daß Rechte an Grundstücken nur mit Einwilligung des Berechtigten, der hierdurch

[58]) Gruchot, Beitr. zur Erläuterung des deutschen Rechtes Jahrg. 35 (1891) S. 753 ff., insbes. S. 776 f.; Jahrg. 36 (1892) S. 604 ff.

[59]) Arch. f. d. ziv. Prax. Bd. 74 (1889) S. 362.

eine ihm nachteilige Rechtsänderung erleidet, einzutragen sind. Auch von Stoeßer[60]) gab auf dem 20. Deutschen Juristentag in seinem Korreferat über die im Entwurf vorgesehenen Arten des Grundstückspfandrechts der Meinung Ausdruck, daß die Zwangshypothek eher in die Zwangsvollstreckung zu verweisen sei.

Das Prinzip des Selbstbetriebs, auf das der Entwurf die Herbeiführung des grundbuchamtlichen Vollzugs gegründet hatte, fand in Bähr[61]) einen Gegner. Nach seinem Vorschlag soll die Anordnung der Zwangshypothek in die Hand des Vollstreckungsgerichts gelegt werden. Dieses kann im vornherein dafür sorgen, daß nur ein der Größe der Forderung entsprechender Teil des Grundeigentums der Hypothek unterstellt wird. Damit werden alle Weiterungen und Streitigkeiten vermieden, die sich sonst einstellen, wenn man dem Gläubiger zuerst gestattet, blindlings alles Grundeigentum des Schuldners mit der Hypothek zu belegen und ihn hernach für verpflichtet erklärt, das zu viel Belegte wieder frei zu geben. Kommt es später zu einer Einstellung der Zwangsvollstreckung, so soll auch die Löschung der Hypothek, insofern nicht der Gläubiger selbst sie bewilligt, auf Ersuchen des Gerichts erfolgen, das die Einstellung verfügt hat.

Dagegen begrüßte Notar Bachmair in seinem Bericht an das Generalkomitee des landwirtschaftlichen Vereins in Bayern[62]) besonders den § 846 Abs. 2 des Entw. z. BGB., der die Löschung von Zwangshypotheken ohne Mitwirkung des Vollstreckungs-, bzw. Prozeßgerichts gestattet. Er sah hierin einen entschiedenen Vorzug vor dem geltenden bayerischen Verfahren und gab dem Wunsche Ausdruck, daß Bayern von dem Vorbehalte des Art. 78 des Entw. z. EG. keinen Gebrauch machen möge.

---

[60]) Verh. d. 20. Deutschen Juristentags Bd. 4 S. 268.

[61]) Arch. f. bürgerl. Recht Bd. 2 (1889) S. 177; ferner Gegenentwurf z. d. Entw. eines BGB. f. d. Deutsche Reich, Kassel 1892, §§ 1176, 1179 (S. 250 f.).

[62]) Bericht über den Entwurf eines Bürgerlichen Gesetzbuchs f. d. Deutsche Reich vom 29. Sept. 1889 S. 40 f.

§ 5.

Die Beratungen der zweiten Kommission.

Mit Beschluß vom 4. Dez. 1890 berief der Bundesrat eine neue Kommission zur Vornahme einer zweiten Lesung des Entwurfs eines Bürgerlichen Gesetzbuchs[1]). Sie begann ihre Beratungen zu §§ 1130—1133 mit einer Aussprache über die Aufrechterhaltung der Zwangshypothek[2]). Ein Antrag hatte die ersatzlose Streichung der Institution gefordert. Bestimmend hierfür waren im wesentlichen vier Gründe:

1. Die Eintragung der Zwangshypothek läßt sich als Akt der Zwangsvollstreckung nicht rechtfertigen. Sie kommt weder als Inzidentpunkt einer sonstigen Zwangsvollstreckung noch als selbständiger Exekutionsakt in Betracht. Auch ist nicht etwa das Recht auf Eintragung der Zwangshypothek in dem Rechte auf die Zwangsvollstreckung als das Mindere enthalten. Die Zwangsvollstreckung ist auf die einmalige Befriedigung des Gläubigers gerichtet, während es sich bei der Zwangshypothek um etwas prinzipiell Verschiedenes, nämlich um die Schaffung eines neuen dauernden Rechtes an Vermögensstücken des Schuldners, handelt.

2. An die Einrichtung der Zwangshypothek knüpft sich als unvermeidlicher Nachteil eine Überfüllung der Grundbücher mit einer großen Zahl von Eintragungen. Diese sind zudem vielfach materiell unnütz, zumal wenn die Zwangshypothek über den Kreis der rechtskräftigen Urteile hinaus auch bei anderen Vollstreckungstiteln zugelassen wird.

3. Ein dringendes praktisches Bedürfnis für die Aufrechterhaltung der Institution liegt nicht vor. Der Gläubiger hat einen innerlich begründeten Anspruch nur auf ungehinderte Durchführung der Zwangsvollstreckung. Daß ihm bei der Mobiliarvollstreckung ein Pfändungspfandrecht eingeräumt ist, kann für die Zulassung einer Zwangshypothek nicht entschei-

[1]) Die Protokolle der zweiten Kommission sind, bearbeitet von Achilles, Gebhard und Spahn, im Drucke veröffentlicht, 7 Bde., Berlin (J. Guttentag) 1897—1899.

[2]) Prot. Bd. 3 S. 694 ff.

dend sein[3]). Dem Schuldner aber steht es frei, einem Gläubiger, der sich mit einer Hypothek begnügen will, eine solche vertragsmäßig einzuräumen. Macht er von dieser Möglichkeit keinen Gebrauch, so muß er die Folgen seiner unverständigen Handlungsweise auf sich nehmen.

4. Die Zwangshypothek hat, wo sie besteht, vielfach zu sehr bedenklichen Mißständen geführt. Insbesondere ist im Gebiet des französischen Rechtes die Erfahrung gemacht worden, daß die Urteilshypothek, die im wesentlichen der Zwangshypothek entspricht, wucherischen Mißbräuchen Vorschub leistet.

Bei der Diskussion fand der Antrag mehrfach Unterstützung. Die Redner, die sich für ihn einsetzten, legten das Schwergewicht auf den letzten Punkt der Antragsbegründung. Nach ihren Darlegungen dient die Zwangshypothek in der Tat häufig Wucherern und böswilligen Gläubigern als Handhabe, um namentlich den kleinen Grundbesitzer zu ruinieren. Sie führt, auch wenn sie nicht als der erheblichste Grund der vielfach vorhandenen Notlage der Landwirtschaft anzusehen ist, doch da, wo eine Notlage vorliegt, oft zur wirtschaftlichen Vernichtung der Besitzer. Ein Mitglied der Kommission hob hervor, daß die Zwangshypothek vor allem dann schädlich wirkt, wenn sie nicht nur auf Grund rechtskräftiger Urteile, sondern auch auf Grund anderer, besonders vorläufig vollstreckbarer Titel gewährt wird. Deshalb sollte ihre Eintragung keinesfalls über den Kreis der rechtskräftigen Urteile hinaus gestattet werden dürfen.

Andere Redner traten dem Antrag mit Entschiedenheit entgegen. Sie vermochten nicht anzuerkennen, daß durchschlagende Gründe für eine Beseitigung der im größten Teile Deutschlands

---

[3]) Wie der Antragsteller hierzu näher ausführt, handelt es sich bei dem Pfändungspfandrecht immer um die Einleitung der Zwangsvollstreckung. Das ganze Institut ist durchaus prozessualer Natur. Dagegen stellt die Eintragung einer Zwangshypothek einen materiellrechtlichen Akt dar. Mit der Durchführung einer eingeleiteten oder einzuleitenden Zwangsvollstreckung steht sie in keinem Zusammenhang. Will man einen Vergleich mit dem Pfändungspfandrecht ziehen, so kann hierfür nur das durch die Grundstücksbeschlagnahme geschaffene Recht auf vorzugsweise Befriedigung in Betracht kommen.

bestehenden Institution gegeben seien. Den Ausführungen des Antragstellers und seiner Anhänger wurde entgegengehalten:

Die Zwangshypothek steht in innerem Zusammenhang mit dem Vorzugsrecht, das der Gläubiger bei der Immobiliarexekution durch die Beschlagnahme des Grundstücks erwirbt[4]). Dieses Vorzugsrecht, eine Parallelerscheinung zum Pfändungspfandrecht der Mobiliarexekution, kommt in seinen Folgen dem Rechte aus einer Hypothek gleich, beschränkt sich aber auf die Dauer des Vollstreckungsverfahrens[5]). Bei der Zwangshypothek handelt es sich nun darum, dem Gläubiger ein der Wirkung der Beschlagnahme entsprechendes Recht auf unbegrenzte Zeit zu gewähren. Damit läßt sich die Zwangsvollstreckung in der Weise gestalten, daß der Gläubiger sich einstweilen mit einem Zugriff begnügen kann, der den Erfolg der künftigen Zwangsvollstreckung sicherzustellen geeignet ist. Die Einrichtung der Zwangshypothek liegt im Interesse des Gläubigers. Sie enthebt ihn der Notwendigkeit, die Zwangsversteigerung unter allen Umständen so rasch wie möglich, selbst unter ungünstigen Verkaufsaussichten, zu betreiben. Dies ist von besonderer Bedeutung im Hinblick auf das neuerdings bei der Zwangsversteigerung eingeführte Deckungsprinzip, weil hier der Gläubiger im Falle eines Verkaufs zunächst für die Befriedigung der vorstehenden Realberechtigten einzustehen hat und deshalb im Versteigerungsverfahren vielfach nur zum Zuge kommt, wenn der Verkaufszeitpunkt günstig gewählt wird. Andererseits steht die Rücksicht auf die Belange des Schuldners der Aufrechterhaltung der Institution nicht entgegen. Dieser wird im allgemeinen, ebenso wie der Gläubiger, ein Interesse an der Hintanhaltung einer unzeitgemäßen Versteigerung haben. Dazu kommt, daß die Zwangshypothek die Möglichkeit zu schonender Behandlung des Schuldners bietet. Sie stellt jedenfalls dem wohl-

---

[4]) Wegen des Vorzugsrechts wird auf §§ 35 ff. des Entw. eines Ges. über die Zw.-Vollstr. i. d. unbewegl. Vermögen verwiesen. Daß sich ein gesetzlicher Hypothektitel für den Gläubiger aus den materiellen Grundsätzen des Entwurfs nicht ableiten läßt, stellen die Antragsgegner nicht in Abrede. Deshalb erfolgt die Rechtfertigung der Zwangshypothek von der prozessualen Seite her.

[5]) Man kann, wie gesagt wurde, das Vorzugsrecht materiell als eine Zwangshypothek für die Dauer des Verfahrens bezeichnen.

wollenden Gläubiger eine besonders milde Form der Zwangsvollstreckung zur Verfügung und versetzt ihn in die Lage, dem Schuldner entsprechende Stundung zu gewähren. Eine Verweisung der Beteiligten auf die vertragsmäßige Bestellung einer Hypothek verspricht wenig Erfolg, da erfahrungsgemäß namentlich der kleinere Grundbesitzer sich gegenüber einem Gläubiger zur freiwilligen Einräumung von Vorteilen nicht versteht. Deshalb muß das Gesetz im wohlverstandenen Interesse der wenig begüterten Landwirte die zwangsweise Hypothekeintragung zulassen. Was die mißbräuchliche Ausnützung der Zwangshypothek anlangt, so handelt es sich dabei um ausnahmsweise auftretende Erscheinungen. In dem größeren Teile Deutschlands sind Klagen in dieser Richtung nicht laut geworden; hier betrachtet man im Gegenteil die Zwangshypothek als eine durchaus zweckmäßige und nützliche Einrichtung. Überdies ist auch von einer Beseitigung der Zwangshypothek eine wesentliche Änderung nicht zu erwarten, da der Wucherer immer Mittel und Wege finden wird, um den Schuldner, auch ohne Benutzung der Zwangshypothek, auszubeuten. Hinsichtlich der hervorgehobenen mißlichen wirtschaftlichen Folgen darf angenommen werden, daß sie mit besonderen lokalen Verhältnissen oder, was namentlich für das Gebiet des französischen Rechtes zutrifft, mit Rechtsgestaltungen zusammenhängen, von denen sich die Zwangshypothek des Entwurfs wesentlich unterscheidet[6]).

Bei der Abstimmung trugen die Anhänger der Zwangshypothek den Sieg davon. Doch wurde dieser Erfolg nur knapp erreicht. Mit 9 gegen 8 Stimmen verfiel der Antrag der Ablehnung[7]).

---

[6]) Der zweite Punkt der Antragsbegründung, die Überfüllung der Grundbücher mit einer großen Zahl von vielfach materiell unnützen Eintragungen, wurde in den Ausführungen der Antragsgegner nicht berührt.

[7]) Im Schrifttum wurde der Kommissionsbeschluß von Hachenburg (Beiträge zum Hypotheken- u. Grundschuldrecht des Entw. eines BGB. f. d. Deutsche Reich, 2. Lesung, Mannheim 1895 S. 182 ff.) bekämpft. Nach seiner Meinung bestand kein Anlaß, dem Gläubiger die Zwangshypothek als Äquivalent für das Deckungsprinzip zu gewähren, da der Gläubiger jedenfalls auch trotz des Pfandrechts keinen Moment länger mit der Vollstreckung warte, als bis für ihn die günstigste Zeit gekommen sei. Außerdem legte Hachenburg der Institution zur Last, daß sie

Hierauf trat die Kommission in die Beratung der vom Entwurf vorgeschlagenen Vorschriften ein.

Zunächst wurde angeregt[8]), in § 1130 auch über die Eintragungskosten Bestimmung zu treffen, wie dies schon der Entwurf eines Gesetzes über die Zwangsvollstreckung in das unbewegliche Vermögen vorgesehen hatte. Die Kommission erklärte sich grundsätzlich damit einverstanden, folgte jedoch nicht dem Wege, der in § 245 Abs. 1 dieses Entwurfs eingeschlagen worden war. Daß der Gläubiger bei Erwirkung der Zwangshypothek die Eintragung auch für den von ihm berechneten Betrag der Kosten der Vollstreckungsmaßregel verlangen kann, erschien nicht zweckmäßig, weil alsdann dem Grundbuchamt eine Prüfung des Kostenbetrags übertragen werden mußte[9]). Eine bessere Lösung bot ein Antrag, der in Anlehnung an § 1066 des Entw. des BGB.[10]) die gesetzliche Ausdehnung der Grundstückshaftung auf die Eintragungskosten vorschlug. Ihm entsprechend wurde beschlossen, dem § 1030 Abs. 1 einen Zusatz anzufügen, wonach das Grundstück kraft der Hypothek auch für die Kosten dieser Zwangsvollstreckung haftet.

---

wegen des mit ihr verbundenen Vorzugsrechts dem Gläubiger eine unbillige Begünstigung gegenüber anderen Gläubigern verschaffe, welche aus irgendeiner Ursache ohne ihr Verschulden erst später zu einem Vollstreckungstitel gelangen oder welche die zur vorläufigen Vollstreckbarkeit erforderliche Sicherheit nicht zu leisten vermögen. Dazu gab ihm noch die bloße Möglichkeit der Gefahr einer Ausbeutung des Schuldners hinreichenden Grund, die Aufhebung der Einrichtung zu rechtfertigen. Auch Professor O. Fischer (Samml. v. Vorträgen über den Entw. eines BGB. i. d. Fass. der dem Reichstag gemachten Vorlage, Heft III, Das Sachenrecht, S. 60 f.) befürwortete nunmehr, entgegen seiner früheren Stellungnahme, die Beseitigung der Zwangshypothek. Er meinte, das Institut ziele praktisch lediglich auf Schaffung ganz schlechter Hypotheken ab und leiste der rechtlich wie wirtschaftlich gleich unerträglichen Verquickung von Personal- und Realkredit weiteren Vorschub.

[8]) Prot. Bd. 3 S. 699 f.

[9]) Vgl. auch Entsch. d. Kamm.-Ger. v. 6. Juli 1892 (Johow Jahrb. Bd. 12 S. 91).

[10]) Hier ist bestimmt, daß sich die Hypothek auch ohne besondere Bewilligung und Eintragung in das Grundbuch auf die gesetzlichen Zinsen der Hauptforderung sowie auf die Kosten der Kündigung und der die Befriedigung aus dem Grundstück bezweckenden Rechtsverfolgung erstreckt.

Umstritten war die Regelung des § 1131[11]). Fünf Abänderungsanträge lagen der Kommission zur Würdigung vor. Sie begehrten:

a) Rückkehr zu dem Standpunkt des älteren preußischen Rechtes, wonach die Eintragung einer Zwangshypothek auf mehrere Grundstücke nur in der Weise gestattet ist, daß auf jedem Grundstück ein vom Gläubiger zu bestimmender Teil der Forderung eingetragen wird,

b) Ordnung gemäß dem vorgenannten Antrag, jedoch mit der Beschränkung, daß entsprechend dem preußischen Justizministerialreskript vom 25. April 1836 mehrere auf demselben Grundbuchblatt eingetragene Grundstücke des nämlichen Eigentümers als ein Grundstück gelten,

c) Änderung des § 1131 dahin, daß der Schuldner vom Gläubiger den Verzicht auf die Gesamthypothek, soweit sie das gesetzliche Sicherheitsmaß übersteigt, verlangen kann[12]),

d) Abhängigmachung der gesamthypothekarischen Belastung von einer Vermittlung des Vollstreckungsgerichts, das bei der Anordnung der Eintragung das für die Belegung von Mündelgeld vorgeschriebene Maß innezuhalten hat,

e) Ersetzung des in § 1131 vorgeschriebenen Klagewegs durch die formlose Erinnerung beim Vollstreckungsgericht gemäß § 685 ZPO.

Die Kommission entschied sich für Annahme des ersten Antrags. Sie ging von der Erwägung aus, daß es bei der Ausgestaltung der Zwangshypothek darauf ankommt, einen billigen Ausgleich zwischen den entgegenstehenden Interessen des Gläubigers und des Schuldners zu schaffen. Danach sah sie die Regelung, die der Gläubigerzugriff auf mehrere Grundstücke des Schuldners in dem Entwurf erfahren hat, nicht als angemessene Lösung an. Die Interessen des Schuldners erschienen gegenüber jenen des Gläubigers nicht genügend berücksichtigt. Der Schutz, den § 1131 dem Schuldner mit der Übermäßigkeitsklage einräumt, ist, wie hervorgehoben wurde, nur ein schein-

---

[11]) Prot. Bd. 3 S. 703 ff.

[12]) Bezweckt wurde mit diesem Antrag, die Gesamthypothek in Höhe des Übermaßbetrags zur Eigentümerhypothek werden zu lassen. Vgl. Prot. Bd. 3 S. 704.

barer. Wo es zur Eintragung einer Zwangshypothek kommt, wird die Voraussetzung einer Überschreitung des gesetzlichen Sicherheitsmaßes kaum jemals zutreffen. Zudem läuft der Schuldner, wenn er von seinem Klagerecht Gebrauch machen will, Gefahr, daß der Gläubiger sofort zum Antrag auf Zwangsversteigerung schreitet[13]). Deshalb hielt es die Kommission für angebracht, wieder den Weg des Verteilungszwanges zu betreten, den die preußische Verordnung vom 4. März 1834 eingeschlagen hatte[14]). Die Gründe, die im Jahre 1883 zur Änderung durch das Immobiliarvollstreckungsgesetz führten, vermochte sie nicht als stichhaltig anzuerkennen. Nach ihrer Meinung wird der Einwand, daß die Stellung des Gläubigers im Falle einer Verweisung auf Teilhypotheken nicht hinreichend gesichert sei, im wesentlichen durch die beschlossene Regelung der Gesamthypothek[15]) hinfällig; auch läßt sich die Forderungsverteilung selbst in Gebieten mit zersplittertem Grundbesitz durchführen[16]).

Gegen den an zweiter Stelle genannten Antrag, wonach mehrere, auf einem und demselben Grundbuchblatt vorgetragene Grundstücke des nämlichen Eigentümers für die Forderungsverteilung als ein Grundstück zu behandeln sind, erhoben

---

[13]) Auch die rechtliche Natur des dem Schuldner in § 1131 eingeräumten Rechtsbehelfs war, wie bemerkt wurde, nicht geklärt; insbes. erschien zweifelhaft, ob die Klage auch gegen einen Erwerber der Zwangshypothek und von einem Rechtsnachfolger des Schuldners erhoben werden kann.

[14]) Dies wurde insbesondere auch von Prof. O. Fischer (a. a. O. S. 61) als ein Fortschritt in der Ausgestaltung der Zwangshypothek bezeichnet.

[15]) Vgl. hierzu Prot. Bd. 3 S. 620 ff.

[16]) Zur Rechtfertigung der Regelung des Entw. war anläßlich der Beratungen auch darauf hingewiesen worden, daß sich der Gläubiger durch Beantragung der Zwangsversteigerung mehrerer Grundstücke bezüglich eines jeden derselben ein Recht auf vorzugsweise Befriedigung wegen der ganzen Forderung verschaffen könne. Die Kommission sah jedoch keine Notwendigkeit, um deswillen die Eintragung der Zwangshypothek als Gesamthypothek zuzulassen; ihr erschien dies als ein Widerspruch mit dem Prinzip des § 708, der für die Mobiliarexekution vorschreibt, daß eine Zwangsvollstreckung nicht weiter ausgedehnt werden darf, als zur Befriedigung des Gläubigers und zur Deckung der Vollstreckungskosten erforderlich ist.

sich in der Kommission Bedenken. Es wurde geltend gemacht, daß die Bildung eines gemeinschaftlichen Grundbuchblatts Sache des inneren grundbuchamtlichen Dienstes sei und deshalb hieran eine Verschiedenheit des materiellen Rechtes des Gläubigers nicht geknüpft werden könne. Dies veranlaßte den Antragsteller, auf die weitere Verfolgung seiner Anregung zu verzichten.

Die übrigen Vorschläge, die nur Änderungen im Rahmen der grundsätzlichen Regelung des Entwurfs betrafen, fanden mit der Annahme des ersten Antrags ihre Erledigung. Auch hier war Widerspruch laut geworden. Der Antrag d hat, wie vorgebracht wurde, gegen sich, daß eine Vermittlung des Vollstreckungsgerichts die Eintragung der Zwangshypothek verteuert und verzögert; überdies wird mit der Abschätzung der Grundstückswerte dem Vollstreckungsgericht eine Aufgabe gestellt, die für dieses nicht geeignet ist. Die Verfahrenserleichterung aber, die der Antrag e vorsieht, nützt dem Schuldner nichts, weil er bei der Anrufung des Vollstreckungsgerichts, ebenso wie bei der Klageerhebung, den sofortigen Versteigerungsantrag des Gläubigers befürchten muß.

So ging § 1131 aus den Beratungen in neuer Gestalt hervor. Die Zwangshypothek an mehreren Grundstücken ist nur in der Weise zugelassen, daß jedes von ihnen mit einem Teile der Forderung belastet wird; die Größe der Teilbeträge bestimmt der Gläubiger.

Auch bei § 1133 kam es zu einer Änderung[17]). Nach den in früheren Sitzungen gefaßten Beschlüssen der Kommission war die Institution der Eigentümerhypothek, welcher der Entwurf nur ein sehr begrenztes Anwendungsgebiet zugedacht hatte, in erheblich erweitertem Umfang übernommen worden[18]). Nun wurde angeregt ,in § 1133 die entsprechende Folgerung hieraus zu ziehen. Die Zwangshypothek sollte, wenn es zur Einstellung der Zwangsvollstreckung unter Aufhebung der bereits erfolgten

---

[17]) Prot. Bd. 3 S. 706 f.

[18]) Vgl. Prot. Bd. 3 S. 591 ff. Zufolge der Kommissionsbeschlüsse erhielt die Institution der Eigentümerhypothek nunmehr die Ausdehnung, in der sie auch im BGB. Verwendung findet. Die Sonderstellung der Sicherungshypothek, auf die nach dem Entw. die Vorschriften über die Eigentümerhypothek nicht anwendbar waren (§ 1128), wurde beseitigt.

Vollstreckungsmaßregeln kommt, nicht auf Verlangen des Schuldners gelöscht werden, sondern kraft Gesetzes auf den Schuldner als Eigentümerhypothek übergehen. In der Debatte wurde eingewendet, daß die Umwandlung in eine Eigentümerhypothek dem Wesen der Zwangshypothek widerstreite, deren Zweck ihrer Natur nach ein vorübergehender sei. Die Kommission erachtete jedoch dieses Vorbringen nicht als begründet, da anderenfalls die Zwangshypothek auch im Falle der Befriedigung des Vollstreckungsgläubigers durch den Grundstückseigentümer, abweichend vom Entwurf, nicht zur Eigentümerhypothek werden durfte. Sie erblickte vielmehr in der vorgeschlagenen Änderung eine folgerichtige Weiterbildung der bezüglich der Eigentümerhypothek beschlossenen Vorschriften und stimmte der Anregung grundsätzlich zu. Verbesserungsbedürftig erschien die Fassung des Vorschlags, soweit es sich um die Voraussetzungen der Entstehung der Eigentümerhypothek handelt. In dieser Beziehung konnte es nicht darauf ankommen, ob eines der Erfordernisse vorliegt, unter denen nach §§ 691, 692 ZPO. die Zwangsvollstreckung einzustellen ist; es mußte eine Entscheidung des in § 691 Nr. 1, 2, § 692 letzt. Halbs. bezeichneten Inhalts erlassen oder die zur Abwendung der Vollstreckung nachgelassene Sicherheitsleistung oder Hinterlegung erfolgt sein. Hiernach war die Kommission darüber einig, daß der Schuldner — abgesehen von den allgemeinen, für jede Sicherungshypothek zutreffenden Voraussetzungen — die Zwangshypothek als Eigentümerhypothek erwerben soll:

1. wenn eine vollstreckbare Entscheidung ergangen ist, durch die das zu vollstreckende Urteil oder dessen vorläufige Vollstreckbarkeit aufgehoben oder die Zwangsvollstreckung für unzulässig erklärt oder deren Einstellung angeordnet ist,

2. wenn eine gerichtliche Entscheidung ergangen ist, durch welche die einstweilige Einstellung der Vollstreckung und die Aufhebung der bisher erfolgten Vollstreckungshandlungen angeordnet ist,

3. wenn die zur Abwendung der Vollstreckung nachgelassene Sicherheitsleistung oder Hinterlegung erfolgt ist[19]. Die

[19]) Gegen eine solche Ausdehnung der Eigentümerhypothek äußerte Hachenburg (a. a. O. S. 194 f.) Bedenken, der sich im übrigen für den

zur Klarstellung gebotene Fassungsänderung blieb der Redaktionskommission vorbehalten.

Den Beratungen zu §§ 1130—1133 folgte eine Aussprache über den Einfluß des öffentlichen Glaubens des Grundbuchs auf die Eintragung einer Zwangshypothek[20]. Der Entwurf hatte in § 837 den Erwerb im Wege der Zwangsvollstreckung gleich dem rechtsgeschäftlichen Erwerb unter das materielle Publizitätsprinzip gestellt[21]. Nach den Beschlüssen, zu denen die Kommission gelangt war, sollte der Schutz des § 837 im Falle der Zwangsvollstreckung versagt sein. Die Zwangshypothek wurde aus den damaligen Erörterungen ausgeschaltet, weil erst hinsichtlich dieser Institution eine grundsätzliche Stellungnahme herbeigeführt werden mußte[22]. Ein jetzt eingebrachter Antrag forderte, in einem neu einzuschiebenden § 1133a auszusprechen, daß § 837 auf den Gläubiger, für welchen eine Zwangshypothek eingetragen ist, keine Anwendung findet. Die Kommission war mit dem Inhalt dieses Antrags einverstanden. Sie nahm an, daß dem Gläubiger, da er seine Befriedigung nur aus dem Vermögen des Schuldners zu suchen berechtigt sei, der Schutz des § 837 nicht zustatten kommen dürfe, wenn die Zwangshypothek auf einem Grundstück eingetragen wird, das

Fall der Zulassung der von ihm abgelehnten Zwangshypothek mit deren Ausgestaltung durch die Beschlüsse der zweiten Kommission einverstanden erklärt hatte. Nach seinen Ausführungen besagt das Prinzip der Eigentümerhypothek, daß die Eintragung ohne Rücksicht auf das Bestehen der Forderung die Hypothek erzeugt; nur muß eine sonst wirksame und gültige Eintragung vorhanden sein. Aus diesem Gesichtspunkt heraus wurde von der Kommission die Entstehung einer Eigentümerhypothek aus einer Hypothekeintragung abgelehnt, die infolge eines Mangels der Eintragungsbewilligung ungültig ist. Nicht anders sind die in Rede stehenden Fälle zu beurteilen. Was hier vorliegt, bezieht sich lediglich auf die der Eintragung zugrunde liegende Vollstreckbarkeit, welche die Eintragungsbewilligung ersetzt. Fällt sie durch einen erfolgreichen Angriff des Eigentümers, wird sie „unwirksam“, so ist dies auch das Schicksal der auf ihr beruhenden Hypothek; diese muß also, wie es bei der rechtsgeschäftlich bestellten Hypothek der Fall ist, erlöschen.

20) Prot. Bd. 3 S. 707 f.

21) Die Motive rechtfertigen die der älteren Gesetzgebung unbekannte Gleichstellung unter Hinweis auf die Rechtsentwicklung, die sich neuerdings in der Rechtsprechung angebahnt habe. Vgl. Bd. 3 S. 213 f.

22) Prot. Bd. 3 S. 77 ff.

zwar auf den Schuldner als Eigentümer gebucht ist, in Wahrheit aber einem anderen gehört. Meinungsverschiedenheit bestand lediglich darüber, ob es angesichts der von der Kommission beschlossenen Fassung des § 837 erforderlich sei, den Gedanken des Antrags besonders zum Ausdruck zu bringen. Die Entscheidung wurde der Redaktionskommission überlassen.

Noch ein weiterer Vorschlag erfuhr die gleiche Erledigung[23]). Es handelte sich darum, die auf die Zwangshypothek bezüglichen Vorschriften der Zivilprozeßordnung einzuverleiben. Hierfür wurden zwei Gesichtspunkte angeführt. Einmal stand in der ZPO. der Vorbehalt des § 757, der bisher die Zwangshypothek landesgesetzlicher Ordnung überließ; dies legte nahe, an seiner Stelle nunmehr die neue reichsrechtliche Regelung einzufügen. Zum anderen waren auch die Bestimmungen über die Arresthypothek in die ZPO. verwiesen worden[24]). Der Vorschlag begegnete insofern, als er die Herausnahme der Zwangshypothek aus dem BGB. erstrebte, keinem Widerspruch. Dagegen neigte die Kommission in ihrer Mehrheit der Meinung zu, daß die Institution, die in erster Linie eine Maßregel der Immobiliarexekution darstellt, wohl besser in das Gesetz über die Zwangsvollstreckung in das unbewegliche Vermögen eingestellt werde.

Mit § 846, der das Verfahren bei der Erwirkung von Eintragungen und Löschungen im Grundbuch regelte, hatte sich die Kommission schon in einer der vorausgehenden Sitzungen befaßt[25]). Die Vorschriften fanden in sachlicher Hinsicht volle Billigung; ungeeignet erschien die Unterbringung im BGB., das als ein zur Ordnung des materiellen Rechtes bestimmtes Gesetzbuch von Vorschriften formellrechtlichen Charakters freigehalten werden mußte. Deshalb wurde beschlossen, den § 846 aus dem Entwurf zu entfernen und seine Aufnahme in die Grundbuchordnung zu empfehlen. Gleichfalls der Streichung verfiel der Art. 78 des Entw. d. EG., in welchem der den § 846 ergänzende Vorbehalt zugunsten der Landesgesetzgebung enthalten war. Bei der Beratung hatten mehrere Mitglieder die Notwen-

---

[23]) Prot. Bd. 3 S. 711.

[24]) Prot. Bd. 3 S. 703.

[25]) Prot. Bd. 3 S. 116 f., S. 707.

digkeit dieser Vorschrift betont. Die Kommission hielt jedoch eine materielle Stellungnahme nach Ausschaltung des § 846 nicht für veranlaßt. Ob ein Bedürfnis für einen Vorbehalt im Sinne des Art. 78 bestand, sollte gelegentlich der Beschlußfassung über den Entwurf der Grundbuchordnung gewürdigt werden.

Die Vorschriften über die Zwangshypothek, die in §§ 1130, 1131 und 1133 des Entwurfs getroffen waren, wurden von der Redaktionskommission nach Maßgabe der gefaßten Abänderungsbeschlüsse umgearbeitet. Von einem Zusatz im Sinne des beantragten § 1133 a sah die Kommission ab. Dagegen legte sie Wert darauf, besonders auszusprechen, daß den Grundstücken jene Berechtigungen gleichstehen, die im Grundbuch ein Blatt erhalten können. Die umstrittene Frage, in welchem Gesetz die Zwangshypothek ihren Platz erhalten solle, wurde zugunsten der Zivilprozeßordnung gelöst. Nach den Vorschlägen der Redaktionskommission sollten in die ZPO. folgende Vorschriften aufgenommen werden[26]:

§ 757. Im Wege der Zwangsvollstreckung in ein Grundstück ist auf Antrag des Gläubigers für die Forderung eine Sicherungshypothek in das Grundbuch einzutragen. Die Hypothek entsteht mit der Eintragung. Das Grundstück haftet auch für die dem Schuldner zur Last fallenden Kosten der Erwirkung der Eintragung.

Sollen mehrere Grundstücke des Schuldners mit der Hypothek belastet werden, so muß der Betrag der Forderung auf die einzelnen Grundstücke verteilt werden; die Größe der Teile bestimmt der Gläubiger.

Den Grundstücken stehen Berechtigungen gleich, die ein Blatt im Grundbuch erhalten können.

§ 757 a. Wird durch eine vollstreckbare Entscheidung das zu vollstreckende Urteil oder dessen vorläufige Vollstreckbarkeit aufgehoben oder die Zwangsvollstreckung für unzulässig erklärt oder deren Einstellung angeordnet, so erwirbt der Eigentümer des Grundstücks die Hypothek.

Das gleiche gilt, wenn durch eine gerichtliche Entscheidung die einstweilige Einstellung der Vollstreckung und zu-

[26]) Prot. Bd. 6 S. 739.

gleich die Aufhebung der bisherigen Vollstreckungshandlungen angeordnet wird oder wenn die zur Abwendung der Vollstreckung nachgelassene Sicherheitsleistung oder Hinterlegung erfolgt.

Bemerkenswert ist, daß in der Neufassung der Ausdruck Zwangshypothek nicht erscheint. Die im Wege der Zwangsvollstreckung einzutragende Sicherungshypothek führt fortan keinen besonderen Namen mehr. Es wird jedoch im folgenden die Bezeichnung Zwangshypothek beibehalten, die sich auch im Schrifttum überwiegend eingebürgert hat.

Die Redaktionskommission hielt außerdem noch eine Ergänzung der Grundbuchordnung für geboten. Hier sollte angeordnet werden, daß die auf Grund des § 757 ZPO. erfolgte Eintragung einer Sicherungshypothek vom Grundbuchamt auf dem vollstreckbaren Titel zu vermerken ist[27]).

Die Vorschläge wurden auf die Tagesordnung einer Sitzung der Gesamtkommission gesetzt[28]). Hierzu waren wieder einige Abänderungsanträge eingebracht worden. Angeregt wurde neuerdings, in § 757 Abs. 2 die Eintragung der Zwangshypothek als Gesamthypothek zuzulassen und zwar mit der Maßgabe, daß der Schuldner im Wege der formlosen Erinnerung beim Vollstreckungsgericht (ZPO. § 685) der Belastung widersprechen kann, soweit sie das für die Anlegung von Mündelgeld vorgeschriebene Sicherheitsmaß übersteigt. Ferner sollte der § 757 Abs. 3 gestrichen und in § 757a Abs. 1 das Wort „Urteil" durch das Wort „Entscheidung" ersetzt werden. Zu einer sachlichen Aussprache kam es jedoch nicht. Da mittlerweile die Kommission des Reichsjustizamts für die zweite Lesung des Entwurfs eines Gesetzes über die Zwangsvollstreckung in das unbewegliche Vermögen im Zusammenhang mit der Zwangsversteigerung und der Zwangsverwaltung auch die auf §§ 755—757 ZPO. bezüglichen Vorschriften beschlossen hatte, wurde die Regelung der Zwangshypothek von den weiteren Beratungen ausgenommen.

---

27) Prot. Bd. 3 S. 707 Fußnote 1.

28) Prot. Bd. 6 S. 739 ff.

2. Kapitel.

Die Novellen zur Zivilprozeßordnung und der Entwurf einer neuen Zivilprozeßordnung vom Jahre 1931.

§ 1.

Das Gesetz vom 17. Mai 1898.

Bei der Ausarbeitung des BGB. hatte sich das Bedürfnis einer Revision der ZPO. ergeben. Es handelte sich darum, das Prozeßrecht dem neuen materiellen Rechte anzupassen. Die erste Kommission ordnete eine Reihe von Materien des Grenzgebiets zwischen Privat- und Prozeßrecht in dem Entwurf des BGB. selbst; weitere Änderungen des Prozeßrechts waren in dem Entwurf des EG.z.BGB. untergebracht. Durch die Beschlüsse der zweiten Kommission wurden alle Vorschriften prozeßrechtlichen Charakters aus dem BGB. und dem EinfG. herausgenommen und die Umgestaltung des Prozeßrechts einer besonderen Novelle zur ZPO. vorbehalten[1]).

Nachdem das BGB. fertiggestellt war, gelangten zunächst noch das Gesetz über die Zwangsversteigerung und die Zwangsverwaltung sowie die Grundbuchordnung zur Verabschiedung. Beide Gesetze tragen das Datum des 24. März 1897[2]).

In der Grundbuchordnung wird das Verfahren bei Eintragungen in das Grundbuch auf der Grundlage des formellen Konsensprinzips geregelt[3]). Ihre Vorschriften haben, soweit sich nicht aus anderen gesetzlichen Bestimmungen ein Gegenteiliges ergibt, auch für die Zwangshypothek Geltung. Die Grundbuchordnung selbst enthält bezüglich der Institution keine Sondervorschriften. Es hängt dies mit den Änderungen zusammen, die mittlerweile das BGB. gegenüber dem ersten Entwurf gebracht hat. Bei vertraglichen Verfügungen über ein

---

[1]) Prot. Bd. 6 S. 574.

[2]) RGBl. S. 97 ff., S. 139 ff., je in neuer, den veränderten Texten der ZPO. und der KonkO. angepaßter Fassung veröffentlicht mit Bek. v. 20. Mai 1898, RGBl. S. 713 ff., S. 754 ff.

[3]) Vgl. insbes. § 19 des Gesetzes, wonach zu einer Eintragung, abgesehen vom Eintragungsantrag, grundsätzlich erforderlich und genügend ist, daß derjenige sie bewilligt, dessen Recht von ihr betroffen wird.

eingetragenes Recht bildet die Eintragung des Verfügenden nicht mehr eine materiellrechtliche Voraussetzung für den wirksamen Abschluß des dinglichen Vertrags. Das materielle Recht gebietet nur, daß der Verfügende Berechtigter, nicht auch, daß er im Grundbuch als Berechtigter eingetragen ist[4]). Dafür erscheint jetzt in der GBO. die vorgängige Eintragung des Berechtigten als allgemeines formelles Vollzugserfordernis. Nach § 40 Abs. 1 soll eine Eintragung in das Grundbuch grundsätzlich nur erfolgen, wenn derjenige, dessen Recht durch sie betroffen wird, als der Berechtigte eingetragen ist. Damit war die Sondervorschrift in § 32 des Entw. der GBO. erster Lesung entbehrlich geworden. Sachlich hat sich für die Zwangshypothek nichts geändert. Der Gläubiger kann die Eintragung der Hypothek nur erlangen, wenn der Schuldner als Eigentümer des zu belastenden Grundstücks vorgetragen ist. Gehört das Grundstück zwar dem Schuldner, ist aber, weil sich der Eigentumserwerb außerhalb des Grundbuchs, z. B. durch Erbfolge, vollzog, die Umschreibung auf ihn nicht bewirkt, so hat zunächst die Berichtigung des Grundbuchs zu erfolgen. Den erforderlichen Berichtigungsantrag kann der Gläubiger selbst stellen. Das Recht hierzu gibt ihm der § 14 GBO. Danach darf die Berichtigung des Grundbuchs durch Eintragung eines Berechtigten auch von demjenigen beantragt werden, welcher auf Grund eines gegen den Berechtigten vollstreckbaren Titels eine Eintragung in das Grundbuch verlangen kann, sofern die Zulässigkeit dieser Eintragung von der vorgängigen Berichtigung des Grundbuchs abhängt. Wegen der Führung des dem Gläubiger obliegenden Eigentumsnachweises wird keine Anordnung getroffen. Die Kommission für die zweite Lesung des Entw. der GBO. hielt es für richtiger, diesen Punkt in der Zivilprozeßordnung zu regeln. Dort sollte vorgeschrieben werden, daß der Gläubiger, der zum Zwecke der Zwangsvollstreckung eines Erbscheins oder einer anderen, dem Schuldner auf Antrag von einer Behörde, einem Beamten oder einem Notar zu erteilenden Urkunde bedarf, die Erteilung an Stelle des Schuldners verlangen

[4]) BGB. § 873 Abs. 1; Prot. d. Komm. f. d. zweite Lesung des Entw. d. BGB. Bd. 3 S. 54.

kann[5]). Die Bestimmung fand dann auch in der Folge als § 700a (neue Fass. § 792) in der Prozeßordnung Aufnahme.

Nicht kehrt in der GBO. der § 51 des Entwurfs erster Lesung wieder, der aus dem Art. 74 des ersten Entwurfs des EG.z.BGB. Bestimmungen über die auf das Ersuchen einer Behörde einzutragende Hypothek übernommen hatte. Diese Vorschriften tragen ausschließlich materiellrechtlichen Charakter und waren deshalb zur Einstellung in ein Verfahrensgesetz nicht geeignet. Die Grundbuchordnung beschränkt sich in ihrem § 39 auf die formelle Anordnung, daß da, wo nach gesetzlicher Vorschrift eine Behörde befugt ist, das Grundbuchamt um eine Eintragung zu ersuchen, die Eintragung auf Grund des Ersuchens der Behörde erfolgt[6]).

Das Gesetz über die Zwangsversteigerung und die Zwangsverwaltung, meist kurz als Zwangsversteigerungsgesetz bezeichnet, ging aus einer Umarbeitung des Gesetzentwurfs vom Jahre 1889, betr. die Zwangsvollstreckung in das unbewegliche Ver-

---

[5]) Denkschrift zum (revidierten) Entw. einer GBO. — Drucks. d. Reichst. 1895/97 Nr. 631 — abgedr. bei Hahn-Mugdan, Die gesamten Materialien zu den Reichs-Justizgesetzen, Bd. 5, Berlin 1898, S. 156f., S. 164; ferner Anl. I zu dieser Denkschrift (Zusammenstellung der in Aussicht genommenen Änderungen der ZPO.), ebenda S. 182.

[6]) Die Vorschrift bringt zum Ausdruck, daß das Ersuchen der Behörde den Eintragungsantrag, die Eintragungsbewilligung u. die sonst etwa zur Eintragung erforderlichen Erklärungen Dritter ersetzt; im übrigen müssen die allgemeinen Voraussetzungen der Eintragung auch hier vorliegen. Vgl. Denkschrift bei Hahn-Mugdan a. a. O. S. 163.

Wegen der materiellrechtlichen Regelung ist nunmehr Art. 91 EG. z. BGB. maßgebend. Er stimmt im wesentlichen mit dem Art. 74 des Entw. erster Lesung überein; Abweichungen ergeben sich insofern, als die zum Verlangen nach Eintragung einer Hypothek berechtigten Rechtssubjekte begrenzt werden u. die Verweisungen auf Vorschriften über die Zwangshypothek entfallen. In Art. 91 heißt es: „Unberührt bleiben die landesgesetzlichen Vorschriften, nach welchen der Fiskus, eine Körperschaft, Stiftung oder Anstalt des öffentlichen Rechtes oder eine unter der Verwaltung einer öffentlichen Behörde stehende Stiftung berechtigt ist, zur Sicherung gewisser Forderungen die Eintragung einer Hypothek an Grundstücken des Schuldners zu verlangen, und nach welchen die Eintragung der Hypothek auf Ersuchen einer bestimmten Behörde zu erfolgen hat. Die Hypothek kann nur als Sicherungshypothek eingetragen werden; sie entsteht mit der Eintragung.“

mögen, hervor. Die mit der zweiten Lesung dieses Entwurfs betraute Kommission hatte, wie schon die Änderung der Gesetzesüberschrift besagt, die Sonderregelung strenge auf die Exekutionsakte der Zwangsversteigerung und der Zwangsverwaltung beschränkt und alle weiteren Bestimmungen über Immobiliarvollstreckung in die Zivilprozeßordnung verwiesen. Infolgedessen verschwanden auch die auf die Zwangshypothek bezüglichen Vorschriften des Entwurfs. Dafür wurde in Aussicht genommen, die Institution unter Berücksichtigung der von der zweiten Kommission zur Ausarbeitung des BGB. gefaßten Beschlüsse in der ZPO. zu ordnen[7]). Das Versteigerungsverfahren ist in dem ZwVG. auf dem Deckungsprinzip in Verbindung mit dem Übernahmeprinzip aufgebaut (§§ 44, 52). Die Rangordnung der Gläubiger ergibt sich aus § 10. In den Klassen 1 mit 4 werden zunächst die Zwangsverwaltungsvorschüsse, die Liedlöhne, die öffentlichen Abgaben und die Rechte am Grundstücke berücksichtigt; der betreibende Gläubiger folgt in der 5. Klasse, sofern er nicht nach der Art seiner Forderung, zumal als Hypothekengläubiger, in eine der früheren Klassen zu stehen kommt.

Am 9. Dez. 1897 legte sodann der Reichskanzler dem Reichstag einen vom Bundesrat angenommenen Gesetzentwurf, betr. Änderungen der Zivilprozeßordnung, vor[8]). Der Entwurf hob sich über den Rahmen eines bloßen Hilfsgesetzes zum Bürgerlichen Gesetzbuch hinaus; er brachte auch eine Reihe von Änderungen rein prozeßtechnischer Art, die jedoch nur zum Teile verwirklicht wurden[9]). Die Immobiliarvollstreckung ist, soweit sie für

[7]) Denkschrift zum (revidierten) Entw. eines Ges. über die Zwangs-Verst. u. die Zwangs-Verw. — Drucks. d. Reichst., 1895/97 Nr. 607 — Einl. u. Anl. I (Zusammenstellung der in Aussicht genommenen Änderungen der ZPO. u. KonkO.), Hahn-Mugdan, Bd. 5 S. 34 f., S. 73 ff.

[8]) Drucks. d. Reichst. 1897/98 Nr. 61; Hahn-Mugdan, Die gesamten Materialien zu den Reichs-Justizgesetzen, Bd. 8, Berlin 1898, S. 1 ff.

[9]) Vorgesehen waren namentlich die Abtrennung der Zustellung von Amts wegen, die Einführung eines Vortermins, die Erhöhung der Revisionssumme zur Entlastung des Reichsgerichts und die Umgestaltung des Rechtskonsulentenwesens; ferner sollte bei der Zwangsvollstreckung das sozialpolitische Moment stärker betont werden. Auf Ablehnung stießen vor allem der Vortermin und die Erhöhung der Revisionssumme.

die Revision der ZPO. in Betracht kam, in einer Reihe von Vorschriften geregelt, die gemäß Art. I Nr. 214 an die Stelle des bisherigen § 757 ZPO. treten sollen. Mit der Zwangshypothek insbesondere befassen sich die §§ 757 b bis 757 d[10]); sie sehen im einzelnen folgendes vor:

§ 757 b. Die Zwangsvollstreckung in ein Grundstück erfolgt durch Eintragung einer Sicherungshypothek für die Forderung, durch Zwangsversteigerung und durch Zwangsverwaltung.

Der Gläubiger kann verlangen, daß eine dieser Maßregeln allein oder neben den übrigen ausgeführt werde.

§ 757 c. Die Sicherungshypothek wird auf Antrag des Gläubigers in das Grundbuch eingetragen; die Eintragung ist auf dem vollstreckbaren Titel zu vermerken. Mit der Eintragung entsteht die Hypothek. Das Grundstück haftet auch für die dem Schuldner zur Last fallenden Kosten der Eintragung.

Sollen mehrere Grundstücke des Schuldners mit der Hypothek belastet werden, so ist der Betrag der Forderung auf die einzelnen Grundstücke zu verteilen; die Größe der Teile bestimmt der Gläubiger.

§ 757 d. Wird durch eine vollstreckbare Entscheidung die zu vollstreckende Entscheidung oder ihre vorläufige Vollstreckbarkeit aufgehoben oder ist die Zwangsvollstreckung für unzulässig erklärt oder deren Einstellung angeordnet, so erwirbt der Eigentümer des Grundstücks die Hypothek.

Das gleiche gilt, wenn durch eine gerichtliche Entscheidung die einstweilige Einstellung der Vollstreckung und zugleich die Aufhebung der erfolgten Vollstreckungsmaßregeln angeordnet wird oder wenn die zur Abwendung der Vollstreckung nachgelassene Sicherheitsleistung oder Hinterlegung erfolgt.

---

[10]) Zur Rechtfertigung der Institution beruft sich die Begründung des Gesetzentwurfs wieder auf die Anerkennung in den meisten Landesgesetzen, die völlige Einbürgerung im Rechtsverkehr und die Möglichkeit zu schonender Behandlung des Schuldners, wodurch dieser nicht selten vor dem wirtschaftlichen Untergang bewahrt wird. Drucks. d. Reichst. 1897/98 Nr. 61 S. 182 f.; Hahn-Mugdan, Bd. 8 S. 165.

Die Vorschläge, die den Beschlüssen der Kommission für die zweite Lesung des Gesetzentwurfs über die Zwangsvollstreckung in das unbewegliche Vermögen entsprechen, folgen dem bisherigen Entwicklungsgang. Dem Gläubiger einer vollstreckbaren Geldforderung wird die Eintragung der Zwangshypothek als eine selbständig oder neben Zwangsversteigerung und Zwangsverwaltung ausführbare Maßnahme der Immobiliarexekution gewährt[11]. Zum Schutze des Schuldners ist nur die Form der Sicherungshypothek gestattet. Die Hypothek entsteht mit der Eintragung, wozu die Begründung des Entwurfs bemerkt[12], daß die sonst nach § 873 BGB. zur Entstehung einer Hypothek gebotene Einigung zwischen Gläubiger und Eigentümer sowie die in § 19 GBO. bezeichnete Eintragungsbewilligung des Eigentümers durch den vollstreckbaren Titel ersetzt werden. Das hypothekarisch belastete Grundstück haftet kraft Gesetzes auch für die Eintragungskosten. Ein Zugriff des Gläubigers auf mehrere Immobilien des Schuldners erfordert die Verteilung des Forderungsbetrags. Fallen die prozessualen Grundlagen der Eintragung nachträglich weg, so geht die Zwangshypothek gemäß den hypothekenrechtlichen Vorschriften des BGB. auf den Eigentümer über.

Um die Eintragung der Zwangshypothek herbeizuführen, bedarf es eines Antrags des Gläubigers. Wie aus der Begründung hervorgeht[12], wurde erwogen, ob der Antrag unmittelbar beim Grundbuchamt einzureichen ist oder eine Vermittlung durch das Prozeß- oder Vollstreckungsgericht stattfinden soll. Die Entscheidung fiel im Sinne der ersten Alternative. Ausschlaggebend waren das Interesse der Beschleunigung und der

---

[11]) Daß den Grundstücken die Berechtigungen gleichstehen, für welche die sich auf Grundstücke beziehenden Vorschriften gelten, spricht der Entw. in dem von ihm neu gefaßten § 757 allgemein für den Bereich der Zwangsvollstreckung in das unbewegliche Vermögen aus; auch in den Bruchteil eines Grundstücks oder einer Berechtigung kann, wie hier noch weiter bestimmt ist, die Zwangsvollstreckung betrieben werden, wenn der Bruchteil in dem Anteil eines Miteigentümers besteht oder wenn sich der Anspruch des Gläubigers auf ein Recht gründet, mit dem der Bruchteil als solcher belastet ist.

[12]) Drucks. d. Reichst. 1897/98 Nr. 61 S. 183; Hahn-Mugdan, Bd. 8 S. 165 f.

Gesichtspunkt der Kostenersparnis. Auch von einem Vorbehalt, der es den Landesgesetzgebungen freistellt, die Eintragung von einer gerichtlichen Vermittlung abhängig zu machen, wurde abgesehen. Aufnahme fand hingegen die Vorschrift, die anläßlich der zweiten Beratung des Entw. des BGB. von der Redaktionskommission für die Grundbuchordnung in Aussicht genommen war. Es wird zur Sicherung des Schuldners bestimmt, daß die Eintragung der Zwangshypothek auf dem Vollstreckungstitel zu vermerken ist.

Der Reichstag überwies am 14. Januar 1898 die Vorlage nach einer allgemeinen Aussprache[13]) einer Kommission, die alsbald unter dem Vorsitz des Abgeordneten von Buchka zusammentrat und den Entwurf einer zweimaligen Lesung unterzog[14]).

Bei der ersten Lesung wurde zunächst ein Antrag auf Beseitigung der Zwangshypothek eingebracht. Seine Begründung stützte sich im wesentlichen darauf, daß die Institution der rechtlichen Grundlage und des wirtschaftlichen Bedürfnisses entbehre, wucherischen Mißbräuchen Vorschub leiste und insbesondere Kleinbesitzer durch leichtsinniges Kreditnehmen schädige; auch wies sie auf die Beeinträchtigung hin, die der Grundbuchführung aus der Überfüllung der Grundbücher mit einer Menge kleinerer Beträge erwächst. Gegen den Antrag erhob sich lebhafter Widerspruch. Es wurde die Notwendigkeit betont, dem Gläubiger in Erweiterung seiner Rechte eine zwangsweise Sicherung zu ermöglichen. Die Antragsgegner legten auf die Zwangshypothek vor allem Gewicht, weil sie von unzeitigen Zwangsversteigerungen abhalte und dem Schuldner vielfach die Handhabe zur freiwilligen Abtragung seiner Verbindlichkeit biete. Sie wendeten außerdem ein, daß mit einer Streichung der Zwangshypothek zugleich die Arresthypothek entfallen müßte, für die ein besserer Ersatz nicht zu finden sein werde. Die

---

[13]) Sten.-Ber. 1897/98 S. 351 ff., 373 ff., 421 ff.; Hahn-Mugdan Bd. 8 S. 189 ff., 218 ff., 252 ff.

[14]) Über den Verlauf der Kommissionsberatungen gibt der von dem Abgeordneten Trimborn verfaßte Bericht vom 26. April 1898 Aufschluß. Vgl. Drucks. 1897/98 Nr. 240, wegen der Zwangshypothek insb. S. 211 ff.; Hahn-Mugdan, Bd. 8 S. 421 ff.

gerügten wirtschaftlichen Mißstände führten sie auf die mangelhafte Organisation des Kreditwesens zurück. Für den Standpunkt des Entwurfs traten außer einem Kommissar des Bundesrats auch die Vertreter der preußischen und der württembergischen Regierung ein. Der Vertreter der preußischen Regierung bezeugte, daß die Zwangshypothek in seinem Lande nützlich und segensreich gewirkt habe. Bei der Abstimmung wurde die Beibehaltung der Institution mit einer Mehrheit von 13 gegen 2 Stimmen beschlossen.

Ein weiterer Antrag, der die Unterstützung des badischen Bundesratsbevollmächtigten fand, forderte den Ausschluß der Zwangshypothek aus den im Mahnverfahren erlassenen Vollstreckungsbefehlen. Er nahm Bezug auf die in Baden und anderen Teilen Deutschlands gemachten Erfahrungen, die gezeigt hätten, wie gerade der Vollstreckungsbefehl von Wucherern und böswilligen Gläubigern benützt werde, um namentlich den kleinen Grundbesitzer zu ruinieren; überdies rechtfertigte er die angeregte Sonderstellung des Vollstreckungsbefehls damit, daß es im Mahnverfahren zu einer Nachprüfung der Hypothekenforderung in Anbetracht des passiven Verhaltens der Schuldner nicht komme. Auch dieser Antrag stieß auf Gegnerschaft. Es wurde geltend gemacht, daß eine häufige und mißbräuchliche Eintragung von Zwangshypotheken aus vollstreckbaren Mahnbefehlen nicht wahrzunehmen sei und ein zureichender Grund für eine abweichende Behandlung des Vollstreckungsbefehls nicht vorliege. Ein Vertreter der verbündeten Regierungen bekämpfte den Vorschlag, weil hierdurch der Gläubiger, der für seine Forderung eine Zwangshypothek erlangen wolle, genötigt werde, den kostspieligeren Weg des Versäumnisurteils zu wählen oder, was für den Schuldner noch nachteiliger sei, zum Wechsel oder schriftlichen Schuldversprechen zu greifen. Die Abstimmung ergab die Ablehnung des Antrags mit 8 gegen 7 Stimmen.

Anläßlich der zweiten Lesung kamen die Anträge abermals zur Beratung. Wesentlich Neues förderte die Aussprache nicht zutage. Gleichwohl zeitigte die wiederholte Abstimmung ein verändertes Bild. An der Institution der Zwangshypothek selbst wurde festgehalten; doch betrug das Stimmenverhältnis nurmehr 8 gegen 6. Der Antrag auf Ausschluß der Zwangshypothek aus Vollstreckungsbefehlen vereinigte eine große Mehrheit auf sich, obschon in der Debatte auf die drohende Gefahr einer Einengung des Mahnverfahrens besonders hingewiesen worden war. Außerdem wurde dieses Mal noch eine Beschränkung der Zwangshypothek zur Sprache gebracht. Es waren vor allem Bedenken gegen die Gewährung des Anspruchs auf Realsicherheit in Ansehung der kleinen, auf Personalkredit gegebenen Darlehen erhoben worden, weil hier der Schuldner wohl nie mit der Möglichkeit einer ihm erwachsenden Belastung seines Grundbesitzes rechnen würde. Damit trat wieder das Problem der Summenbegrenzung auf. Ein Antrag begehrte, die Eintragung der Zwangshypothek für Beträge bis zu 300 Mk. einschließlich zu untersagen. Im Verlauf der Aussprache wurden weitere Gesichtspunkte zugunsten einer solchen Vorschrift vorgebracht. Durch die Einführung der Summengrenze konnte der beklagten Überfüllung der Grundbücher mit kleinen Hypotheken gesteuert werden; auch durfte erwartet werden, daß bei geringfügigeren Beträgen der Gläubiger nicht zur Betreibung der Zwangsversteigerung schreiten werde, womit die Rücksicht auf die Schonung des Schuldners ausschied. Von anderer Seite wurde dagegen die Befürchtung geäußert, es könnte die Vertreibung der kleinen Grundstückseigentümer aus ihrem Grundbesitz befördert werden; dazu trat die Einwendung, daß der Antrag den großen Gläubigern ein Sicherungsmittel biete, das den kleinen versagt blieb. Der Vertreter der bayerischen Regierung wandte sich insbesondere gegen die Höhe der vorgeschlagenen Summengrenze; er hielt es für angemessener, den Ausschluß der Zwangshypothek auf Forderungen bis zu 100 Mk. zu beschränken. Bei der Abstimmung wurde die beantragte Summenbegrenzung gleichfalls mit großer Mehrheit angenommen[15]. Das Ergebnis, das so gewonnen wurde, trägt unzweifelhaft den Charakter des Kompromisses an sich. Es sollte der Zwangshypothek eine Ausgestaltung gegeben werden, mit der sich

[15]) Ein Eventualantrag, die Eintragung der Zwangshypothek wenigstens auf Grund eines im Mahnverfahren erlassenen Vollstreckungsbefehls im Werte von 300 Mk. oder weniger zu verbieten, war infolge der gefaßten Beschlüsse gegenstandslos geworden.

schließlich auch die Gegner der Institution abzufinden vermochten.

Die in zweiter Lesung angenommenen Anträge wurden einem Redaktionsausschuß überwiesen, der den Auftrag erhielt, wegen der Berechnung des Forderungsbetrags einen den Vorschriften über die Festsetzung des Streitwerts entsprechenden Zusatz zu machen. Der Ausschuß fügte dem § 757b einen Abs. 3 an, in dem bestimmt wurde:

„Auf Grund eines Vollstreckungsbefehls findet die Eintragung einer Sicherungshypothek nicht statt. Auf Grund eines anderen Schuldtitels darf eine Sicherungshypothek nur für eine den Betrag von dreihundert Mark übersteigende Forderung eingetragen werden; die Vorschriften der §§ 4, 5 finden entsprechende Anwendung[16]."

Am 2. Mai 1898 trat das Plenum des Reichstags in die zweite Beratung des Entwurfs ein[17]. Die Frage der Beseitigung der Zwangshypothek wurde nicht mehr aufgeworfen. Dagegen lag ein Antrag der Abgeordneten Traeger und Kauffmann vor, der die Streichung des Abs. 3 in § 757b begehrte. Zu dem Antrag nahmen mehrere Mitglieder des Reichstags

---

[16]) Die in Bezug genommenen Vorschriften der ZPO. lauten:

§ 4. Für die Wertsberechnung ist der Zeitpunkt der Erhebung der Klage entscheidend; Früchte, Nutzungen, Zinsen, Schäden und Kosten bleiben unberücksichtigt, wenn sie als Nebenforderungen geltend gemacht werden.

Bei Ansprüchen aus Wechseln im Sinne der Wechselordnung sind Zinsen, Kosten und Provision, welche außer der Wechselsumme gefordert werden, als Nebenforderungen anzusehen.

§ 5. Mehrere in einer Klage geltend gemachte Ansprüche werden zusammengerechnet; eine Zusammenrechnung des Gegenstandes der Klage und der Widerklage findet nicht statt.

Der § 4 Abs. 1 erfuhr später zwei Änderungen. Durch Art. II des Gesetzes zur weiteren Entlastung der Gerichte vom 8. Juli 1922 (RGBl. I S. 569) wurden hinter dem Worte „Klage" die Worte „in der Berufungs- und Revisionsinstanz der Zeitpunkt der Einlegung des Rechtsmittels" eingefügt, durch Art. III des Gesetzes über die Gebühren der Rechtsanwälte und die Gerichtskosten vom 18. Aug. 1923 (RGBl. I S. 813) das Wort „Schäden" gestrichen.

[17]) Sten.-Ber. 1897/98 S. 2095 ff., bezüglich der Zwangshypothek insb. S. 2141 ff.; Hahn-Mugdan, Bd. 8 S. 520 ff.

Stellung, wobei die für und gegen eine Beschränkung der Zwangshypothek sprechenden Gründe nochmals im einzelnen dargelegt wurden. Im Vordergrund der Aussprache stand die Behandlung der Vollstreckungsbefehle. Von Seite der Regierungsvertreter wurde in die Debatte nicht eingegriffen. Die Abstimmung ergab eine Mehrheit für Ablehnung des Antrags. Es verblieb dabei, daß eine Zwangshypothek auf Grund eines Vollstreckungsbefehls überhaupt nicht, auf Grund eines sonstigen Vollstreckungstitels nur für eine den Betrag von 300 Mk. übersteigende Forderung eingetragen werden konnte. Die dritte Lesung durch das Plenum, die am 5. Mai 1898 stattfand[18]), brachte keine Änderungen. Nach Zustimmung des Bundesrats wurde das Gesetz am 17. Mai 1898 vom Kaiser vollzogen[19]).

Ein weiteres Gesetz vom 17. Mai 1898[20]) ermächtigte den Reichskanzler, den nunmehr maßgebenden Text der ZPO. unter fortlaufender Nummernfolge der Paragraphen bekanntzumachen. Die Veröffentlichung geschah mit Bekanntmachung vom 20. Mai 1898[21]). Danach erscheinen die §§ 757b bis 757d jetzt als §§ 866—868; sie haben folgenden Wortlaut:

§ 866. Die Zwangsvollstreckung in ein Grundstück erfolgt durch Eintragung einer Sicherungshypothek für die Forderung, durch Zwangsversteigerung und durch Zwangsverwaltung.

Der Gläubiger kann verlangen, daß eine dieser Maßregeln allein oder neben den übrigen ausgeführt werde.

Auf Grund eines Vollstreckungsbefehls findet die Eintragung einer Sicherungshypothek nicht statt. Auf Grund eines anderen Schuldtitels darf eine Sicherungshypothek nur für eine den Betrag von dreihundert Mark übersteigende Forderung eingetragen werden; die Vorschriften der §§ 4, 5 finden entsprechende Anwendung.

§ 867. Die Sicherungshypothek wird auf Antrag des Gläubigers in das Grundbuch eingetragen; die Eintragung ist auf

---

18) Sten.-Ber. 1897/98 S. 2197 ff.; Hahn-Mugdan, Bd. 8 S. 528 ff.

19) RGBl. S. 256 ff.

20) RGBl. S. 342.

21) RGBl. S. 369 ff.

dem vollstreckbaren Titel zu vermerken. Mit der Eintragung entsteht die Hypothek. Das Grundstück haftet auch für die dem Schuldner zur Last fallenden Kosten der Eintragung.

Sollen mehrere Grundstücke des Schuldners mit der Hypothek belastet werden, so ist der Betrag der Forderung auf die einzelnen Grundstücke zu verteilen; die Größe der Teile bestimmt der Gläubiger.

§ 868. Wird durch eine vollstreckbare Entscheidung die zu vollstreckende Entscheidung oder ihre vorläufige Vollstreckbarkeit aufgehoben oder die Zwangsvollstreckung für unzulässig erklärt oder deren Einstellung angeordnet, so erwirbt der Eigentümer des Grundstücks die Hypothek.

Das gleiche gilt, wenn durch eine gerichtliche Entscheidung die einstweilige Einstellung der Vollstreckung und zugleich die Aufhebung der erfolgten Vollstreckungsmaßregeln angeordnet wird oder wenn die zur Abwendung der Vollstreckung nachgelassene Sicherheitsleistung oder Hinterlegung erfolgt.

Die Nov. zur ZPO. vom 17. Mai 1898 trat nach Art. I des am nämlichen Tage erlassenen Einführungsgesetzes[22]) gleichzeitig mit dem Bürgerlichen Gesetzbuch, sonach im Hinblick auf Art. 1 des EG.z.BGB. am 1. Januar 1900, in Kraft. Das konnte jedoch nicht auch die Vorschriften über die Zwangshypothek betreffen, da deren Anwendung durch die Geltung des Immobiliarsachenrechts des Bürgerlichen Gesetzbuchs bedingt ist, die ihrerseits die Anlegung des Grundbuchs voraussetzt. Vielmehr schlägt hier der Vorbehalt in Art. 189 des EG.z.BGB. ein. Die auf die Zwangshypothek bezüglichen Vorschriften der §§ 866 bis 868 ZPO. sind in jedem Grundbuchbezirk mit dem Zeitpunkt in Kraft getreten, in welchem gemäß Art. 186 des EG.z.BGB. das Grundbuch als angelegt anzusehen ist[23]). Bis

---

[22]) RGBl. S. 332 ff.

[23]) Vgl. Begr. z. Nov. v. 17. Mai 1898, Reichst.-Drucks. 1897/98 Nr. 61 S. 184 f., Hahn-Mugdan Bd. 8 S. 167; Begr. z. EinfG. hierzu, angeführte Reichst.-Drucks. S. 211, Hahn-Mugdan Bd. 8 S. 188; § 1 d. EG. z. ZwVG. v. 24. März 1897 i. d. Fass. d. Bek. v. 20. Mai 1898 (RGBl. S. 750 ff.), wo für die Zwangsvollstreckung durch Zwangsversteigerung oder Zwangsverwaltung die Inkraftsetzung mit dem in Art. 186 d. EG.

dahin ist es bei der Fortdauer der bisherigen Landesgesetze geblieben.

Indes haben einige Bundesstaaten auf Grund des Art. 218 des EG.z.BGB. Veranlassung genommen, das bis zur Grundbuchanlegung weiter bestehende Landesrecht den nunmehrigen Vorschriften der Zivilprozeßordnung anzugleichen. So verfügte Bayern [24]), daß vom Inkrafttreten des Bürgerlichen Gesetzbuchs an die Vormerkung einer Hypothek nach Art. 40 des Gesetzes vom 29. Mai 1886 nurmehr mit den Beschränkungen der §§ 866 Abs. 3, 867 Abs. 2 ZPO. stattfinden dürfe. Auch Sachsen-Weimar [25]) und Schwarzburg-Rudolstadt [26]) übernahmen schon für die Zeit bis zur Grundbuchanlegung grundsätzlich die Vorschriften der §§ 866 bis 868 ZPO. Doch mußte bei Erwirkung der Zwangshypothek die Vermittlung des Vollstreckungsgerichts in Anspruch genommen werden. Das Verfahren bei Eintragung der Hypothek richtete sich nach den Bestimmungen, die in den bisherigen Gesetzen über die Bestellung eines Pfandrechts für eine bis zur Hilfsvollstreckung ausgeklagte Forderung getroffen waren. Standen der Eintragung der Hypothek noch Hindernisse entgegen oder war die Forderung nur vorläufig vollstreckbar, so durfte nur eine Vormerkung in das Hypothekenbuch aufgenommen werden [27]).

Die Überleitung der im Zeitpunkt der Grundbuchanlegung vorhandenen altrechtlichen Zwangshypotheken ergibt sich aus Art. 192 Abs. 1 des EG.z.BGB. Dort ist angeordnet, daß Pfandrechte an Grundstücken, die zu der Zeit bestehen, zu welcher das Grundbuch als angelegt anzusehen ist, grundsätzlich als Buchhypotheken, nur ausnahmsweise, nämlich wenn der Betrag

---

z. BGB. bestimmten Zeitpunkt ausdrücklich ausgesprochen ist; Stein-Jonas, Komm. z. ZPO., 14. Aufl., Vorb. II zu §§ 864 ff.; Habicht, Die Einwirkung des BGB. auf zuvor entstandene Rechtsverhältnisse, 3. Aufl., Jena 1901, S. 469 f.

[24]) AusfG. z. GBO. u. z. ZwVG. v. 9. Juni 1899 (GVBl. Beil. zu Nr. 28 S. 125 ff.) Art. 56.

[25]) Gesetz ü. d. ZwV. i. d. unbewegl. Vermögen v. 6. Dezbr. 1899 (RegBl. S. 553 ff.) §§ 4—7.

[26]) Gesetz ü. d. ZwV. i. d. unbewegl. Vermögen v. 11. Dezbr. 1899 (Ges.-S. S. 237 ff.) §§ 5—8.

[27]) Preußen hatte eine solche Zwischenregelung nicht getroffen.

der Forderung, für die das Pfandrecht begründet wurde, nicht bestimmt ist, als Sicherungshypothek zu gelten haben. Doch ist auch hier den Landesgesetzgebungen ein Betätigungsfeld eingeräumt worden. Art. 193 des EG.z.BGB. stellte ihnen frei, zu bestimmen, daß ein Grundstückspfandrecht, das nach der Regel des Art. 192 Abs. 1 als Buchhypothek zu behandeln wäre, als Sicherungshypothek oder als Briefhypothek gelten soll.

Von dem Vorbehalt des Art. 193 machte eine Reihe von Bundesstaaten Gebrauch. Preußen[28]) wandelte die zur Zeit der Grundbuchanlegungserklärung vorhandenen Hypotheken in Briefhypotheken um, wenn über sie nach den bisherigen Vorschriften ein Hypothekenbrief gebildet worden oder zu bilden gewesen ist; im übrigen wurde es bei der Anordnung des Art. 192 Abs. 1 des EG.z.BGB. belassen. In gleicher Weise gingen Oldenburg[29]), Sachsen-Coburg-Gotha[30]) und Schwarzburg-Sondershausen[31]) vor. Dagegen leiteten Sachsen-Weimar[32]) und Schwarzburg-Rudolstadt[33]) die bestehenden Hypotheken in Sicherungshypotheken über. In Sachsen-Altenburg[34]) und Reuß ä. L.[35]) wurden nur die Zwangshypotheken zu Sicherungshypotheken, während es für die sonstigen Hypotheken bei der Regelung des Art. 192 Abs. 1 des EG.z.BGB. verblieb.

Die Behandlung der zwangsweise vorgenommenen Hypothekvormerkungen war mangels besonderer Bestimmungen streitig. Nach der einen Ansicht[36]) fielen derartige Vormer-

---

[28]) AusfG. z. BGB. v. 20. Sept. 1899 (Ges.-Samml. S. 177 ff.) Art. 33. Besondere Vorschriften wurden für die älteren hessischen Hypotheken und für die rheinischen Privilegien und Hypotheken getroffen, die indes hier nicht interessieren.

[29]) AusfG. z. BGB. u. HGB. f. d. Herzogtum Oldenburg v. 15. Mai 1899 (Ges.-Bl. S. 405 ff.) § 14; AusfG. z. BGB. f. d. Herzogtum Birkenfeld v. 15. Mai 1899 (Ges.-Bl. S. 199 ff.) § 43.

[30]) AusfG. z. BGB. v. 20. Nov. 1899 (Gemeinschaftliche Ges.-Samml. S. 199 ff.) Art. 33.

[31]) AusfG. z. BGB. v. 19. Juli 1899 (Ges.-Samml. S. 29 ff.) Art. 41.

[32]) AusfG. z. BGB. v. 5. April 1899 (Reg.-Bl. S. 123 ff.) § 160.

[33]) AusfG. z. BGB. v. 11. Juli 1899 (Ges.-Samml. S. 51 ff.) Art. 106.

[34]) AusfG. z. ZPO. v. 4. Mai 1899 (Ges.-Samml. S. 64 ff.) § 13.

[35]) AusfG. z. GBO. v. 28. Okt. 1899 (Ges.-Samml. S. 85 ff.) § 15.

[36]) Vgl. insb. Habicht, Die Einwirkung des BGB. auf zuvor entstandene Rechtsverhältnisse, S. 491, 505 und Recht Jahrg. 5 (1901) S. 334 ff.;

kungen als auflösend bedingte Pfandrechte unter Art. 192 des EG.z.BGB.; sie galten demnach mit der Grundbuchanlegungserklärung als Buchhypotheken, behaftet jedoch mit der Bedingung, unter der das Pfandrecht bisher stand. Die andere wohl richtige Meinung[37]) führte dagegen ins Feld, daß die Vormerkung dem Berechtigten kein bestehendes Pfandrecht, sondern nur eine dinglich gesicherte Anwartschaft auf ein solches verschafft; sie zog Art. 179 oder Art. 184 des EG.z.BGB. heran, was zur Folge hatte, daß die altrechtlichen Vormerkungen mit ihrem seitherigen Rechtsinhalt aufrecht erhalten blieben. Bayern hatte hier eine ausdrückliche Regelung vorgesehen. Hypothekvormerkungen, die zur Zeit der Grundbuchanlegungserklärung im Wege der Zwangsvollstreckung eingetragen waren, verwandelten sich nach Art. 57 des AG.z.GBO. u. z. ZwVG.[38]) in Sicherungshypotheken, sofern nicht in diesem Zeitpunkt die Umwandlung in eine Hypothekeintragung zulässig und beantragt war[39]).

---

ferner Staudinger, BGB. 7./8. Aufl. Bd. VI (München u. Berlin 1914), Anm. IV zu Art. 192 EinfG. (S. 543); Oberneck, Reichsgrundbuchrecht, 4. Aufl., Berlin 1909, Bd. 1 S. 31 f.; Urt. d. OLG. Köln v. 15. April 1903, Mugdan-Falkmann, Rechtsprechung der Oberlandesgerichte, Bd. 6 S. 404 ff.

[37]) Urt. d. Reichsgerichts v. 18. Juni 1902, Samml. f. Ziv.S., Bd. 52 S. 40 ff.; Beschl. d. Kammergerichts v. 10. April 1901, Mugdan-Falkmann, a. a. O. Bd. 2 S. 402 ff.; Staudinger, BGB., 9. Aufl., Bd. VI (München u. Berlin 1929), Anm. II 1 B a zu Art. 192 EinfG. (S. 517); Planck, BGB., 3. Aufl., Bd. VI (Berlin 1905), Anm. 1 d zu Art. 192 EinfG.; Turnau-Foerster, Liegenschaftsrecht, Paderborn 1906, Bd. 1 S. 717.

[38]) GVBl., Beil. zu Nr. 28, S. 125 ff. Die Begründung des Ges.-Entw. bemerkt, daß hier die Sicherungshypothek mit der Hypothekvormerkung des bisherigen Rechtes im wesentlichen übereinstimmt. Vgl. Becher, Die gesamten Materialien zu den das BGB. u. seine Nebengesetze betr. bayer. Gesetzen u. Verordnungen, VI. Abt., München 1900, S. 39.

[39]) Im übrigen machte sich wieder der oben erwähnte Meinungsstreit geltend. Vorwiegend wurde angenommen, daß die Vormerkungen mit ihrem bisherigen Inhalt aufrecht erhalten und auch auf Grund des Art. 22 AG. z. GBO. u. z. ZwVG. nach Maßgabe der bisherigen Vorschriften in Definitiveintragungen umzuwandeln seien; vgl. Henle-Schneider, Die bayer. AusfG. z. BGB., München 1900, S. 494 u. Dennler in Seuff. Bl. f. Rechtsanw. Bd. 69 (1904) S. 90 f. Nach Habicht, a. a. O. S. 505, trat dagegen Umwandlung in Buchhypotheken des neuen Rechtes ein.

§ 2.

Das Gesetz vom 1. Juni 1909.

Schon bei den Vorarbeiten zur Novelle vom 17. Mai 1898 war die Frage einer durchgreifenden Umgestaltung des Prozeßgangs aufgeworfen worden. Sie wurde damals nicht weiter verfolgt, da angesichts der großen Umwälzungen, welche die bevorstehende Inkraftsetzung des Bürgerlichen Gesetzbuchs auf dem Gebiete der Rechtspflege bringen sollte, an eine derartige Aufgabe nicht herangetreten werden konnte[1]). Das Problem kam jedoch nicht zur Ruhe. Die günstigen Erfahrungen, die das benachbarte Österreich mit seiner vor kurzem in Geltung getretenen neuen Zivilprozeßordnung vom 1. August 1895, der Schöpfung des genialen Franz Klein[2]), erzielte, lösten in der deutschen Öffentlichkeit lebhafte Erörterungen über die Mängel des geltenden Zivilstreitverfahrens aus[3]), wobei sich indes zeigte, daß die Anschauungen über die Wege der Revision weit auseinandergingen. Zu erneuten Debatten über die Reformfrage kam es aus Anlaß einer im Jahre 1906 erschienenen, viel beachteten Schrift des Frankfurter Oberbürgermeisters Adickes[4]), die für eine Reorganisation der deutschen Rechtspflege nach englischem Vorbild eintrat. Schließlich sah sich der Gesetzgeber zu einem Eingreifen veranlaßt.

Den Anstoß gab eine Resolution des Reichstags, die am 10. Juni 1904 bei Annahme des Gesetzes über die Kaufmannsgerichte gefaßt wurde[5]). Sie forderte, daß unverzüglich eine Reform des Zivilprozeßverfahrens in die Wege zu leiten sei, durch welche allgemein, insbesondere aber für die zur Zuständigkeit der Amtsgerichte gehörenden Rechtsstreitigkeiten, ein dem Gesichtspunkt der Beschleunigung und der Verbilligung

---

1) Vgl. Begründung des Entw., Drucks. d. Reichst. 1897/98 Nr. 61 S. 77.

2) Eine vortreffliche Darstellung seiner Wirksamkeit gibt Sperl in der Zeitschr. f. deutsch. Ziv.-Proz. Bd. 51 (1926) S. 407 ff.

3) Es sei hier besonders verwiesen auf die Verhandlungen des 26. Deutschen Juristentags vom Jahre 1902 (Bd. 3 S. 490 ff.) u. des Deutschen Anwaltstags vom Jahre 1903 (Jur. Wochenschr. 1903 S. 334 f.).

4) Grundlinien durchgreifender Justizreform, Berlin 1906.

5) Sten.-Ber. 1903/04 S. 3089; Drucks. 1903/1904 Nr. 340 S. 55.

der Rechtspflege entsprechendes Verfahren eingeführt wird. Im Reichsjustizamt wurden die Arbeiten für eine Gesetzesvorlage alsbald in Angriff genommen. Ihr Ziel bildete indes nicht eine das gesamte Gebiet des Zivilprozesses umfassende Revision. Hierfür erschien der Zeitpunkt noch nicht gekommen, da die Meinungen über die einzuschlagende Richtung noch zu sehr geteilt waren und mit einer Ausgleichung der Gegensätze vorerst nicht gerechnet werden konnte. Die Reformtätigkeit beschränkte sich in der Hauptsache auf die am dringendsten gebotene Umgestaltung des amtsgerichtlichen Prozesses, wobei vor allem der in weiteren Kreisen geäußerte Wunsch einer Annäherung an das Verfahren vor den Gewerbe- und Kaufmannsgerichten als Leitstern diente. Andere Materien wurden nur einbezogen, wo dies der Zusammenhang erheischte oder aus besonderen Gründen baldige Abhilfe angezeigt war.

Am 28. Febr. 1908 ging dem Reichstag nach vorgängiger Beschlußfassung durch den Bundesrat der Entwurf eines Gesetzes, betreffend Änderungen des Gerichtsverfassungsgesetzes, der Zivilprozeßordnung, des Gerichtskostengesetzes und der Gebührenordnung für Rechtsanwälte zu[6]). Unter den Institutionen, die außerhalb des grundsätzlichen Rahmens der Reform einer Änderung unterzogen wurden, befand sich die Zwangshypothek. Der Art. II des Entwurfs verfügte in Nr. 32 die Streichung des § 866 Abs. 3 ZPO. Das bedeutete die Beseitigung der Beschränkungen, welche die Novelle vom 17. Mai 1898 auf Veranlassung des Reichstags aufgenommen hatte. Nach der Begründung[7]) erwiesen sich die Bedenken, die seinerzeit gegen eine Einengung des Anwendungsgebiets der Zwangshypothek erhoben worden waren, auf Grund der inzwischen gesammelten Erfahrungen als gerechtfertigt. Der Ausschluß der Vollstreckungsbefehle wirkte sich, wie aus dem Rückgang der Mahnsachen gegenüber den ordentlichen und den Urkundenprozessen entnommen wurde, dahin aus, daß in zahlreichen Fällen an die Stelle des Mahnverfahrens die kostspieligere und mit größerem Zeitverlust verbundene Klage trat. Die Summenbegrenzung aber drängte die Gläubiger, deren Forderungen den Betrag von

[6]) Drucks. 1907/08 Nr. 735.
[7]) Drucks. 1907/08 Nr. 735 S. 47 f.

300 Mk. nicht überstiegen, zu sofortiger Pfändung und Zwangsversteigerung, was vielfach mit großen Härten für den Schuldner verbunden war.

Der Entwurf wurde nach einer lebhaften Generaldebatte zunächst einer Kommission zur Vorberatung überwiesen [8]). Diese nahm mehrfache Änderungen vor [9]), fügte auch aus eigener Initiative eine Reihe von Neuerungen ein, beließ es aber hinsichtlich der Zwangshypothek bei der Streichung des § 866 Abs. 3. Ein Antrag, den auf die Summenbegrenzung bezüglichen Teil wiederherzustellen, da eine Belastung der Grundstücke mit kleinen Hypotheken nicht wünschenswert sei, wurde abgelehnt. Für eine Wiedereinführung des Ausschlusses der Vollstreckungsbefehle bestand in der Kommission überhaupt keine Neigung, obschon auch hier wieder der Vertreter der badischen Regierung einer Rückkehr zur Novelle vom 17. Mai 1898 das Wort geredet hatte [10]).

Bei der zweiten Lesung im Plenum des Reichstags [11]) fanden die Beschlüsse der Kommission fast durchweg Zustimmung. Widerspruch erhob sich insbesondere gegen die völlige Beseitigung des § 866 Abs. 3. Der Abgeordnete Schultz brachte den Antrag auf Beibehaltung der Summenbegrenzung, der in der Kommission erfolglos gestellt worden war, neuerdings ein [12]). Bestimmend war die Rücksicht auf die Grundbuchführung. Es sollten nicht wieder die Grundbücher mit kleinen und kleinsten Hypotheken überschwemmt werden, die trotz längst erfolgter Zahlung oder sonstiger Erledigung im Grundbuch belassen werden und einer späteren Grundstücksbereinigung die größten Schwierigkeiten bereiten, wie die Erfahrung mit den vor 1900 vorgenommenen Eintragungen gezeigt hat. Eine den Schuldner unbillig benachteiligende Wirkung der Summenbegrenzung vermochte der Antragsteller nicht anzuerkennen. Nach seinen Wahrnehmungen pflegte, wo bei geringfügigeren, von der Zwangs-

[8]) Sten.-Ber. 1907/08 S. 5281 ff., 5290 ff.

[9]) So wurde die amtsgerichtliche Zuständigkeitsgrenze, die der Entw. von 300 Mk. auf 800 Mk. erweitern wollte, auf 600 Mk. festgesetzt.

[10]) Vgl. den Bericht des Abg. Dr. Heinze v. 31. März 1909, Drucks. 1907/09 Nr. 1322 S. 69 ff.

[11]) Sten.-Ber. 1907/09 S. 8168 ff., 8203 ff.

[12]) Drucks. 1907/09 Nr. 1333.

hypothek ausgeschlossenen Forderungen eine Zwangsversteigerung beantragt wurde, das Verfahren nicht durchgeführt zu werden, da entweder der Schuldner nach der Einleitung zahlte oder, wenn dies nicht der Fall war, der Gläubiger in Anbetracht des Kostenrisikos von einer Weiterbetreibung Abstand nahm. In der Anordnung des Versteigerungsverfahrens an sich sah Schultz weder für den zahlungssäumigen Schuldner, der die Folge seinem eigenen Verhalten zuzuschreiben hatte, noch für den zahlungsunfähigen Schuldner, der wegen der bereits vorhandenen Insolvenz in seinem Kredit keinen Schaden mehr erleiden konnte, eine wirkliche Härte. Die vorgeschlagene Änderung des Entwurfs wurde von einem Kommissar des Bundesrats bekämpft, hauptsächlich aus dem sozialpolitischen Bedenken, daß mit einer Summenbegrenzung dem größeren Gläubiger mehr Rechte eingeräumt würden als dem kleineren. Eine befürwortende Haltung nahm der Vertreter der badischen Regierung ein, der allerdings, entsprechend seinem bereits in der Kommission dargelegten Standpunkt, die völlige Wiederherstellung des § 866 Abs. 3 gewünscht hätte. Die Abstimmung ergab die Annahme des Antrags.

Am 1. Juni 1909 wurde der Entwurf, der weitere Änderungen nicht mehr erfuhr, vom Kaiser als Gesetz vollzogen[13]). Die neue Novelle trat am 1. April 1910 in Kraft. Damit kam die bisherige Ausnahmestellung des Vollstreckungsbefehls, der als einziger Vollstreckungstitel kein Recht auf Eintragung einer Zwangshypothek gewährte, in Wegfall[14]). Die Beschränkung der Zwangshypothek auf Beträge über 300 Mk. blieb bestehen. Der § 866 Abs. 3 ZPO. lautete nunmehr:

„Auf Grund eines vollstreckbaren Schuldtitels darf eine Sicherungshypothek nur für eine den Betrag von dreihundert Mark übersteigende Forderung eingetragen werden. Die Vorschriften der §§ 4 und 5 finden entsprechende Anwendung."

---

[13]) Veröffentlicht ist das Gesetz im RGBl. S. 475 ff. Eine Kommentierung erfuhr es durch Stein, Die Novelle vom 1. Juni 1909, 2. Aufl., Tübingen 1910.

[14]) Auch auf Grund der noch vor dem 1. April 1910 erlassenen Vollstreckungsbefehle war nunmehr die Eintragung einer Zwangshypothek möglich. Vgl. Stein a. a. O. S. 163, Bem. II zu § 866.

§ 3.

Die Verordnung vom 22. Dezember 1923.

Die späteren Novellen, die auf dem Gebiete des Zivilprozesses bis in die erste Nachkriegszeit hinein ergingen, beschränkten sich im wesentlichen auf die Änderung einzelner Bestimmungen der Prozeßordnung. Eine weitergehende Reform brachte nur die Bekanntmachung zur Entlastung der Gerichte vom 9. Sept. 1915[1]), die auf Grund des § 3 des Gesetzes über die Ermächtigung des Bundesrats zu wirtschaftlichen Maßnahmen vom 4. August 1914[2]) ergangen war. Entstanden aus den Nöten des Krieges, führte sie, in selbständiger Geltung neben der Zivilprozeßordnung, eine Reihe von Vereinfachungen des Verfahrens in bürgerlichen Rechtsstreitigkeiten ein. Grundsätzliche Eingriffe in das organische Gefüge der Prozeßvorschriften wurden auch hier vermieden. Auf die Regelung der Zwangshypothek hatte die Entlastungsbekanntmachung, gleich den übrigen, die Zivilprozeßordnung ändernden Vorschriften keinen Bezug.

Die schweren Schädigungen, welche die immer fühlbarer werdenden Auswirkungen des verlorenen Krieges dem deutschen Wirtschaftsleben zufügten, ließen die Mängel des geltenden Prozesses in verstärktem Maße zutage treten. Damit erwachte der Gedanke, im Wege einer grundsätzlichen Neuordnung des ganzen Verfahrens Abhilfe zu schaffen, zu neuem Leben. Im Jahre 1920 nahm die Reichsregierung die Vorarbeiten für eine Gesamtrevision der Zivilprozeßordnung in Angriff, die das Verfahren in bürgerlichen Rechtsstreitigkeiten unter Anpassung an die veränderten Verhältnisse einfacher und schleuniger, dabei zugleich lebensvoller gestalten sollte. Zu diesem Zwecke wurde im Reichsjustizministerium eine aus Vertretern der Wissenschaft, des Richter- und des Anwaltstandes gebildete Kommission eingesetzt. Allein die wirtschaftliche Not und besonders die Geldentwertung nahmen schließlich solche Formen an, daß unverzüglich gesetzliche Maßnahmen ergriffen werden mußten, um die Gefahr eines völligen Versagens des staatlichen

[1]) RGBl. S. 562 ff. Hierzu Komm. v. L. von Seuffert, München 1916.
[2]) RGBl. S. 327.

Rechtsschutzes zu bannen. So wurde die Reichsregierung wieder auf den Weg der Teilreform gedrängt, die sich in zwei, auf das Ermächtigungsgesetz vom 8. Dez. 1923[3]) gegründeten Notverordnungen vollzog. In der VO. zur Beschleunigung des Verfahrens in bürgerlichen Rechtsstreitigkeiten vom 22. Dez. 1923[4]) wurden zunächst einige wenige Neuerungen vorweggenommen, um sie möglichst rasch zur Einführung zu bringen. Der Hauptteil der Reform blieb der VO. über das Verfahren in bürgerlichen Rechtsstreitigkeiten vom 13. Februar 1924[5]) vorbehalten, die durch Beseitigung der Parteiherrschaft über den Fortgang des Verfahrens, Schaffung eines Verfahrens vor dem Einzelrichter bei den Landgerichten und Oberlandesgerichten, Aufnahme des Güteverfahrens bei den Amtsgerichten und eine weitere Reihe bedeutsamer Maßnahmen den Verlauf des Prozesses in einschneidender Weise umformte[6]).

Mit der Zwangshypothek befaßte sich nur die erstere VO., auch kurz Beschleunigungsverordnung (BeschlVO.) genannt, die am 10. Jan. 1924 in Kraft trat. Ihre Neuerungen stehen im Zeichen der Inflation.

Zunächst galt es, die Wertgrenze des § 866 Abs. 3 ZPO. den neuen Zeitverhältnissen anzupassen. Der Betrag von 300 Mk., den die durch Zwangshypothek zu sichernde Forderung übersteigen muß, entsprach ursprünglich der in § 23 Nr. 1 des Gerichtsverfassungsgesetzes für die Zuständigkeit der Amtsgerichte in vermögensrechtlichen Streitigkeiten aufgestellten

---

[3]) RGBl. I S. 1179.

[4]) RGBl. I S. 1239. Die Begründung des dem Reichstagsausschuß vorgelegten Entwurfs ist mitgeteilt bei Volkmar, BeschlVO., 2. Aufl. Mannheim 1924 S. 15 ff.

[5]) Die VO., die am 1. Juni 1924 in Kraft trat, wurde wegen des am 15. Febr. 1924 bevorstehenden Ablaufs der Ermächtigung zunächst im Reichsanzeiger vom 14. Febr. bekanntgemacht; die Veröffentlichung im RGBl. geschah am 22. Febr. (RGBl. I S. 135; hierzu Berichtigung vom 24. Mai 1924, RGBl. I S. 562). Einen guten Überblick über Entstehung, Inhalt und Ziele der VO. gibt die Einleitung des Kommentars von Volkmar, Mannheim 1924, S. 1—39.

[6]) Eine neuerliche Bekanntmachung des Textes der ZPO., die auch die veränderten staatsrechtlichen Verhältnisse berücksichtigt, erfolgte am 13. Mai 1924 (RGBl. I S. 437 ff.); die Paragraphenfolge wurde hierbei belassen.

Wertgrenze. Dieses Verhältnis hatte sich noch vor dem Kriege geändert, da die Nov. vom 1. Juni 1909 den Amtsgerichten die vermögensrechtlichen Streitigkeiten bis zu einem Streitwert von 600 Mk. zuwies. In der Nachkriegszeit wurde die amtsgerichtliche Streitwertgrenze unter dem Einfluß der fortschreitenden Geldentwertung wiederholt erhöht[7]). Später ging man zur wertbeständigen Festsetzung über, die zunächst auf der Grundlage der vom Statistischen Reichsamt veröffentlichten Reichsindexziffer für Lebenshaltungskosten[8]) erfolgte. Die VO. vom 13. Dez. 1923[9]) bestimmte als Wertmesser die Steuergoldmark und setzte die amtsgerichtliche Streitwertgrenze auf 500 Goldmark fest. An die Stelle der Goldmark trat nach Einführung der neuen Münzgesetzgebung die Reichsmark[10]), so daß die Summengrenze des § 23 Nr. 1 GVG. nunmehr 500 Reichsmark betrug.

Die Wertgrenze des § 866 Abs. 3 ZPO. war ungeachtet der Geldentwertung bisher unverändert geblieben, so daß sie jegliche Bedeutung eingebüßt hatte. Bei der nunmehrigen Regelung durch die BeschlVO. wurde davon abgesehen, die Höhe der zur Eintragung der Zwangshypothek erforderlichen Geldsumme mittels eines in wertbeständiger Form ausgedrückten Betrags besonders zu bestimmen. Man entschied sich für eine beweglichere Gestaltung, die an die ursprünglichen Beziehungen zur amtsgerichtlichen Streitwertgrenze anknüpfte. Es sollte künftig die jeweils geltende amtsgerichtliche Streitwertgrenze ohne weiteres auch den Betrag darstellen, den die durch Zwangshypothek zu sichernde Forderung übersteigen muß, wobei als maßgebender Zeitpunkt für die Wertberechnung der Eingang des Eintragungsantrags beim Grundbuchamt zu gelten hatte.

---

7) Die Erhöhungen betrugen 1200 Mk. (Ges. v. 8. April 1920, RGBl. S. 499), 3000 Mk. (Ges. v. 11. März 1921, RGBl. S. 299), 10000 Mk. (Ges. v. 8. Juli 1922, RGBl. I S. 569), 300000 Mk. (Ges. v. 27. März 1923, RGBl. I S. 217), 3000000 Mk. (VO. v. 23. Juli 1923, RGBl. I S. 742), 500000000 Mk. (VO. v. 15. Sept. 1923, RGBl. I S. 884).

8) VO. v. 30. Okt. 1923 (RGBl. I S. 1041).

9) RGBl. I S. 1186.

10) Zweite VO. zur Durchführung des Münzgesetzes v. 12. Dez. 1924 (RGBl. I S. 775) § 2.

So erhielt § 866 Abs. 3 ZPO. durch Art. II Nr. 2 der BeschlVO. folgende Fassung:

„Auf Grund eines vollstreckbaren Schuldtitels darf eine Sicherungshypothek nur für einen Betrag eingetragen werden, der die für die Zuständigkeit der Amtsgerichte in Streitigkeiten über vermögensrechtliche Ansprüche festgesetzte Wertgrenze übersteigt. Maßgebend ist der Zeitpunkt, in dem der Antrag auf Eintragung der Sicherungshypothek bei dem Grundbuchamt eingeht. Die Vorschriften der §§ 4, 5 finden entsprechende Anwendung."

Nach der Entwicklung, welche die amtsgerichtliche Streitwertgrenze mittlerweile genommen hatte, war somit die Eintragung einer Zwangshypothek nunmehr dadurch bedingt, daß die zu sichernde Forderung über den Betrag von 500 Reichsmark hinausgeht.

Neuerdings hat sich infolge der Notverordnungen, die der Reichspräsident auf Grund des Art. 48 Abs. 2 der Reichsverfassung erließ, das Verhältnis zwischen der Wertgrenze des § 866 Abs. 3 ZPO. und der amtsgerichtlichen Streitwertgrenze des § 23 Nr. 1 GVG. wieder verschoben. Durch die erste Notverordnung vom 1. Dezbr. 1930[11]) wurde die amtsgerichtliche Streitwertgrenze mit Wirkung vom 1. April 1931 auf 800 Reichsmark, durch die dritte Notverordnung vom 6. Okt. 1931[12]) mit Wirkung vom 15. Okt. 1931 auf 1000 Reichsmark erhöht. Hinsichtlich der Wertgrenze des § 866 Abs. 3 ZPO. verblieb es dagegen bei dem Betrag von 500 Reichsmark[13]).

Eine Frage, die besonders brennend geworden war, betraf die Ermöglichung einer wertbeständigen Abfassung der Schuldtitel. Die immer rascher fortschreitende Geldentwertung hatte dazu geführt, daß die in den Schuldtiteln ziffermäßig fest bestimmten Geldsummen der geltenden gesetzlichen Währung bis zur Vornahme der Zwangsvollstreckung längst überholt waren. Mit Rücksicht darauf hatten sich bereits die Gerichte zum Teil zu einer wertbeständigen Festsetzung der Geldsummen in den Schuldtiteln entschlossen. Sie stellten die Bedenken, die gegen

---

[11]) RGBl. I S. 517 ff.
[12]) RGBl. I S. 537 ff.
[13]) Vgl. 1. NotVO. 9. Teil § 2; 3. NotVO. 6. Teil §§ 9, 18.

ein solches Vorgehen aus § 253 Abs. 2 und § 794 Abs. 1 Nr. 5 ZPO. erhoben werden konnten, zurück und vertraten die Auffassung, daß eine mittels eines jederzeit feststellbaren Maßstabs bestimmbare Geldsumme einer von vornherein ziffermäßig bestimmten Summe gleich zu achten sei[14]. Allein es war doch zweifelhaft, ob sich diese Auffassung allgemein durchsetzen werde. Zudem rief das Auftreten aller möglichen wertbeständigen Maßstäbe die Gefahr einer unerfreulichen Verwirrung hervor. So war auch hier die Notwendigkeit zu einem Eingreifen des Gesetzgebers gegeben.

Die BeschlVO. regelt die wertbeständigen Schuldtitel in ihrem Art. I A Nr. 3. Sie sanktioniert ausdrücklich deren Zulässigkeit und begrenzt zugleich die zur wertbeständigen Bestimmung verwendbaren Maßstäbe. Damit wird jetzt auf zweifelsfreier gesetzlicher Grundlage die Möglichkeit geboten, in den Schuldtiteln Forderungen, die nach der Natur des Schuldverhältnisses in Reichswährung zu tilgen sind, durch Verbindung mit einem zugelassenen Wertmesser derart zu bestimmen, daß der Gläubiger gegen spätere Geldentwertungen gesichert ist[15]. Außerdem trifft die VO. ausführliche Vorschriften über die Vollstreckung der wertbeständigen Titel. Hierbei werden die Ergebnisse verwertet, welche die Rechtsprechung bisher bei der Vollstreckung von Valutaforderungen gezeitigt hatte. In formeller Beziehung hat die VO. wegen der lediglich vorübergehenden Bedeutung davon abgesehen, die Vorschriften über die wertbeständigen Schuldtitel der ZPO. einzufügen. Sie fanden als §§ 26a—26i Aufnahme in die Entlastungsbekanntmachung vom 9. Sept. 1915. Bei der am 13. Mai 1924 erfolgten Veröffentlichung des neuen Textes dieser Bekanntmachung[16] wurde die Paragraphenbezeichnung in §§ 9—17 geändert.

---

[14]) Volkmar, BeschlVO., S. 16f.

[15]) Die VO. spricht nur die prozessuale Statthaftigkeit der wertbeständigen Gestaltung eines Schuldtitels aus. Die Frage, ob der Gläubiger einen Anspruch auf wertbeständige Verurteilung seines Schuldners hat, bleibt dem materiellen Rechte vorbehalten. In das Aufwertungsproblem selbst wird nicht eingegriffen. Vgl. auch Stein-Jonas, Komm. z. ZPO., 14. Aufl., Tübingen 1928/29, Bem. II zu § 9 EntlVO. (Anhang zu § 313); Volkmar, BeschlVO. Vorbem. vor § 26a IV.

[16]) RGBl. I S. 552ff.

Nach § 9 können in Urteilen, Zahlungsbefehlen, Vergleichen und vollstreckbaren Urkunden zur Bestimmung der Höhe einer zu zahlenden Geldsumme auch verwendet werden:

1. Umlaufsmittel, die, ohne gesetzliches Zahlungsmittel zu sein, von den öffentlichen Kassen in Zahlung genommen werden [17],

2. die amtlichen Teuerungszahlen [18], soweit nicht die Reichsregierung mit Zustimmung des Reichsrats etwas anderes bestimmt,

3. andere Werteinheiten, über die amtliche Feststellungen ergehen, wenn sie von der Reichsregierung mit Zustimmung des Reichsrats als Maßstab zugelassen sind.

Von der Befugnis, für die Verwertung amtlicher Teuerungszahlen eine andere Bestimmung zu treffen, hat die Reichsregierung keinen Gebrauch gemacht. Die vorbehaltene Benützung sonstiger Werteinheiten wurde zunächst in einer Durchführungsverordnung zur BeschlVO. vom 10. Jan. 1924 [19]) geregelt, die noch am gleichen Tage in Kraft trat. Sie gestattet als Berechnungsmaßstab die Goldmark und zwar in der Form der Steuergoldmark [20]). Außerdem werden als Wertmesser die Maßstäbe zur Verfügung gestellt, die nach dem Gesetz über wertbeständige Hypotheken vom 23. Juni 1923 [21]) oder nach den Durchführungsverordnungen zu diesem Gesetz zugelassen sind. Eine solche Zulassung ist erfolgt für das nach Gewicht bestimmte Feingold, ferner für Roggen und Weizen, gewisse Arten von

[17]) Gedacht ist hier namentlich an die Rentenbankscheine. Vgl. VO. über die Errichtung der deutschen Rentenbank v. 15. Okt. 1923 (RGBl. I S. 963) § 14 Abs. 3.

[18]) Vor allem die Teuerungszahlen, die vom Statistischen Reichsamt für die allgemeinen Lebenshaltungskosten oder für bestimmte einzelne Gebiete (Großhandelsindex, Teuerungszahl für einzelne Handelsartikel) festgesetzt worden sind, nicht dagegen auch die von Organisationen der Privatwirtschaft aufgestellten Schlüsselzahlen oder Richtpreise (z. B. Buchhändlerindex).

[19]) RGBl. I S. 27.

[20]) Die Umrechnung in Reichswährung hat nach dem jeweils geltenden, vom Reichsminister der Finanzen auf Grund des § 2 der Durchführungsbestimmungen zur Aufwertungsverordnung vom 13. Okt. 1923 (RGBl. I S. 951) bekanntgegebenen Goldumrechnungssatz zu erfolgen.

[21]) RGBl. I S. 407.

Kohle und das Kalidüngesalz[22]). Diese Wertmesser sind aber lediglich in beschränktem Maße zugänglich. Sie können nur verwendet werden in Schuldtiteln über Ansprüche, für die eine wertbeständige Hypothek, Grundschuld oder Rentenschuld eingetragen worden ist oder nach dem Inhalt des Schuldtitels eingetragen werden soll, um die Höhe der auf Grund des dinglichen oder persönlichen Schuldverhältnisses zu zahlenden Summe zu bestimmen.

Die DurchfVO. vom 10. Jan. 1924 erwies sich schon bald als unzulänglich. Sie wurde deshalb am 27. Juni 1924 durch eine zweite DurchfVO. mit rückwirkender Kraft ersetzt[23]). Danach ist nunmehr die Goldmark in dreifacher Gestalt als Berechnungsmaßstab zugelassen. Art. I stellt zur Wahl:

a) die Steuergoldmark, bei der für die Umrechnung der

---

[22]) Gesetz vom 23. Juni 1923 § 1; DurchfVO. vom 29. Juni 1923 (RGBl. I S. 482), 5. Okt. 1923 (RGBl. I S. 933). Der in der 3. Durchf.-VO. v. 2. Nov. 1923 (RGBl. I S. 1075) als weiterer Maßstab vorgesehene, an einer deutschen Börse amtlich festgestellte Kurswert des nordamerikanischen Dollars ist nur für den Fall zugelassen, daß die Hypothek zur Sicherung einer Anleihe dient, für deren Verzinsung und Rückzahlung das Reich oder eines der deutschen Länder die Bürgschaft übernommen hat (vgl. hierzu auch zweites Gesetz über wertbeständige Hypotheken v. 2. Febr. 1928, RGBl. I S. 11).

Für das hauptsächlich als Wertmesser in Betracht kommende Feingold bestimmt der § 2 der 1. DurchfVO. vom 29. Juni 1923, daß als amtlich festgestellter Preis nur der vom Reichswirtschaftsminister oder der von ihm bestimmten Stelle im Reichsanzeiger bekanntgegebene Londoner Goldpreis gilt. Die Umrechnung in die deutsche Währung erfolgt nach dem Mittelkurs der Berliner Börse auf Grund der letzten amtlichen Notierung vor dem Tage, der für die Berechnung der Kapitals-, Tilgungs- und Zinsbeträge sowie der sonstigen Nebenleistungen maßgebend ist; soweit ein Durchschnittspreis entscheidend ist, geschieht sie nach dem Durchschnittskurs desselben Zeitraums. Durch die 5. DurchfVO. vom 17. April 1924 (RGBl. I S. 415) wurde die Eintragung der Feingoldhypotheken als Goldmarkhypotheken gestattet mit der Maßgabe, daß eine Goldmark dem Preise von $^1/_{2790}$ Kilogramm Feingold entspricht. Das bedeutet indes nur eine Vereinfachung der Grundbuchführung, nicht die Schaffung eines neuen Maßstabs. Der Preis selbst bleibt nach wie vor schwankend und muß gemäß § 2 der 1. DurchfVO. vom 29. Juni 1923 nach dem Londoner Goldpreis berechnet werden.

[23]) RGBl. I S. 660.

Goldmark in Reichswährung der für Reichssteuern geltende Goldumrechnungssatz als maßgebend bezeichnet wird,

b) die Dollargoldmark, bei der als Goldmark der Wert von $^{10}/_{42}$ des nordamerikanischen Dollars bezeichnet wird; die Umrechnung der Goldmark in Reichswährung erfolgt nach dem Mittelkurs, der auf Grund der amtlichen Berliner Notierung des dem Tage der Zahlung vorhergehenden Börsentags für Auszahlung New York errechnet wird,

c) die Feingoldmark, bei der als Goldmark der gemäß § 2 Satz 1 der ersten VO. zur Durchführung des Gesetzes über wertbeständige Hypotheken vom 29. Juni 1923 amtlich festgestellte Preis von $^{1}/_{2790}$ Kilogramm Feingold bezeichnet wird; die Umrechnung in Reichswährung erfolgt nach dem Mittelkurs, der auf Grund der amtlichen Berliner Notierung des dem Tage der Zahlung vorhergehenden Börsentags für Auszahlung London errechnet wird.

Weiter wird gestattet, die Höhe der zu zahlenden Geldsumme auch durch die Maßstäbe zu bezeichnen, die in dem Gesetz über wertbeständige Hypotheken oder seinen Durchführungsverordnungen außer der Feingoldmark vorgesehen sind. Ihre Verwendung als Wertmesser ist jetzt nicht mehr dadurch bedingt, daß für den Anspruch ein wertbeständiges Grundpfand eingetragen ist oder eingetragen werden soll[24]).

Eine Änderung brachte noch das neue Münzgesetz vom 30. Aug. 1924[25]), das am 11. Okt. 1924 in Kraft gesetzt wurde. Hiernach gilt im Deutschen Reiche die Goldwährung, deren Rechnungseinheit die Reichsmark bildet. Der § 2 der zweiten DurchfVO. vom 12. Dez. 1924[26]) verfügte, daß, sofern in Gesetzen oder Verordnungen des Reichs für Geldbeträge die Steuergoldmark als Rechnungseinheit bestimmt ist, an deren Stelle die Reichsmark tritt. Dadurch ist die Steuergoldmark als Berechnungsart nunmehr ausgeschaltet[27]).

---

[24]) Stein-Jonas, Komm. z. ZPO., Bem. III 3 a. E. zu § 9 EntlVO. (Anhang zu § 313); Cammerer, Zeitschr. f. Rechtspfl. i. Bayern 1924 S. 217ff.

[25]) RGBl. II S. 254; wegen der Inkraftsetzung vgl. § 1 der VO. v. 10. Okt. 1924 (RGBl. II S. 383).

[26]) RGBl. I S. 775.

[27]) Schuldtitel, die auf Steuergoldmark lauten, sind demnach nicht

Die Eintragung von Zwangshypotheken auf Grund von Schuldtiteln, die nach Maßgabe der dargelegten Vorschriften wertbeständig gestaltet sind, behandelt der § 14 der EntlBek.[28]). Er wird ergänzt durch den Art. II der DurchfVO. vom 27. Juni 1924. Die Regelung weist zwei Eigentümlichkeiten auf. Es findet bei der Eintragung der Zwangshypothek entsprechend der Stellung, die schon das Reichsgericht hinsichtlich der Vollstreckung von Valutaforderungen eingenommen hatte[29]), auch die Form der Höchstbetragshypothek Verwendung. Außerdem wird zur Vermeidung allzugroßer Komplikationen teilweise von der Schranke des § 866 Abs. 3 ZPO. Umgang genommen. Im einzelnen gilt folgendes:

Ist in dem wertbeständigen Schuldtitel die Forderung mittels eines Maßstabes bestimmt, der die Eintragung einer wertbeständigen Hypothek gestattet, so muß nach § 14 Satz 1 Entl.-

---

mehr zulässig. Vgl. Beschl. d. Kammergerichts v. 26. März 1925 (Jur. Wochenschr. 1925 S. 1132).

[28]) Wegen der Erteilung der vollstreckbaren Ausfertigung eines wertbeständigen Schuldtitels vgl. § 10 EntlBek.

[29]) Beschl. v. 12. Dez. 1922, Samml. f. Ziv.S. Bd. 106 S. 74 ff. Wie in dieser Entscheidung näher ausgeführt wird, ist auch für eine in ausländischer Währung bezeichnete vollstreckbare Geldforderung die Eintragung einer Zwangshypothek statthaft. Das Gesetz erfordert in § 28 der GBO. nur, daß die Höhe der dinglichen Belastung, wie in der Eintragungsbewilligung oder dem Eintragungsantrag, so auch bei der Eintragung im Grundbuch in Reichswährung angegeben wird. Da der Schuldner gemäß § 244 BGB. befugt ist, nach seinem Belieben in der Währung des Reichs oder in der des Auslands zu zahlen, und bei Zahlung in Reichswährung die Umrechnung nach dem für die Zeit der tatsächlichen Zahlung maßgebenden Kurswert zu erfolgen hat, kann allerdings bei Eintragung der Sicherungshypothek wegen der möglichen fortgesetzten Kursschwankungen der Betrag der Forderung noch nicht mit einer auch nur annähernden Sicherheit festgestellt werden. Dies schließt aber nur die Eintragung einer Belastung des Grundstücks in Höhe eines endgültig bestimmten Betrags und damit die Eintragung einer eine solche bestimmte Forderung voraussetzenden Sicherungshypothek gewöhnlicher Art aus. Es muß solchen Falles der zahlenmäßigen Bezeichnung der dinglichen Belastung in Reichswährung der Höchstbetrag der Forderung zugrunde gelegt werden, wie er sich zur Zeit der dinglichen Sicherung der Forderung durch Umrechnung ermitteln läßt. In Höhe dieses Betrags ist eine Höchstbetragshypothek einzutragen und der Höchstbetrag der dinglichen Belastung in Reichswährung anzugeben.

Bek. die Zwangshypothek als wertbeständige Hypothek eingetragen werden. Das trifft zu, wenn der Schuldtitel auf Feingold oder einen sonstigen, nach dem Gesetz über wertbeständige Hypotheken oder seinen Durchführungsverordnungen zugelassenen Wertmesser lautet. Die Vorschrift des § 866 Abs. 3 ZPO. findet keine Anwendung.

Liegt der wertbeständigen Bestimmung der Forderung ein anderer, zur Eintragung in das Grundbuch nicht geeigneter Berechnungsmaßstab zugrunde, so hat nach § 14 Satz 2 die Eintragung der Zwangshypothek grundsätzlich in Reichswährung zu erfolgen. Hierbei wird in Betracht gezogen, daß in der Wertrelation zwischen dem gewählten Maßstab und der Reichswährung Verschiebungen eintreten können. Deshalb muß hier der einzutragenden Zwangshypothek die Form der Höchstbetragshypothek gegeben werden. Den Höchstbetrag bildet die Geldsumme, die sich aus der letzten vor Eingang des Eintragungsantrags beim Grundbuchamt veröffentlichten amtlichen Feststellung ergibt. Eine Befreiung von der Wertgrenze des § 866 Abs. 3 besteht nicht.

Eine Besonderheit ist für den Fall vorgesehen, daß der wertbeständige Schuldtitel eine in Dollargoldmark bestimmte Forderung zum Gegenstand hat[30]). Hier greift an sich die Regel des § 14 Satz 2 Platz, der die Eintragung einer Höchstbetragshypothek in Reichswährung anordnet. Daneben eröffnet aber Art. II der DurchfVO. noch die Möglichkeit, die Zwangshypothek in Gestalt einer wertbeständigen Feingoldhypothek eintragen zu lassen. Auch diese Hypothek ist wegen der allenfallsigen Schwankungen in der Wertrelation zwischen Dollar- und Feingoldmark nur als Höchstbetragshypothek zugelassen. Höchstbetrag ist die Summe, die sich bei Umrechnung des durch Dollargoldmark ausgedrückten Betrags in Feingoldmark ergibt. Die Umrechnung erfolgt gemäß den Vorschriften in Art. I der DurchfVO. unter Zugrundelegung der letzten vor Eingang des

[30]) Für die ursprünglich gleichgestellten, in Steuergoldmark bestimmten Forderungen hat die Sonderregelung ihre Bedeutung verloren, nachdem durch die neue Münzgesetzgebung die Steuergoldmark als Berechnungsmaßstab ausgeschaltet worden ist.

Eintragungsantrags beim Grundbuchamt veröffentlichten amtlichen Feststellungen. Der § 866 Abs. 3 ZPO. scheidet aus.

Die neue Münzgesetzgebung hat, abgesehen von der erwähnten Beseitigung der Steuergoldmark[31]), in die Regelung der wertbeständigen Schuldtitel nicht eingegriffen. Doch kommt den Vorschriften der §§ 9ff. EntlBek. nach der Rückkehr zur stabilen Währung nur noch geringe praktische Bedeutung zu.

§ 4.

Der Entwurf einer neuen Zivilprozeßordnung vom Jahre 1931.

Nach dem Abschlusse der Teilreformen traten die Vorarbeiten zur Gesamtrevision der Zivilprozeßordnung wieder in den Vordergrund. Die beim Reichsjustizministerium eingesetzte Zivilprozeßkommission beriet Ziel und Wege der Neugestaltung eingehend durch. Auf dieser Grundlage wurde der Referentenentwurf einer Zivilprozeßordnung ausgearbeitet, der im August 1931 im Drucke erschien[1]). Die Neukodifikation, die der Entwurf unternimmt, weist erhebliche Abweichungen von der geltenden Ordnung auf. Das macht sich allerdings in verschiedenem Ausmaße geltend. Die auf das Erkenntnisverfahren bezüglichen Teile stellen, ungeachtet der nicht wenigen und bedeutsamen Änderungen, doch im ganzen einen Fortbau der durch die Novelle vom 13. Febr. 1924 angebahnten Regelung dar. Dagegen handelt es sich bei den Vorschriften über die von den Teilreformen nur wenig berührte Zwangsvollstreckung um einen völligen Neubau, der die Materie von Grund aus umformt.

---

[31]) Wegen der Eintragung von Zwangshypotheken auf Grund früher ergangener, auf Steuergoldmark lautender Schuldtitel vgl. Entsch. d. Kammergerichts vom 2. April 1925 (Jur. Rundsch. 1925 Nr. 1052). Das Kammergericht geht hier wohl zutreffend davon aus, daß auf solche Titel der § 2 Satz 1 der 2. DurchfVO. z. MünzG. vom 12. Dez. 1924 keine Anwendung findet, da Art. I der VO. v. 27. Juni 1924 die Steuergoldmark nicht als Rechnungseinheit bestimmt, sondern lediglich ihren Gebrauch in wertbeständigen Schuldtiteln zur Bezeichnung der Höhe der zu zahlenden Geldsumme zuläßt. A. M. Foerster-Kann, Komm. z. ZPO., 3. Aufl., Bd. II, N. 2 b zu § 9 EntlBek.

[1]) Entwurf einer Zivilprozeßordnung, veröffentlicht durch das Reichsjustizministerium, Berlin 1931. Dem Entw. sind Erläuterungen beigefügt (S. 241—561).

Von den zahlreichen Neuerungen auf vollstreckungsrechtlichem Gebiete [2]) sind hier einige hervorzuheben.

Der Entwurf bricht mit dem seitherigen System des Nebeneinanderbestehens mehrerer Vollstreckungsorgane. Er kennt nur eine einzige Vollstreckungsbehörde, das Vollstreckungsgericht, dem als Unterorgan der Gerichtsvollzieher unterstellt wird [3]). Als Vollstreckungsgericht ist das Amtsgericht berufen. Die örtliche Zuständigkeit kommt in erster Linie dem Amtsgericht zu, in dessen Bezirk sich der Wohnsitz, der Sitz, die geschäftliche Niederlassung oder Vermögen des Schuldners befindet; unter diesen Zuständigkeitsgründen hat der Gläubiger die Wahl. Ist keines der bezeichneten Verhältnisse bekannt, so wird die Zuständigkeit durch den Aufenthalt des Schuldners begründet [4]). Die Geschäfte des Vollstreckungsgerichts können, soweit nicht ausnahmsweise ein anderes bestimmt ist, durch den Rechtspfleger wahrgenommen werden [5]).

Das Vollstreckungsverfahren wird in weitgehendem Maße der Offizialmaxime unterstellt. Es bedarf wohl zur Einleitung des Verfahrens eines Antrags des Gläubigers, der beim Vollstreckungsgericht angebracht werden muß. Dieser Antrag braucht aber nur das Verlangen nach Vollstreckung des Anspruchs zu enthalten. Die Durchführung der Zwangsvollstreckung bestimmt das Vollstreckungsgericht grundsätzlich von sich aus. Es nimmt, ohne daß in der Regel weitere Einzelanträge des Gläubigers abgewartet zu werden bräuchten, alle zur Befriedigung des Gläubigers gebotenen Vollstreckungsmaßnahmen vor oder beauftragt mit deren Vornahme den Gerichtsvollzieher. Der Einfluß des Gläubigers auf den Gang der Zwangsvoll-

---

[2]) Vgl. Sauerländer, Die Grundlinien der Zwangsvollstreckungsreform im Entwurf einer Zivilprozeßordnung, Judicium Jahrg. 4 (1932) Sp. 99 ff.; Rosenberg, Zwangsvollstreckung und Zwangsvollzug, Deutsche Jur.Ztg. Jahrg. 37 (1932) Sp. 45 ff.

[3]) Entw. §§ 769—771, § 873; Erläuterungen S. 407, 408 f. Für die Zwangsvollstreckung in Ansehung von Handlungen und Unterlassungen ist jedoch bei streitgerichtlichen Schuldtiteln neben dem Vollstreckungsgericht das Streitgericht des ersten Rechtszugs zuständig (Entw. § 978 Abs. 2).

[4]) Entw. §§ 769, 786.

[5]) Entw. §§ 791, 1023.

streckung beschränkt sich auf Anregungen, denen das Vollstreckungsgericht, soweit keine Bedenken bestehen, entsprechen soll[6]).

Wesentlich anders als nach bisherigem Rechte ist der Fall des Zusammentreffens mehrerer Pfändungspfandrechte an einem Gegenstande geregelt. Das reine Prioritätsprinzip, das jedem pfändenden Gläubiger den Vorrang vor später kommenden Pfändungspfandgläubigern verschafft, wird verlassen. Dafür findet das Ausgleichsprinzip Aufnahme. Nach ihm müßten an sich sämtliche Gläubiger, die bis zum Abschlusse der Vollstreckung eintreffen oder aufgerufen werden, Gleichrang erhalten. Doch führt der Entwurf den Grundsatz in dieser Form nicht durch. Er gibt ihm eine Ausgestaltung, die auch den Gedanken des Prioritätsprinzips verwertet. Nach § 883 werden die Gläubiger nach Rangfristen von je zehn Tagen zu Gruppen zusammengefaßt. Die erste Rangfrist wird mit der Begründung des ersten Pfändungspfandrechts, jede weitere mit der ersten, nach Ablauf einer Rangfrist vollzogenen Pfändung ausgelöst. Alle Gläubiger, die innerhalb einer Rangfrist ein Pfändungspfandrecht erworben haben, bilden mit dem am Beginn der Frist stehenden Pfändungspfandgläubiger jeweils eine Gruppe. Die Eigenart des im Entwurf vorgesehenen Rangfristensystems besteht nun darin, daß das Ausgleichsprinzip ausschließlich innerhalb der einzelnen Gläubigergruppen Anwendung findet. Nur Gläubiger derselben Gruppe haben untereinander Gleichrang. Eine privilegierte Stellung nehmen indes die vollstreckbaren gesetzlichen Unterhaltsforderungen der Verwandten, Ehegatten, früheren Ehegatten und unehelichen Kinder ein. Sie werden innerhalb einer jeden Gruppe für das laufende Vierteljahr mit unter sich gleichem Range vorweg gedeckt. Im Verhältnis der Gruppen zueinander gilt dagegen Prioritätsprinzip. Es kommt die frühere Gruppe vor der späteren zum Zuge[7]).

---

[6]) Entw. §§ 770, 771; Erläuterungen S. 432 f.

[7]) Vgl. hierzu auch Erläuterungen S. 427 ff., 520 f. Das Problem der Vollstreckungsgestaltung bei kollidierenden Ansprüchen mehrerer Gläubiger hat neuerdings Fragistas in seiner Schrift über das Präventionsprinzip in der Zwangsvollstreckung, Mannheim 1931, einer rechtsvergleichenden und rechtspolitischen Behandlung unterzogen, die jedoch noch vor dem Entwurf der neuen deutschen ZPO. erschienen ist.

Die Institution der Zwangshypothek behält der Entwurf bei[8]). Nach § 943, der dem seitherigen § 866 ZPO. entspricht, erfolgt die Zwangsvollstreckung in ein Grundstück durch Eintragung einer Sicherungshypothek für die Forderung, durch Zwangsversteigerung und durch Zwangsverwaltung. Der Gläubiger kann verlangen, daß eine dieser Maßnahmen allein oder neben den übrigen ausgeführt werde.

Hinsichtlich der Ausgestaltung im einzelnen sind jedoch verschiedene Änderungen der derzeitigen Regelung vorgesehen, die eine Anpassung an die neuen vollstreckungsrechtlichen Grundsätze bezwecken[9]).

Für die Erwirkung der Zwangshypothek kommt in Betracht, daß nach § 941 Abs. 1 die Vollstreckung in das unbewegliche Vermögen nur auf besonderen Antrag durchgeführt wird. Es genügt nicht wie sonst ein allgemeiner Vollstreckungsantrag; vielmehr muß die Durchführung der einzelnen Vollstreckungsmaßnahme eigens beantragt werden. Danach erfordert auch die Begründung einer Zwangshypothek einen Antrag, der dem Begehren nach Eintragung der Hypothek Ausdruck gibt.

Die Anbringung des Antrags ist in § 945 anders als bisher geregelt. Unter dem Einfluß der Neugestaltung der Zwangsvollstreckung wird der unmittelbare Betrieb durch den Gläubiger eingeschränkt. Der Entwurf unterscheidet, ob bereits ein Vollstreckungsgericht mit der Sache, d. h. mit der Vollstreckung der Forderung, befaßt worden ist oder nicht. Ersterenfalls hat der Gläubiger den Antrag auf Eintragung der Zwangshypothek stets beim Vollstreckungsgericht anzubringen, das dann das Grundbuchamt um die Vornahme der Eintragung ersucht[10]).

---

[8]) Die Arresthypothek (ZPO. § 932) wird dagegen beseitigt. Nach § 1008 des Entw. soll die Vollziehung des Arrestes in ein Grundstück oder ein den Grundstücken gleichgestelltes Recht durch Eintragung eines Verfügungsverbots zugunsten des Gläubigers erfolgen.

[9]) Von weiteren Eingriffen in die bisherigen Vorschriften hat der Entw. bei der Regelung der Zwangsvollstreckung in das unbewegliche Vermögen grundsätzlich abgesehen. Die Einzelbestimmungen sollen, wie die Erläuterungen bemerken (S. 539), anläßlich der späteren Reform der Immobiliarvollstreckung nachgeprüft werden.

[10]) Mit der Sache befaßt ist das Vollstreckungsgericht auch da, wo vollstreckungsgerichtliche Titel in Frage stehen. Es sind dies die Ver-

Zur Stellung des Eintragungsersuchens ist nur der Richter befugt; der Rechtspfleger scheidet nach § 1023 Nr. 11 für Geschäfte bei Eintragung einer Zwangshypothek aus. War ein Vollstreckungsgericht noch nicht in Tätigkeit getreten, so hat der Gläubiger die Wahl. Er kann das Vollstreckungsgericht angehen; es steht ihm aber auch frei, sich wie nach geltendem Rechte unter Vorlegung eines vollstreckbar ausgefertigten Titels[11]) unmittelbar an das Grundbuchamt zu wenden und dort die Eintragung zu beantragen.

Von der Eintragung einer Zwangshypothek soll das Grundbuchamt dem Antragsteller und dem ersuchenden Vollstreckungsgericht Kenntnis geben. War der Eintragungsantrag unmittelbar beim Grundbuchamt gestellt, so wird außer dem Gläubiger das Vollstreckungsgericht benachrichtigt, in dessen Bezirk der Schuldner den Wohnsitz oder Sitz, in Ermangelung dieser seine Hauptniederlassung hat. Daß auch der Schuldner von jeder Eintragung Mitteilung erhalten soll, ergibt der § 55 der Grundbuchordnung. Die Anbringung eines Eintragungsvermerks auf dem Vollstreckungstitel sieht der Entwurf nicht vor[12]).

Die einschneidendste Neuerung bildet die Übernahme des Rangfristensystems auf die Zwangshypothek. Sie findet ihre

---

gleiche, die in der Vollstreckungsinstanz vom Vollstreckungsgericht beurkundet werden (Entw. § 792 Nr. 7), sowie die Zahlungsbefehle, deren Erlassung der Entw. unter Umgestaltung des bisherigen Mahnverfahrens zu einem reinen Vollstreckungseinleitungsverfahren dem Vollstreckungsgericht überträgt (Entw. § 800). Aus Zahlungsbefehlen findet die Zwangsvollstreckung statt, wenn ein frist- und formgerechter Widerspruch nicht eingelegt worden oder wenn der Widerspruch, sei es auch unter dem Vorbehalt der Ausführung der Rechte, zurückgewiesen ist. Vollstreckungsgerichtliche Titel werden dem Gläubiger nicht ausgehändigt; die Erteilung einer Vollstreckungsklausel unterbleibt. (Entw. § 793 Abs. 1; Erläuterungen S. 461.)

[11]) Der Entw. hebt die Schuldtitel der in § 792 Nr. 1—6 bezeichneten Art hervor, worunter die Urteile und die meisten der bisher in § 794 ZPO. aufgeführten Titel fallen. Es kommen aber außerdem auch die Titel in Betracht, die durch andere Reichsgesetze oder durch die Landesgesetzgebung (Entw. § 813) geschaffen sind.

[12]) Die Weglassung des bisherigen § 867 Abs. 1 Satz 1 Halbs. 2 ZPO. erklärt sich wohl aus dem Bestreben des Entw., Vorschriften lediglich instruktionellen Charakters nach Möglichkeit auf die Ausführungsbestimmungen abzuschieben.

Regelung in § 944. Danach ist die Dauer der Rangfristen hier auf je dreißig Tage erstreckt. Die erste Rangfrist beginnt mit der ersten Eintragung einer Zwangshypothek. Eine weitere Rangfrist wird jeweils eröffnet, sobald nach Ablauf einer Rangfrist erstmals wieder eine Zwangshypothek am gleichen Grundstück eingetragen wird. Die einzelnen Gläubigergruppen umfassen außer dem Gläubiger der die Rangfrist einleitenden Zwangshypothek alle jene, für welche innerhalb der Frist ein Recht am Grundstück entstanden oder zur Eintragung beantragt worden ist. Einem beim Grundbuchamt gestellten Eintragungsantrag steht ein an dieses gerichtetes Eintragungsersuchen gleich.

Innerhalb einer jeden Gruppe gilt für Zwangshypotheken das Ausgleichsprinzip. Sie haben grundsätzlich unter einander gleichen Rang. Eine bevorzugte Stellung kommt aber, wie bei der Mobiliarvollstreckung, den gesetzlichen Unterhaltsforderungen zu. Sicherungshypotheken für eine vollstreckbare Forderung solcher Art gehen den anderen Zwangshypotheken vor. Außerdem begünstigt der Entwurf noch die Sicherungshypotheken für die vollstreckbare Forderung einer öffentlichen Kasse. Sie werden den Sicherungshypotheken für eine vollstreckbare gesetzliche Unterhaltsforderung im Range gleichgestellt. Sonstige Rechte der Gruppe, wie namentlich Vertragshypotheken, nehmen den Rang nach den Zwangshypotheken ein. Es folgen also in jeder Gruppe aufeinander:

1. zunächst die Sicherungshypotheken für eine vollstreckbare gesetzliche Unterhaltsforderung und die Sicherungshypotheken für die vollstreckbare Forderung einer öffentlichen Kasse, je unter sich in gleichem Range,

2. sodann die nicht unter Nr. 1 fallenden Zwangshypotheken, ebenfalls in gleichem Range,

3. schließlich die sonstigen Rechte, diese mit dem Range, der an sich unter ihnen besteht[13]).

Außerhalb der Gruppen greift wie bisher das Prioritätsprinzip Platz.

---

[13]) Um Klarheit über diese gesetzliche Reihenfolge zu schaffen, ordnet der Entw. in Abs. 3 des § 944 ausdrücklich die Vermerkung des Rangverhältnisses im Grundbuch an.

Dazu kommen noch einige Änderungen, die mit der Neugestaltung der Zwangsvollstreckung nicht in Zusammenhang stehen.

Bei Festsetzung der Höhe der zur Zwangshypothek berechtigenden Geldforderungen trägt der Entwurf der neuesten Entwicklung Rechnung, die zur Trennung der Wertgrenze des § 866 Abs. 3 ZPO. von der amtsgerichtlichen Streitwertgrenze geführt hat. Die Verweisung auf diese fällt weg. Statt dessen wird der maßgebende Betrag wieder in absoluter Form bestimmt. Die Forderung, für die eine Zwangshypothek begründet werden soll, muß die Summe von 500 Reichsmark übersteigen.

Beseitigt wird die Vorschrift, daß als Zeitpunkt für die Wertberechnung der Eingang des Eintragungsantrags beim Grundbuchamte zugrunde zu legen ist. Für eine solche Bestimmung, die in der Inflationsära geboten war, besteht heute kein Bedürfnis. Es bewendet bei dem sonst für die Beurteilung von Eintragungsvoraussetzungen geltenden Grundsatz. Die Wertberechnung richtet sich nach dem Zeitpunkt, in dem die Eintragung erfolgt.

Eine Vereinfachung erfährt § 868 ZPO. Der Entwurf zählt in § 946 die Fälle, in denen die Zwangshypothek auf den Eigentümer übergeht, nicht mehr einzeln auf. Besonders erwähnt wird nur, daß die zur Abwendung der Vollstreckung nachgelassene Sicherheitsleistung oder Hinterlegung stattfindet. Im übrigen bringt der Entwurf die Voraussetzungen für den Übergang der Hypothek auf den Eigentümer in einer allgemeinen Fassung zum Ausdruck. Der Grundstückseigentümer erwirbt die Hypothek, wenn die Vollstreckungsmaßregel ihre Rechtsgrundlage verliert. Unter dem Verlust der Rechtsgrundlage wird nach den Erläuterungen verstanden, daß der Vollstreckungsmaßregel die Rechts- oder Ordnungsmäßigkeit abgesprochen oder der Titel entzogen ist[14]).

Die §§ 943—946 des Entwurfs, die sich mit der Zwangshypothek besonders befassen, lauten im einzelnen, wie folgt:

---

[14]) Vgl. Erläuterungen S. 540.

§ 943 (§ 866)[15]. Die Zwangsvollstreckung in ein Grundstück kann durch Eintragung einer Sicherungshypothek für die Forderung, durch Zwangsversteigerung und durch Zwangsverwaltung durchgeführt werden.

Der Gläubiger kann verlangen, daß eine dieser Maßnahmen allein oder neben den übrigen ausgeführt werde.

§ 944 (§ 866 Abs. 3). Die Eintragung einer Sicherungshypothek ist nur für einen Anspruch statthaft, dessen Betrag fünfhundert Reichsmark übersteigt. Die Vorschriften der §§ 4, 5 finden entsprechende Anwendung[16].

Wird die Zwangsvollstreckung in das Grundstück von mehreren Gläubigern durch Beantragung der Eintragung von Sicherungshypotheken betrieben, so haben ihre Sicherungshypotheken, sofern deren Eintragung binnen dreißig Tagen seit der ersten Eintragung bei dem Grundbuchamt beantragt worden ist, den gleichen Rang und den Vorrang vor den Rechten, die nach jener ersten Eintragung zur Entstehung gelangt oder wirksam geworden sind; dem Antrag bei dem Grundbuchamt steht das Ersuchen an das Grundbuchamt gleich (§ 945 Abs. 1). Ist eine dieser Sicherungshypotheken für eine vollstreckbare gesetzliche Unterhaltsforderung (§ 883 Abs. 2)[17] eingetragen, so geht sie den anderen Gläubigern der gleichen Gruppe vor. Die für die vollstreckbare Forderung einer öffentlichen Kasse eingetragene Sicherungshypo-

---

15) Die Paragraphen, die der Entw. in Klammern beifügt, beziehen sich auf die geltende ZPO.

16) Nach § 4 ist für die Wertberechnung der Zeitpunkt der Erhebung der Klage entscheidend; Früchte, Nutzungen, Zinsen und Kosten bleiben unberücksichtigt, wenn sie als Nebenforderungen geltend gemacht werden; bei Ansprüchen aus Wechseln im Sinne der Wechselordnung sind Zinsen, Kosten und Provision, die außer der Wechselsumme gefordert werden, als Nebenforderungen anzusehen. Der § 5 bestimmt, daß mehrere in einer Klage geltend gemachte Ansprüche zusammengerechnet werden.

17) Der § 883 Abs. 2 verfügt für die Mobiliarvollstreckung, daß innerhalb einer Gläubigergruppe vollstreckbare gesetzliche Unterhaltsforderungen der Verwandten, Ehegatten, früheren Ehegatten und unehelichen Kinder für das laufende Vierteljahr mit unter sich gleichem Rang vorweg gedeckt werden.

thek steht der für eine vollstreckbare Unterhaltsforderung eingetragenen im Range gleich.

Das Rangverhältnis ist im Grundbuch zu vermerken.

§ 945 (§ 867). Die Eintragung einer Sicherungshypothek in das Grundbuch kann der Gläubiger unter Vorlegung einer vollstreckbaren Ausfertigung eines Schuldtitels der im § 792 Nr. 1—6 bezeichneten Art[18]) bei dem Grundbuchamt unmittelbar beantragen, sofern er nicht die Durchführung der Vollstreckung des Anspruchs bei dem Vollstreckungsgericht beantragt hat. Der Antrag kann auch bei dem zur Durchführung der Vollstreckung zuständigen Vollstreckungsgericht gestellt werden; in diesem Fall ersucht das Vollstreckungsgericht das Grundbuchamt um die Eintragung.

Von der Eintragung soll das Grundbuchamt den Antragsteller und das ersuchende Vollstreckungsgericht benachrich-

---

[18]) In § 792 Nr. 1—6 werden als Schuldtitel aufgeführt:

1. die rechtskräftigen oder vorläufig vollstreckbaren Endurteile deutscher Gerichte,

2. die Vergleiche, die nach Erhebung der Klage oder in einem Verfahren auf Arrest oder auf einstweilige Verfügung vor einem deutschen Gericht abgeschlossen oder in einem Güteverfahren vor einer durch die Landesjustizverwaltung eingerichteten oder anerkannten Gütestelle zustande gekommen oder in einem Armenrechtsverfahren zur Niederschrift des Richters genommen sind,

3. die rechtskräftigen oder ohne Rücksicht auf den Eintritt der Rechtskraft wirksamen Beschlüsse und Verfügungen, soweit sie die Verpflichtung zu einer Leistung an einen Beteiligten aussprechen, insb. die Kostenfestsetzungsbeschlüsse,

4. die rechtskräftigen Urteile ausländischer Gerichte, die auf Klage des Gläubigers durch das Vollstreckungsurteil eines deutschen Gerichts für vollstreckbar erklärt worden sind oder nach völkerrechtlichen Vereinbarungen einer solchen Vollstreckbarerklärung nicht bedurfen,

5. die für vollstreckbar erklärten Schiedssprüche und schiedsgerichtlichen Vergleiche, sofern die Entscheidung über die Vollstreckbarkeit rechtskräftig oder für vorläufig vollstreckbar erklärt ist,

6. die sog. guarantigiierten Urkunden i. S. der bisherigen Nr. 5 des § 794 ZPO., für die aber nurmehr die Beurkundung der Unterwerfungserklärung, nicht auch die der Anspruchsbegründung gefordert wird.

Dazu kommen noch, wie bereits erwähnt, die Titel, die durch andere Reichsgesetze oder durch die Landesgesetzgebung (Entw. § 813) geschaffen sind. Dagegen scheiden die vollstreckungsgerichtlichen Titel des Entw. (vollstreckungsgerichtliche Vergleiche, Zahlungsbefehle) aus.

tigen. Hat der Gläubiger den Antrag bei dem Grundbuchamt unmittelbar gestellt, so benachrichtigt das Grundbuchamt das Vollstreckungsgericht des Wohnsitzes, des Sitzes oder in Ermangelung dieser das der Hauptniederlassung von der Eintragung.

Mit der Eintragung entsteht die Hypothek. Das Grundstück haftet auch für die dem Schuldner zur Last fallenden Kosten der Eintragung.

Sollen mehrere Grundstücke des Schuldners mit der Hypothek belastet werden, so ist der Betrag der Forderung auf die einzelnen Grundstücke zu verteilen; die Größe der Teile bestimmt der Gläubiger.

§ 946 (§ 868). Verliert die Vollstreckungsmaßregel ihre Rechtsgrundlage, so erwirbt der Eigentümer des Grundstücks die Hypothek. Das gilt insbesondere, wenn die zur Abwendung der Vollstreckung nachgelassene Sicherheitsleistung oder Hinterlegung stattfindet.

Von der Zwangsvollstreckung unterscheidet der Entwurf den Zwangsvollzug, der in den §§ 1020—1022 behandelt wird. Seine Eigenart besteht darin, daß Gegenstand der zwangsweisen Verwirklichung, bzw. Sicherung nicht Ansprüche, sondern vollstreckungsgerichtliche oder streitgerichtliche Willensverfügungen sind[19]). Es zählen hierher z. B. Ausspruch von Zeugenungehorsamsstrafen, Verhängung anderer Strafen, Anordnung der Erzwingungshaft, endgültige und vorläufige Einstellungsanordnungen, Arrestbefehle und einstweilige Verfügungen. Der Zwangsvollzug setzt, anders als die Zwangsvollstreckung, nicht einen Antrag des Gläubigers voraus. Vielmehr vollzieht jede Stelle ihre Anordnungen, sobald sie rechtskräftig oder ohne Rücksicht auf den Eintritt der Rechtskraft wirksam sind, von Amts wegen. Einer vollstreckbaren Ausfertigung bedarf es nicht. Im übrigen finden auf den Zwangsvollzug die Vorschriften über die Zwangsvollstreckung entsprechende Anwendung, soweit nicht für einzelne Anordnungen hiervon abweichende Bestimmungen getroffen sind.

Ist die Auferlegung einer Geldleistung von Amts wegen zu vollziehen, so kann als Zwangsvollzugsmaßnahme auch die

[19]) Vgl. hierzu Erläuterungen S. 558.

Begründung einer Zwangshypothek in Betracht kommen[20]). Das Antragserfordernis des § 941 Abs. 1 wird hier durch den § 1020 Abs. 1 ausgeschaltet, der verfügt, daß der Zwangsvollzug von Amts wegen stattfindet. Die Erwirkung der Zwangshypothek erfolgt in entsprechender Anwendung des § 945 Abs. 1. Das Vollstreckungs-, bzw. Streitgericht ersucht das Grundbuchamt um die Eintragung der Hypothek.

20) Beim Arrestvollzug entfällt jedoch die Hypothekeintragung im Hinblick auf § 1008 des Entw.

DRITTER ABSCHNITT.

Das Auslandsrecht.

§ 1.

Die Entwicklung in den auf Grund des Versailler Friedensvertrags von Deutschland abgetrennten Gebieten.

Das Auslandsrecht, dem wir uns noch zuwenden, bietet für die Zwangshypothek von zweifachem Gesichtspunkt aus Interesse. Der Versailler Friedensvertrag hat dem Deutschen Reiche Gebietsteile an der Nord-, Ost- und Westgrenze entrissen, die mit Ausnahme des zum eigenen Freistaat erhobenen Danzig unter fremde Souveränität kamen. Für die nunmehr ausländischen Territorien ist festzustellen, welches Schicksal die Zwangshypothek in der Folge erfuhr. Außerdem fand unsere Institution in Österreich Nachahmung, dem neuerdings Jugoslavien folgte[1]). Das macht es notwendig, auch die entsprechenden Einrichtungen dieser Staaten einer näheren Betrachtung zu unterziehen.

Was zunächst die vom Reiche abgetrennten Gebiete anlangt, so ergibt die weitere Entwicklung folgendes Bild:

---

[1]) Dem Schweizer Rechte ist die Zwangshypothek nicht bekannt; es hatten nur einige, vom französischen Rechte beeinflußte Kantone die gerichtliche Hypothek übernommen, die, soweit sie nicht schon vorher durch die Kantonalgesetzgebung wieder beseitigt worden war, mit dem Inkrafttreten des Zivilgesetzbuchs vom 10. Dez. 1907 verschwand. Ebensowenig findet sich die Einrichtung in der Türkei, die neuerdings ihr Zivil- und Vollstreckungsrecht im engen Anschluß an die Schweizer Gesetzgebung geregelt hat. Auch Japan besitzt, obschon es bei der Ausgestaltung seines Zivilprozeßrechts die deutsche ZPO. vielfach zum Muster nahm, keine der Zwangshypothek entsprechende Institution; der § 640 der japanischen Zivilprozeßordnung (Gesetz Nr. 29 vom 21. April 1890, in deutscher Übersetzung von Vogt, Yokohama 1920) anerkennt als Maßnahmen der Zwangsvollstreckung in das unbewegliche Vermögen nur die Zwangsversteigerung und die Zwangsverwaltung.

Nordschleswig, das nach dem Weltkrieg an Dänemark fiel, trat alsbald unter die dänische Gesetzgebung[2]). Da diese die Einrichtung der Zwangshypothek nicht kennt[3]), kam eine Neubegründung solcher Hypotheken nicht mehr in Betracht. Die schon vorhandenen Zwangshypotheken blieben an sich bestehen. Doch wurde für sie die Umwandlung der Markwährung in die Kronenwährung durchgeführt. Damit erledigte sich ein großer Teil der auf Grund der §§ 866f. der deutschen Zivilprozeßordnung eingetragenen Hypotheken. Als bald darauf die deutsche Währung zusammenbrach und in mehreren Urteilen der Standpunkt vertreten wurde, daß die Heimzahlung der Schulden in Papiermark geschehen könne, verschwand auch der letzte Rest dieser Hypotheken aus dem Grundbuch[4]).

Die freie Stadt Danzig war nach ihrem Ausscheiden aus dem Deutschen Reiche jeweils bestrebt, ihre Justizgesetzgebung mit der des Reichs nach Möglichkeit in Übereinstimmung zu halten. So blieben auch die Vorschriften über die Zwangshypothek, wie sie im Zeitpunkt der Loslösung vom Reiche galten, weiter in Kraft. Nur die Wertgrenze des § 866 Abs. 3 ZPO. wurde der neuen Danziger Währung angepaßt. Die Forderung, zu deren Sicherung eine Zwangshypothek eingetragen werden soll, muß über 300 Gulden betragen[5]).

---

[2]) Wegen der Behandlung der Zwangshypotheken vgl. § 15 des Gesetzes über die Einführung des dänischen Vermögensrechts in Südjütland, Nr. 259 vom 28. Juni 1920, in Verbindung mit §§ 17 und 18 des Gesetzes über die Einführung der dänischen Rechtspflege in Südjütland, Nr. 260 vom gleichen Tage.

[3]) Das dänische Immobiliarvollstreckungsrecht sieht wohl auch eine Grundstückspfändung vor. Allein diese läßt sich der Zwangshypothek des deutschen Rechtes nicht gleichstellen. Sie erfordert einen besonderen gerichtlichen Pfändungsakt, der erst das Pfandrecht ins Leben ruft, und ist auch nur als Vorstufe für die Zwangsversteigerung und die Zwangsverwaltung bestimmt. Vgl. auch Munch-Petersen, Der Zivilprozeß Dänemarks, Mannheim 1932 S. 178 ff., insb. S. 194.

[4]) Die Grundbuchbereinigung wurde gefördert durch den § 20 des sog. Tinglysningslov, Nr. 111 vom 31. März 1926, der in gewissen Grenzen den Grundbuchrichter zur Löschung bedeutungslos gewordener Hypotheken ermächtigte.

[5]) Rechtsverordnung zur Umstellung bestehender Gesetze auf Gulden vom 24. März 1924 (Ges.-Bl. S. 90) § 1 Abs. 1.

Ebenso bestehen im Memelgebiet, das nunmehr zu Litauen gehört, die Bestimmungen der §§ 866 ff. ZPO. über die Zwangshypothek in der bei der Abtrennung vom Reiche maßgebenden Fassung fort. Der Betrag, den die hypothekarisch zu sichernde Forderung übersteigen muß, ist auf 300 Lit festgesetzt[6]).

Die zu Polen geschlagenen Gebietsteile[7]) behielten gleichfalls zunächst die deutsche Zivilprozeßordnung in ihrer beim Übergang in den neuen Staatsverband geltenden Gestalt bei. Spätere Einzeländerungen hatten auf die Zwangshypothek keinen Bezug. Dagegen wirkte sich die Einführung der polnischen Währung dahin aus, daß in § 866 Abs. 3 an Stelle der Summe von 300 Mark eine solche von 300 Złoty trat[8]). Am 1. Jan. 1933 wurden in Polen die neue Zivilprozeßordnung vom 29. Nov. 1930[9]) und die neue Exekutionsordnung vom 27. Okt. 1932[10]) in Kraft gesetzt, welche die bürgerliche streitige Rechtspflege für das Staatsgebiet einheitlich regeln. Damit haben die Vorschriften der deutschen Zivilprozeßordnung über die Zwangshypothek in den vormals deutschen Landesteilen ihre Geltung verloren. Dem neuen polnischen Reichsrecht liegt, wie schon in der Einleitung ausgeführt wurde, die gerichtliche Hypothek zugrunde, allerdings in einer Ausgestaltung, die vom französischen Rechte nicht unerheblich abweicht[11]). Nach Art. XVII der Einführungsverordnung zur Exe-

---

[6]) Verordnung vom 2. Juli 1923 zur Anpassung der Vorschriften der Zivilgesetze an die Litaswährung (Amtsbl. des Memelgebiets S. 642) Art. II Nr. 2.

[7]) Es sind dies nach der nunmehrigen polnischen Gerichtsorganisation die Sprengel der Oberlandesgerichte Posen und Thorn und der Sprengel des Kreisgerichts Kattowitz.

[8]) Nach einer gemeinschaftlichen Verfügung der zuständigen Minister vom 23. Sept. 1924, veröffentlicht im Amtsblatt, dem Dziennik Ustaw, Nr. 82 Position 785, ist, soweit nicht im einzelnen Falle etwas anderes bestimmt wird, an Stelle der in der deutschen Zivilprozeßordnung in Mark ausgedrückten Geldsummen dieselbe Anzahl Złoty zu setzen. Für § 866 Abs. 3 erging eine Sondervorschrift nicht.

[9]) Dziennik Ustaw Nr. 83 Pos. 652.

[10]) Dziennik Ustaw Nr. 93 Pos. 803.

[11]) In der Einleitung wurde auch bereits hervorgehoben, daß das polnische Recht in der gerichtlichen Hypothek keine Maßnahme der

kutionsordnung vom 27. Okt. 1932[12]) bildet der Exekutionstitel den Titel für die gerichtliche Hypothek. Die Eintragung hat der Gläubiger gemäß den hypothekenrechtlichen Vorschriften bei der Hypothekenbehörde zu erwirken. Doch sieht die genannte Einführungsverordnung für das ehemalige deutsche Gebiet, in dem das deutsche Bürgerliche Gesetzbuch und die deutsche Grundbuchordnung noch maßgebend sind, eine Sondervorschrift vor. Art. LXVI bestimmt, daß hier die gerichtliche Hypothek nur als Sicherungshypothek eingetragen werden kann[13]).

Im Hultschiner Lande, das an die Tchechoslowakei fiel, wurde der Rechtszustand jenem der vormals österreichischen Gebiete des neuen Staatswesens angepaßt. Dementsprechend gelangte nach § 2 der Regierungsverordnung vom 11. März 1920[14]) die österreichische Exekutionsordnung vom 27. Mai 1896 zur Einführung, die sich in den ehedem österreichischen Teilen der Tschechoslowakei forterhalten hatte. Damit verschwand im Hultschiner Lande die Zwangshypothek des deutschen Rechtes. Sie wurde ersetzt durch die österreichische Einrichtung der zwangsweisen Pfandrechtsbegründung, die der deutschen Zwangshypothek wesensverwandt ist, aber in der Durchführung mehrfach von ihr abweicht.

Das Frankreich einverleibte Reichsland Elsaß-Lothringen, das nun wieder zum französischen Rechtsgebiet gehört, ist bereits in der Einleitung näher behandelt worden. Die

---

Zwangsvollstreckung, sondern eine Einrichtung des materiellen Rechtes sieht.

[12]) Dziennik Ustaw Nr. 93 Pos. 804.

[13]) Eine weitere Sonderbestimmung für das ehedem deutsche Gebiet enthält der Art. LXI der Einf.-Verordnung. Wird die Zwangsvollstreckung in den Anspruch auf Übertragung des Eigentums an einer Liegenschaft betrieben, so kann, wenn die Auflassung an den Schuldner noch nicht erfolgt ist, der Gläubiger die Umschreibung auf den Namen des Schuldners beantragen und gleichzeitig seine Forderung durch Eintragung einer gerichtlichen Hypothek sichern lassen. Wegen Wegnahme der zur Eintragung benötigten Urkunden beim Schuldner hat sich der Gläubiger an den Komornik (entsprechend etwa dem Gerichtsvollzieher) zu wenden.

[14]) Amtlich veröffentlicht in Nr. 152 der Sammlung d. Gesetze u. Verordnungen, die auch in einer deutschen Ausgabe erscheint.

Zwangshypothek fand hier am 1. Januar 1925 mit der Einführung des französischen Zivilrechts ihr Ende. An die Stelle trat die gerichtliche Hypothek des Code civil, jedoch in veränderter Ausgestaltung, was mit dem Fortbestand des Grundbuchsystems zusammenhängt. Nach Art. 62 des Gesetzes vom 1. Juni 1924[15]) erwächst in Elsaß-Lothringen die gerichtliche Hypothek nur aus vollstreckbaren Entscheidungen über Geldforderungen, nicht auch aus gerichtlichen Akten. Die Hypothek wird entsprechend dem Spezialitätsprinzip auf die einzelnen Grundstücke eingetragen und zwar zum vollen Betrag der Forderung, soweit nicht der Gläubiger etwas anderes beantragt.

In den an Belgien abgetretenen Gebieten (Eupen, Malmedy, St. Vith) wurde durch königliche Verordnung vom 28. Aug. 1926[16]) das belgische Zivilgesetzbuch mit Wirkung vom 1. Jan. 1927 an in Kraft gesetzt. Von da ab dürfen, wie es in Art. XVII der Verordnung heißt, Hypotheken nurmehr in den Formen und unter den Voraussetzungen begründet werden, die das belgische Gesetz über die Revision des Hypothekenwesens vom 16. Dez. 1851[17]) vorsieht. Diesem Gesetz, das die aus dem französischen Recht überkommene gerichtliche Hypothek beseitigt hatte[18]), ist eine der Zwangshypothek entsprechende Hypothekform fremd; es kennt nur gesetzliche, vertragsmäßige und testamentarische Hypotheken. Demnach kann seit dem 1. Jan. 1927 eine Zwangshypothek im vormals deutschen Teile Belgiens nicht mehr erwirkt werden. Wegen der bereits vorher begründeten Zwangshypotheken schlagen die Übergangsvorschriften in Art. XVIII und XX der Verordnung ein. Hypotheken, die nach früherem Rechte erworben werden konnten, behalten die ihnen nach den §§ 1113 ff. des deutschen Bürgerlichen Gesetzbuchs zukommenden Wirkungen noch auf zehn Jahre bei. Mit dem 1. Jan. 1937 erlöschen auch sie; es kann aber der Gläubiger dem Untergang der Hypothek dadurch vorbeugen, daß er vor Ablauf der Frist beim Hypotheken-

---

[15]) Journal Officiel vom 3. Juni 1924.

[16]) Veröffentlicht im Moniteur v. 4. Sept. 1926.

[17]) Moniteur v. 22. Dezbr. 1851.

[18]) Vgl. hierzu Heft 1 S. 96 ff.

bewahrer eine Erneuerung der Einschreibung gemäß den Vorschriften des Gesetzes vom 16. Dez. 1851 herbeiführt[19]).

Der Versailler Friedensvertrag billigte außerdem in Art. 32 Belgien die volle Souveränität über das zwischen ihm und Preußen bisher streitige Gebiet von Moresnet, das sog. Neutralmoresnet, zu. In diesem kleinen Grenzstreifen galt weder deutsches noch belgisches Recht; es hatte sich von früher her der Code Napoléon und damit auch die gerichtliche Hypothek des französischen Rechtes erhalten. Die Hypotheken konnten entweder beim preußischen Hypothekenamt, später Amtsgericht in Monschau (Montjoie) oder beim belgischen Hypothekenbüro in Verviers eingetragen werden. Ein besonderes Überleitungsgesetz wurde hier nicht erlassen. Belgien ging davon aus, daß seine Gesetzgebung in Neutralmoresnet, das es seit 1816 immer als ihm gehörig betrachtet hatte, mit Friedensschluß ohne weiteres Anwendung zu finden habe. Das Gesetz vom 15. Sept. 1919[20]) änderte lediglich die amtliche Bezeichnung des Gebiets in La Calamine, so genannt nach dem dortigen Galmeibergwerk; im übrigen traf es noch Anordnungen über die administrative und gerichtliche Zuteilung. Bei dieser Sachlage fand die gerichtliche Hypothek in Neutralmoresnet bereits mit der Besitzergreifung durch Belgien ihr Ende; nur die schon begründeten Hypotheken blieben als droits acquis bestehen.

§ 2.

Die österreichische Exekutionsordnung vom 27. Mai 1896.

Das österreichische Recht kannte schon vor der Exekutionsordnung vom 27. Mai 1896[1]) eine zwangsweise Begründung

---

[19]) Die von den Grundbuchämtern Eupen, Malmedy und St. Vith geführten Grundbücher mußten bis zum 1. Jan. 1927 an das belgische Hypothekenbüro in Malmedy abgeliefert werden. Dieses führt die Bücher nach Art. XVI der VO. v. 28. Aug. 1926 in beschränktem Maße fort. Vollzogen wurden noch die vor dem 1. Jan. 1927 gestellten Eintragungsanträge; außerdem finden nunmehr Löschungen von Eintragungen u. Vormerkungen statt, ferner Grundbuchberichtigungen, bezüglich deren die §§ 894, 895, 897 u. 899 des deutschen BGB. maßgebend bleiben.

[20]) Moniteur v. 17. Okt. 1919.

[1]) RGBl. Nr. 79. Der vollständige Titel lautet „Gesetz über das Exe-

eines Pfandrechts an Liegenschaften oder Liegenschaftsanteilen des Schuldners. Es handelte sich bei dieser Einrichtung, die auf Kapitel 31 § 322 der Allgemeinen Gerichtsordnung vom 1. Mai 1781 [2]) zurückging, um einen vorbereitenden Exekutionsschritt. Die zwangsweise Pfandrechtsbegründung diente als Voraussetzung der Exekution in die Früchte der Liegenschaft und zur Vorbereitung der Feilbietung der Liegenschaft selbst [3]). Ebenso wurde das exekutive Pfandrecht in der ungarischen Exekutionsordnung vom Jahre 1881 [4]) gestaltet. Auch die kroatisch-slovenische Exekutionsnovelle vom 17. Dezbr. 1876 [5]) und die bosnisch-herzegowinische Zivilprozeßordnung vom 14. März 1883 [6]) machten die Zwangsversteigerung durch einen Personalgläubiger von der vorgängigen Erwirkung eines Exekutivpfandrechts

---

kutions -und Sicherungsverfahren (Exekutionsordnung)". Kommentar von Neumann-Lichtblau, 3. Aufl., 2 Bde., Wien 1928/29.

[2]) Allgemeine Gerichtsordnung für Böheim, Mähren, Schlesien, Österreich ob und unter der Ennß etc., Wien, gedruckt bei Johann Thomas Edlen von Trattnern, 1781.

Der § 322 des 31. Kapitels verfügt: „Wenn der Kläger auf ein liegendes Gut die Exekution führen wollte, soll der Richter ihm auf sein Anlangen hierauf das Pfandrecht erteilen und verwilligen, daß der Spruch oder Vertrag zu dem Ende der Landtafel oder dem Stadt- oder Grundbuch, wie es jeden Orts gebräuchig ist, einverleibt werde." Unter dem hier genannten Vertrag verstand das Gesetz den gerichtlichen Vertrag, der nach § 298 gleich dem rechtskräftigen Urteil die Exekution begründet. Das Allg. BGB. vom 1. Juni 1811 griff in die Regelung nicht ein; es überließ in § 450 die Bestimmung, inwiefern das Gericht ein Pfandrecht einräumen könne, der Gerichtsordnung. Vgl. auch von Meibom, Arch. f. d. ziv. Prax. Bd. 52 (1869) S. 300 f. (Auf S. 300 Zeile 22 von oben ist § 342 in § 322 zu berichtigen).

Der angeführte § 322 gilt noch heute im Fürstentum Liechtenstein; doch ist eine Neuregelung des Exekutionsrechts in Aussicht genommen.

[3]) Erläuternde Bemerkungen zum Entw. eines Gesetzes über das Exekutions- und Sicherungsverfahren, Sten.-Prot. d. Abg.H. XI. Sess., 1893 Beil.-Nr. 689 S. 771; vgl. ferner Exner, Österr. Hypothekenrecht, Leipzig, Abt. 1 (1876) S. 153; Abt. 2 (1881) S. 332 f., 340 ff.

[4]) Gesetz-Artikel 60 vom Jahre 1881, §§ 136—142. Die Exekutionsordnung ist im heutigen Ungarn noch in Geltung.

[5]) Ges.- u. VO.-Samml. f. d. Kgr. Kroatien u. Slavonien Nr. 1 vom Jahre 1877. In Betracht kommen die §§ 5, 6.

[6]) Einschlägig sind die §§ 539—542.

am Grundstück abhängig[7]). Dabei sprach ersteres Gesetz ausdrücklich aus, daß dem Gläubiger freigestellt sei, um die Begründung des Exekutivpfandrechts auch nur vorläufig nachzusuchen.

Mit der am 1. Januar 1898 erfolgten Inkraftsetzung der Exekutionsordnung vom 27. Mai 1896[8]) trat für die im österreichischen Reichsrat vertretenen Königreiche und Länder ein Wandel in dem bisherigen Rechtszustand ein. Das Gesetz löste die zwangsweise Pfandrechtsbegründung von ihren Beziehungen zur Zwangsversteigerung und zur Zwangsverwaltung los. Aus dem vorbereitenden Exekutionsschritte wurde eine selbständige Exekutionsart. Sie ermöglicht dem Gläubiger, der einer pfandweisen Sicherung seines Anspruchs noch entbehrt, sich eine solche Sicherung zwangsweise zu verschaffen. Damit sollte für die Fälle Vorsorge getroffen werden, in denen ein Gläubiger seinem Schuldner ohne besonderes Risiko gegen den üblichen Zins Stundung gewähren will oder die augenblickliche Lage zur Vornahme der definitiven Befriedigungs- und Realisationsakte für ungeeignet hält.

In der nunmehrigen Ausgestaltung als selbständiger Exekutionsakt entspricht die zwangsweise Pfandrechtsbegründung[9]) der Zwangshypothek des deutschen Rechtes. Die erläuternden Bemerkungen zum Entwurf der Exekutionsordnung[10]) nehmen denn auch auf das deutschrechtliche Vorbild ausdrücklich Bezug. Zugleich wird hier eine Rechtfertigung der Institution gegeben. Nach den Erwägungen der Motive kamen bisher auf Grund von

[7]) Die Zwangsverwaltung kann dagegen nach beiden Gesetzgebungen unabhängig von einem Pfandrecht beantragt werden.

[8]) EinfG. zur Ex.-Ordn. v. 27. Mai 1896 (RGBl. Nr. 78) Art. I in Vbdg. mit EinfG. zur Ziv.Proz.Ordn. v. 1. Aug. 1895 (RGBl. Nr. 112) Art. I.

[9]) Die österr. Rechtssprache verwendet den Ausdruck Pfandrecht ohne Rücksicht auf die Art des Pfandobjekts. Als Unterbezeichnung für das auf die Eintragung im öffentlichen Buche gegründete Pfandrecht an unbeweglichen Sachen dienen die Bezeichnungen Hypothek u. Grundpfand. Vgl. Allg. BürgerlGB. §§ 447, 448 u. Exner a. a. O. Bd. 1 S. 35 Die Hypothek des österr. Rechtes entspricht in ihrer Ausgestaltung der deutschen Verkehrs-(Buch-)Hypothek. Exner a. a. O. Bd. 1 S. 69 ff., Bd. 2 S. 419 ff.

[10]) a. a. O. S. 171.

rechtskräftigen Urteilen und anderen Vollstreckungstiteln viele Pfandrechte in die öffentlichen Bücher, bei denen lange Jahre hindurch alle weiteren Exekutionsanträge unterblieben und der Gläubiger sich mit dem Bestand der pfandrechtlichen Sicherstellung begnügte. Es liegt somit ein unverkennbares Bedürfnis nach bloßer pfandweiser Sicherung des Gläubigers vor. Zur Abhilfe reicht eine Verweisung auf den Weg der Pfandrechtsbewilligung durch den Schuldner nicht hin, da trotz dieser schon jetzt bestehenden Möglichkeit die zwangsweisen Pfandrechtseinverleibungen vorgenommen wurden. Die Zulassung einer zwangsweisen Pfandrechtseintragung hat überdies den Vorzug, daß sie den Gläubiger vom Schuldner unabhängig macht. Jedenfalls werden die Weiterungen und die Kosten einer besonderen Pfandrechtseinverleibung erspart. Schließlich befassen sich die erläuternden Bemerkungen noch mit dem Einwand, daß durch die Einführung einer zwangsweisen Pfandrechtsbegründung das Grundbuch dem Personalkredit eröffnet und so seiner wahren Aufgabe, dem Immobiliarkredit zu dienen, entfremdet werde. Er wird als nicht stichhaltig abgelehnt. Auch nach seitherigem Rechte konnte wegen jeder beliebigen persönlichen Schuld Exekution auf das unbewegliche Vermögen des Schuldners geführt werden. Die Abgrenzung von Personal- und Immobiliarkredit, die in gewisser Richtung an sich wünschenswert, aber kaum ebenso bestimmt durchführbar ist, wird nicht erst durch die vorgeschlagene Regelung zweifelhaft. Praktisch würde eine Versagung der Pfandrechtsbegründung zugunsten aller nicht von vornherein für die Intabulation in Aussicht genommenen Forderungen mehr Schaden als Nutzen bringen. Es wäre zu besorgen, daß der Grundbesitz ohne Gewährung der Einverleibungsmöglichkeit schwer Kredit empfängt und eine solche Einrichtung mehr zur Lähmung des Personalkredits als zur Erleichterung des Immobiliarkredits führt.

Die zwangsweise Pfandrechtsbegründung hat ihre nähere Regelung in den §§ 87 bis 96 der ExO. gefunden[11]). Nach § 87

[11]) Der § 88 Abs. 2 Nr. 1 wurde durch Art. VIII der ersten Gerichtsentlastungsnovelle, Kaiserl. VO. v. 1. Juli 1914 (RGBl. Nr. 118), geändert. Vgl. zum folgenden Pollak, System des österr. Zivilprozeßrechts mit Einschluß des Exekutionsrechts, 2. Aufl., Wien 1932, S. 918 ff., insb.

kann sie von jedem Gläubiger betrieben werden, der eine vollstreckbare Geldforderung hat[12]; sie steht wahlweise neben Zwangsverwaltung und Zwangsversteigerung zu Gebote. Beschränkungen hinsichtlich der Höhe der Forderung oder der Art des Vollstreckungstitels sind nicht gezogen. Dagegen bedarf es zur zwangsweisen Pfandrechtsbegründung, wie zu jeder anderen Vollstreckungsmaßnahme, der gerichtlichen Exekutionsbewilligung. Die Bewilligung erteilt bei Titeln zivilgerichtlichen Ursprungs regelmäßig nach Wahl des Gläubigers das Gericht, von oder vor dem der Titel geschaffen wurde (Titelgericht) oder das Gericht, das zum Vollzug der Exekution berufen ist (Exekutionsgericht); im übrigen kommt die Zuständigkeit dem Exekutionsgericht zu. Exekutionsgericht ist, wenn die zwangsweise Pfandrechtsbegründung an einem bücherlich eingetragenen unbeweglichen Gute erfolgen soll, stets das Buchgericht, sonst das Bezirksgericht der belegenen Sache. Wird das Exekutionsgericht als Wahlgerichtsstand um die Exekutionsbewilligung angegangen, so muß dem Exekutionsantrag eine mit der Bestätigung der Vollstreckbarkeit versehene Ausfertigung des Exekutionstitels angeschlossen sein[13].

S. 925 f.; Walker-Jaitner, Österr. Exekutionsrecht, 3. Aufl. Wien 1925, S. 129 ff.; Klein-Engel, Der Zivilprozeß Österreichs, Mannheim 1927, S. 522 ff.; Neumann-Lichtblau a. a. O. Bd. 1 S. 370 ff.

[12]) Eine vorläufige Vollstreckung zur Befriedigung des Gläubigers ist dem österr. Rechte nicht bekannt. Auf Grund des noch nicht rechtskräftigen Urteils über eine Geldforderung kann nur die Sicherung der künftigen Zwangsvollstreckung im Wege der „Exekution zur Sicherstellung" erwirkt werden. Als Mittel hierfür dienen bei Immobilien die bücherliche Vormerkung des Pfandrechts und die Zwangsverwaltung, bei welcher die auf die zu sichernde Forderung entfallenden Beträge in gerichtliche Verwahrung genommen werden. Außerhalb des Anwendungsbereichs der Exekution zur Sicherstellung ist als Sicherungsmaßnahme noch die „einstweilige Verfügung" vorgesehen. Sie ist nicht auf Geldforderungen beschränkt u. kann auch schon vor Einleitung eines Prozesses oder während dessen Dauer angeordnet werden, gewährt aber kein Pfand- oder Vorzugsrecht, sondern nur tatsächlichen Schutz. Vgl. ExO. §§ 370 ff., §§ 378 ff., außerdem Walker-Jaitner a. a. O. S. 307 ff., S. 318 ff.

[13]) ExO. §§ 4, 18 u. 88 Abs. 2 Nr. 1 in der Fassung der ersten Ger.-Entl.Nov. v. 1. Juli 1914.

Der Vollzug der Exekutionsbewilligung geschieht von Amts wegen[14]). In Betracht kommt hierbei, daß das Grundbuchsystem noch nicht überall vollständig durchgeführt ist. Deshalb wird unterschieden, ob die Liegenschaft, an der oder deren Anteil das Pfandrecht begründet werden soll, in einem öffentlichen Buche[15]) eingetragen ist oder nicht.

Bei den in einem öffentlichen Buche eingetragenen Liegenschaften erfolgt die zwangsweise Pfandrechtsbegründung gemäß § 88 durch bücherliche Einverleibung des Pfandrechts. Das Verfahren richtet sich im wesentlichen nach den Vorschriften des Grundbuchrechts[16]). Der Schuldner muß zur Zeit des Ansuchens als Eigentümer des zu belastenden Liegenschaftsobjekts im Buche erscheinen oder als solcher gleichzeitig mit dem Pfandrecht einverleibt oder vorgemerkt werden[17]). Bei der Einverleibung des Pfandrechts ist die Forderung, für die das Pfandrecht eingetragen wird, als vollstreckbare zu bezeichnen. Die Einverleibung zeitigt alle Wirkungen, die sich nach den Vorschriften des bürgerlichen Rechtes mit der Entstehung eines Pfandrechts verknüpfen. Dazu tritt nach § 88 Abs. 3 Satz 2 die weitere Wirkung, daß wegen der vollstreckbaren Forderung auf die Liegenschaft oder den Liegenschaftsanteil unmittelbar gegen jeden späteren Erwerber Exekution geführt werden kann.

Ist eine vollstreckbare Forderung bereits durch ein Vertragspfand gesichert, das auf Grund einer vor Eintritt der Vollstreckbarkeit vorgenommenen Bestellung einverleibt wurde, so kann der Gläubiger nach § 89 die bücherliche Anmerkung der Vollstreckbarkeit erwirken. Der Vollzug unterliegt, in gleicher Weise wie bei der bücherlichen Einverleibung, den Bestimmungen des Grundbuchrechts. Mit der Anmerkung erlangt die Forderung unmittelbare Vollstreckbarkeit gegen jeden späteren Erwerber der Liegenschaft oder des Liegenschaftsanteils.

---

[14]) ExO. § 16.

[15]) Außer dem Grundbuch Landtafel, Bergbuch, Eisenbahnbuch.

[16]) Allgemeines Grundbuchsgesetz v. 25. Juli 1871 (RGBl. Nr. 95). Die Rekursfrist, die sonst in Grundbuchsachen 30 oder 60 Tage beträgt, wird in § 88 Abs. 2 Nr. 2 ExO. auf 14 Tage herabgesetzt.

[17]) Grundb.-Gesetz § 21.

Besonderes gilt für Länder, in denen, wie in Tirol und Vorarlberg, Verfachbücher geführt werden. Hier haben nach Art. XVI Ziff. 1 des EinfG.z.ExO. in Ansehung der Exekution durch zwangsweise Pfandrechtsbegründung die bisher hierfür geltenden gesetzlichen Vorschriften auch weiterhin zur Anwendung zu kommen. Die zwangsweise Pfandrechtsbegründung erfolgt ohne Rücksicht darauf, ob das Pfandrecht neu bestellt oder ein bereits früher bestandenes vertragsmäßiges Pfandrecht als vollstreckbar erklärt wird, durch die Verfachung des bezüglichen Gerichtsbeschlusses[18]).

In Ansehung der Liegenschaften, die *in ein öffentliches Buch nicht aufgenommen sind*, — solche Liegenschaften kommen noch in Tirol vor — wird die zwangsweise Pfandrechtsbegründung gemäß § 90 durch pfandweise Beschreibung der zu pfändenden Liegenschaft bewirkt. Diese nimmt das Exekutionsgericht auf Grund der Exekutionsbewilligung vor. Zur pfandweisen Beschreibung genügt, daß sich die Liegenschaft im Besitz oder Mitbesitz des Schuldners befindet. Von dem Nachweis des Eigentums wird hier abgesehen, da sonst die Exekutionsführung in nicht verbücherte Liegenschaften vielfach auf unüberwindliche Schwierigkeiten stoßen würde, überdies auch der ruhige Besitz zumeist mit dem Eigentum zusammentreffen wird[19]).

Das Verfahren zur Erwirkung des zwangsweisen Pfandrechts an bücherlich nicht eingetragenen Liegenschaften ist in der Exekutionsordnung selbst geordnet (§§ 91 ff.). Die Regelung ist von dem Bestreben geleitet, den durch die Grundbucheinrichtung verwirklichten Grundsätzen der Spezialität und Publizität nach Möglichkeit Geltung zu verschaffen.

Zur pfandweisen Beschreibung kann nur geschritten werden, wenn und soweit der Besitz oder Mitbesitz des Schuldners in Ansehung der zu pfändenden Liegenschaft geklärt ist. Das Besitzverhältnis muß, sofern es nicht etwa dem Exekutionsgericht bereits bekannt ist, durch Vorlage urkundlicher Beschei-

[18]) Vgl. Verordnung des Justizministers vom 5. Mai 1897 über die Anwendung der Exekutionsordnung in den Verfachbuchländern (Verfachbuchverordnung), RGBl. Nr. 115, § 8 Abs. 1.

[19]) Erl. Bem. z. Entw. S. 171.

nigung glaubhaft gemacht werden, wofür insbesondere der Katasterauszug[20]) in Betracht kommt. Fehlt es hieran, so hat zunächst eine Einvernehmung des Schuldners über die Frage des Liegenschaftsbesitzes stattzufinden. Auch sind erforderlichenfalls zur genauen Ermittlung des Pfandgegenstandes Erhebungen an Ort und Stelle zu pflegen. Von der Anordnung der pfandweisen Beschreibung erhält der Schuldner unter Bekanntgabe von Ort und Zeit Nachricht.

Die pfandweise Beschreibung besteht in der Aufnahme eines Protokolls durch das Vollstreckungsorgan. Dieses hat die Bestandteile der Liegenschaft nach Kulturgattung, Ausmaß und Grenzen, die Nummern der Katastralparzellen, aus denen sich die zu pfändende Liegenschaft zusammensetzt, sowie die Person des Besitzers oder, falls die Liegenschaft mehreren Personen gehört, der Mitbesitzer zu verzeichnen[21]). Außerdem muß die Erklärung aufgenommen werden, daß die beschriebene Liegenschaft oder ein dem Schuldner gehöriger Anteil an ihr zugunsten einer näher bezeichneten Forderung in Pfändung genommen sei. Bei der Bezeichnung der Forderung sind Name und Wohnort des Gläubigers und seines Vertreters, die Eigenschaft der Vollstreckbarkeit, das Kapital und die vom Schuldner zu leistenden Nebengebühren ersichtlich zu machen. Das Kapital wird mit dem in der Exekutionsbewilligung ziffermäßig bestimmten Betrag angegeben; eine Bezifferung der Nebengebühren ist nicht geboten.

Von dem Vollzug der pfandweisen Beschreibung werden Gläubiger und Schuldner in Kenntnis gesetzt. Liegt eine das Eigentumsrecht des Schuldners begründende oder beweisende

---

[20]) Nach § 90 Abs. 2 ist ein die Liegenschaft betreffender Auszug aus dem Kataster bereits dem Antrag auf Exekutionsbewilligung beizulegen.

[21]) Stimmt der tatsächliche Stand der Liegenschaft mit den Angaben des Katasterauszugs nicht überein, so ist nur der tatsächliche Besitzstand der Beschreibung zugrunde zu legen und im Protokoll auf die Abweichungen vom Katasterauszug hinzuweisen. Vgl. Abschn. II Punkt 3 der Instruktion f. d. Vollstr.-Organe v. 12. Juli 1897 (VO.-Blatt d. Just.-Min. Nr. 26), später ersetzt durch Punkt 46 des Dienstbuchs f. Vollstrecker v. 1. April 1930 (gesondert veröffentlicht).

Urkunde vor, so wird außerdem die Pfändung auf ihr angemerkt.

Eine vereinfachte Form der Pfandrechtsbegründung bei bücherlich nicht eingetragenen Liegenschaften sieht § 94 für den Fall vor, daß nach Erwirkung eines zwangsweisen Pfandrechts durch pfandweise Beschreibung weitere Pfändungen wegen anderer vollstreckbarer Forderungen in Ansehung des gleichen Objekts bewilligt werden. Hier bedarf es keiner nochmaligen pfandweisen Beschreibung, solange die Richtigkeit und Vollständigkeit der bei der erstmaligen Pfandrechtsbegründung aufgenommenen pfandweisen Beschreibung unbestritten ist. Die späteren Pfändungen werden durch Anmerkung auf dem Protokoll vollzogen, das über die seinerzeitige pfandweise Beschreibung aufgenommen worden ist. In der Anmerkung sind Name und Wohnort des Gläubigers und seines Vertreters anzugeben; auch ist im übrigen die Forderung entsprechend den für die pfandweise Beschreibung geltenden Vorschriften näher zu bezeichnen. Werden für einen späteren Gläubiger außer den bereits beschriebenen Liegenschaftsbestandteilen noch andere, von der früheren Pfändung nicht betroffene Parzellen in Exekution gezogen, so hat zu der Anmerkung auf dem Pfändungsprotokoll die pfandweise Beschreibung der neu zu pfändenden Parzellen hinzuzutreten[22].

Eine jede Liegenschaftspfändung, mag sie durch pfandweise Beschreibung oder durch Anmerkung am Pfändungsprotokoll vollzogen worden sein, muß, um das Pfandrecht auch nach außen in Erscheinung treten zu lassen, öffentlich bekanntgemacht werden. Hierfür ordnet der § 95 eine zweifache Form an. Die Pfändung ist in der Gemeinde, in der sich die Liegenschaft befindet, durch die Gemeindeorgane in der ortsüblichen Weise zu verlautbaren. Außerdem hat noch Anschlag an der Gerichtstafel des Exekutionsgerichts zu erfolgen. Mit dieser doppelten Bekanntmachung soll tunlichst erreicht werden, daß alle Interessenten Gelegenheit erhalten, sich über das Bestehen einer Pfändung zu unterrichten.

Der Vollstreckungstitel über die Geldforderung gibt dem Gläubiger einen Pfandrechtstitel auf alle Liegenschaften des

[22]) Erl. Bem. z. Entw. S. 173.

Schuldners. Ein Verbot der Begründung eines Gesamtpfandes (Simultanhypothek) besteht nicht. Doch wird der Schuldner nach § 96 gegen übermäßige Belastung seines Grundbesitzes geschützt [23]). Die Belastung ist übermäßig, wenn der Gläubiger durch die zwangsweise Pfandrechtsbegründung allein oder in Verbindung mit anderen, von ihm schon früher für die vollstreckbare Forderung erworbenen Liegenschaftspfandrechten eine größere als die gesetzliche pupillarische Sicherheit erlangt hat. Die pupillarische Sicherheit wird aber in § 230 des allgemeinen Bürgerlichen Gesetzbuchs dahin begrenzt, daß durch die Sicherstellung mit Einrechnung der etwa vorgehenden Lasten ein Haus nicht über die Hälfte, ein Landgut oder Grundstück nicht über zwei Dritteile seines wahren Wertes beschwert sein darf. Liegt hiernach eine übermäßige Belastung vor, so ist der Schuldner berechtigt, das Exekutionsgericht um Abhilfe anzugehen. Die Umstände, die seinen Antrag begründen, muß er beweisen. Das Exekutionsgericht kann, je nach Sachlage, die Aufhebung oder die Einschränkung des zwangsweise begründeten Pfandrechts anordnen. Es kann insbesondere verfügen, daß das für die vollstreckbare Forderung an mehreren Liegenschaften oder Liegenschaftsanteilen haftende Pfandrecht auf eine oder einzelne dieser Liegenschaften eingeschränkt wird, sofern die übrigbleibende Sicherheit den Vorschriften über die Anlegung von Pupillengeldern noch entspricht. Die ursprünglich vertragsmäßigen Pfandrechte müssen aber auf jeden Fall aufrecht erhalten bleiben. Vor der Entscheidung hat das Exekutionsgericht den betreibenden Gläubiger zu hören [24]). Der Beschluß des Gerichts unterliegt dem Rekurse. Sein Vollzug ist erst nach Eintritt der Rechtskraft statthaft.

Wird die bewilligte Exekution nachträglich durch gerichtliche Verfügung eingestellt, weil sich der Vollstreckungstitel als nicht zu Recht bestehend erweist oder die Exekution aus son-

---

[23]) Der § 96 der ExO. war in dem Regierungsentwurf nicht enthalten; seine Aufnahme beruht auf den Beschlüssen der Permanenzkommission des Herrenhauses und des Permanenzausschusses des Abgeordnetenhauses. Vgl. Bericht vom 25. März 1896, Sten.-Prot. d. AbgH., XI. Sess., 1896, Anl. 1 zu Beil. Nr. 1438 S. 42.

[24]) ExO. § 41 Abs. 2.

stigen Gründen als unzulässig erscheint, so ist die eingeleitete Vollstreckung samt allen bis dahin vollzogenen Exekutionsakten von Amts wegen aufzuheben. Ein erworbenes Exekutivpfandrecht erlischt. Die Einverleibung der Löschung des zwangsweise begründeten Pfandrechts ist auch ohne ausdrücklichen Antrag anzuordnen[25].

Die Vorschriften über die zwangsweise Pfandrechtsbegründung gelten seit dem 15. Juni 1922 auch im Burgenland, das nach dem Weltkrieg von Ungarn an Österreich kam. Die Grundlage hierfür bildet die Verordnung vom 29. Mai 1922[26]. Ihr § 5 dehnte die österreichischen Bestimmungen über das Verfahren in bürgerlichen Rechtsangelegenheiten auf das neu gewonnene Bundesland aus. Von Bedeutung ist außerdem der § 4 dieser Verordnung. Er verfügte die Inkraftsetzung des österreichischen Grundbuchsgesetzes für das Burgenland. Die hierdurch erforderlich gewordene Anlegung neuer Grundbücher wurde durch ein besonderes Bundesgesetz vom 31. März 1927 geregelt[27].

Hinsichtlich der durch den Friedensvertrag von St. Germain von Österreich abgetrennten Gebiete ist folgendes festzustellen:

In den nunmehr tschechoslowakischen Teilen ist derzeit noch die österreichische Exekutionsordnung vom 27. Mai 1896 in Kraft, die auch auf das von Deutschland abgetretene Hultschiner Land übernommen wurde. Demnach besteht hier die Einrichtung der zwangsweisen Pfandrechtsbegründung weiter[28]. Das gleiche trifft für jene Gebiete zu, die an Jugo-

---

[25]) Walker-Jaitner a. a. O. S. 123, 133. Das Institut der Eigentümerhypothek hat auf österr. Boden keine Geltung; vgl. Exner a. a. O. Bd. 2 S. 654.

[26]) BGBl. Nr. 315.

[27]) BGBl. Nr. 119. Dazu Durchführungsverordnung v. 29. Dez. 1927 (BGBl. 1928 Nr. 8).

[28]) Die tschechoslowakische Regierung geht indes daran, einheitliches Recht für das Staatsgebiet zu schaffen. So wurde bereits durch Gesetz v. 27. März 1931 (Samml. d. Gesetze u. Verordnungen Nr. 64) die Konkursgesetzgebung vereinheitlicht; auch liegt der Entw. einer tschechoslowakischen Zivilprozeßgesetzgebung vor, der sich indes mit der Zwangsvollstreckung nicht befaßt. Vgl. hierzu die Berichte von Egon Weiß in

slavien und Rumänien fielen. Jugoslavien hat wohl bereits ein neues Vollstreckungs- und Sicherungsgesetz veröffentlicht. Die bisher noch nicht verfügte Einführung dieses Gesetzes wird indes keine sachliche Änderung bringen, da die daselbst vorgesehene Erwirkung eines Exekutivpfandrechts der zwangsweisen Pfandrechtsbegründung des österreichischen Rechtes im Wesen wie in der Ausgestaltung entspricht.

Die Entwicklung in Polen ist aus den Ausführungen über die ehemals deutschen und russischen Gebiete schon bekannt. Am 27. Okt. 1932 wurde die neue Exekutionsordnung erlassen[29]), die am 1. Jan. 1933 in Kraft trat. Damit ist die Einrichtung der zwangsweisen Pfandrechtsbegründung in dem vormals österreichischen Territorium beseitigt. Das neue polnische Reichsrecht bekennt sich zur Institution der gerichtlichen Hypothek, die sich aber in der Durchführung vom französischen Rechte nicht unwesentlich unterscheidet. Maßgebend ist nunmehr der Art. XVII der Einführungsverordnung zur Exekutionsordnung vom 27. Okt. 1932[30]). Der Exekutionstitel bildet den Titel für die gerichtliche Hypothek. Die Eintragung ist vom Gläubiger unmittelbar zu erwirken; eine Vermittlung durch das Exekutionsgericht findet nicht statt. Das Verfahren richtet sich nach den Vorschriften des österreichischen allgemeinen Grundbuchsgesetzes vom 25. Juli 1871, das im ehemals österreichischen Polen noch in Geltung ist.

In den italienisch gewordenen Landesteilen ist, wie in der Einleitung näher dargelegt wurde, die zwangsweise Pfandrechtsbegründung gleichfalls verschwunden. Die neuen Provinzen empfingen auf Grund königlichen Dekrets vom 4. Nov. 1928[31]) die italienische Zivilgesetzgebung. Damit mußte die zwangsweise Pfandrechtsbegründung der gerichtlichen Hypothek des Codice civile weichen. Doch erhielt diese in den neuen Provinzen eine von den altitalienischen Landesteilen abweichende

---

Judicium, 3. Jahrg. (1931), Sp. 177 ff., 337 ff. u. in Zeitschr. f. ausländ. u. internat. Privatrecht 6. Jahrg. (1932) S. 158 ff.

29) Veröffentlicht im Dziennik Ustaw Nr. 93 Pos. 803.

30) Dziennik Ustaw Nr. 93 Pos. 804.

31) Gazzetta Ufficiale v. 5. Nov. 1928 Nr. 257.

Ausgestaltung, da hier das österreichische Grundbuchsystem aufrecht erhalten blieb[32]).

§ 3.
Das jugoslavische Vollstreckungs- und Sicherungsgesetz vom 9. Juli 1930.

Infolge der Friedensschlüsse von St. Germain und Trianon wurden dem Königreiche Serbien, das nunmehr den Namen Jugoslavien annahm, ausgedehnte Gebiete der vormals österreichisch-ungarischen Monarchie angegliedert.

Die neuen Provinzen standen hinsichtlich der Immobiliarvollstreckung unter verschiedener Gesetzgebung. In den Territorien, die früher zu den im österreichischen Reichsrate vertretenen Königreichen und Ländern gehörten[1]), galt die österreichische Exekutionsordnung mit der Einrichtung der zwangsweisen Pfandrechtsbegründung als einer selbständigen Exekutionsart. Dagegen bestand das Exekutivpfandrecht in der Form einer die Zwangsversteigerung vorbereitenden Vollstreckungsmaßnahme in den ehemaligen Königreichen Kroatien und Slavonien nach der Exekutionsnovelle vom 17. Dezbr. 1876 sowie in Bosnien und Herzegowina nach der Zivilprozeßordnung vom 14. März 1883. Für die Gebiete, die vormals einen Teil des ungarischen Appellationsgerichtssprengels Novi Sad (Neusatz)[2]) bildeten, war die Immobiliarvollstreckung durch die ungarische Exekutionsordnung von 1881 geregelt; hier stellt die

---

[32]) Vgl. hierzu das kgl. Gesetzdekret vom 28. März 1929, Gazz. Uff. v. 18. April 1929 Nr. 91.

[1]) Es sind dies die nunmehrigen Oberlandesgerichtsbezirke Ljubljana (Laibach) und Split (Spalato). Ersterer umfaßt das ehemalige Kronland Krain sowie Teile von Kärnten und Steiermark, letzterer das vormalige Kronland Dalmatien nebst der ehedem istrischen Insel Kerk (Veglia) und der früher zum Sprengel des Oberlandesgerichts Triest gehörenden Gemeinde Kastav. Dem Oberlandesgerichtsbezirke Ljubljana sind außerdem einige vormals westungarische Bezirke (Dolnja Lendava, Murska Subota) angeschlossen. In diesen wurden nach der Einverleibung mehr de facto als auf Grund ausdrücklicher Vorschrift die österreichischen Justizgesetze angewendet.

[2]) Ehemalige Komitate Bács-Bodrog und Torontal sowie Teile des früheren Zalakomitats

bücherliche Einverleibung des exekutiven Pfandrechts eine Vorstufe für die Durchführung der Zwangsversteigerung wie auch der Zwangsverwaltung dar. Alle genannten Einzelgesetze blieben auch noch nach der Einverleibung zunächst aufrechterhalten. In den alten Teilen der Monarchie, Serbien und Montenegro, fand sich eine Form des Exekutivpfandrechts nicht vor.

Die Regierung ging in der Folge daran, mit der vorhandenen Rechtszersplitterung aufzuräumen. Am 9. Juli 1930[3]) wurde das neue Vollstreckungs- und Sicherungsgesetz erlassen, das nunmehr die Zwangsvollstreckung in das unbewegliche Vermögen für das Staatsgebiet einheitlich regelt. Der Zeitpunkt des Inkrafttretens ist noch nicht festgesetzt[4]).

Das jugoslavische Exekutionsgesetz sieht unter den Maßnahmen der Immobiliarvollstreckung die Erwirkung des Exekutivpfandrechts vor. Einschlägig ist § 70. Danach kann zugunsten einer vollstreckbaren Geldforderung auf Antrag des betreibenden Gläubigers ein Pfandrecht (exekutives Pfandrecht) an einer Liegenschaft des Schuldners oder an einem diesem gehörigen Liegenschaftsanteile begründet werden. Das Exekutivpfandrecht entspricht dem zwangsweisen Pfandrechte des österreichischen Rechtes. Es handelt sich hier um eine Vollstreckungsmaßnahme, die der Zwangsversteigerung und der Zwangsverwaltung selbständig zur Seite tritt. Die Erwirkung erfordert auf Seite des Gläubigers eine vollstreckbare Geldforderung. Auf die Höhe der Forderung und die Art des Voll-

---

[3]) Das Gesetz ist im Amtsblatt vom 23. Juli 1930 veröffentlicht.

[4]) Das Vollstreckungs- und Sicherungsgesetz sollte nach Absicht der Regierung gleichzeitig mit der neuen jugoslavischen Zivilprozeßordnung Wirksamkeit erlangen. Hinsichtlich der Zivilprozeßordnung ist nunmehr durch Gesetz v. 27. Dezbr. 1932 (Amtsblatt v. 30. Dezbr. 1932 Nr. 304 C XIV) als Tag des Inkrafttretens für das frühere österr.-ungar. Gebiet Jugoslaviens einschließlich Bosniens u. der Herzegowina der 1. April 1933, für den Bezirk des Appellationsgerichts Belgrad (Serbien vor dem Jahre 1912) der 1. Jan. 1934 bestimmt worden; für die Bezirke der Appellationsgerichte Skoplje (Üsküb, Südserbien und Mazedonien) und Podgorica (Montenegro) soll die Inkraftsetzung in einem Sondergesetze nach Einrichtung der neuen Kreis- u. Bezirksgerichte verfügt werden. Zum Vollstreckungs- u. Sicherungsgesetz ist dagegen das Einführungsgesetz, das den Zeitpunkt des Inkrafttretens festzusetzen hat, bisher nicht ergangen.

streckungstitels kommt nichts an. Notwendig ist außerdem eine gerichtliche Exekutionsbewilligung.

Auch die nähere Ausgestaltung des Exekutivpfandrechts folgt den Vorschriften der österreichischen Exekutionsordnung.

Die Begründung des Exekutivpfandrechts geht verschieden vor sich, je nachdem die Liegenschaft im Grundbuch eingetragen ist oder nicht.

Für den Erwerb an einem eingetragenen Grundstück gelten die §§ 71 und 72 des Gesetzes. Der Gläubiger erlangt das Exekutivpfandrecht durch dessen Einverleibung im Grundbuch, bei der die Forderung als vollstreckbar zu bezeichnen ist. Besteht für die vollstreckbar gewordene Forderung bereits ein Vertragspfandrecht, so tritt an die Stelle der Einverleibung die Anmerkung der Vollstreckbarkeit der Pfandforderung im Grundbuch. Mit der Einverleibung des Pfandrechts wie auch mit der Anmerkung der Vollstreckbarkeit verknüpft sich die Wirkung, daß wegen der Forderung die Exekution unmittelbar gegen jeden späteren Erwerber der Liegenschaft betrieben werden kann.

Ist das Grundstück im Grundbuch nicht eingetragen, so kommen die §§ 73 bis 77 zur Anwendung. Das Pfandrecht entsteht mit der pfandweisen Beschreibung der Liegenschaft durch das Exekutionsgericht. Diese setzt voraus, daß der Besitz oder Mitbesitz des Schuldners an dem Grundstück feststeht. Weitere Exekutivpfandrechte am gleichen Grundstücke zur Sicherung einer anderen Forderung des nämlichen oder eines sonstigen Gläubigers werden durch Anmerkung auf der pfandweisen Beschreibung begründet, solange nicht deren Richtigkeit und Vollständigkeit mit Erfolg bestritten ist. Jede pfandweise Beschreibung und jede Anmerkung auf einer pfandweisen Beschreibung sind in der Gemeinde, in deren Bezirk das Immobile gelegen ist, bekannt zu machen und außerdem an der Gerichtstafel anzuschlagen.

Das Exekutivpfandrecht kann auch auf mehrere Grundstücke erstreckt werden. Ein Verbot gesamthypothekarischer Belastung besteht nicht. Gegen übermäßige Belastung wird der Schuldner durch § 78 des Exekutionsgesetzes geschützt. Er kann, wenn der betreibende Gläubiger durch das Exekutivpfandrecht allein oder in Verbindung mit einem früheren Vertragspfandrecht eine größere als die gesetzliche pupillarmäßige Sicherheit erlangt hat, beim Exekutionsgericht die Aufhebung oder Beschränkung des Exekutivpfandrechts verlangen. Jedenfalls muß aber die dem Gläubiger verbleibende Sicherheit den Vorschriften über die Anlegung von Mündelgeldern noch entsprechen; auch dürfen ursprünglich vertragsmäßige Pfandrechte nicht geschmälert werden.

Schlußbetrachtung.

Werfen wir zum Schlusse einen Rückblick auf den Werdegang der deutschrechtlichen Zwangshypothek, so ergibt sich ein Bild, das von der Entwicklungsgeschichte der gerichtlichen Hypothek des französischen Rechtes nicht unwesentlich abweicht. Die französisch-rechtliche Institution hat wohl im Mutterland ihre Stellung behauptet; allein in dem weiten Geltungsbereich außerhalb der Grenzen Frankreichs kam es zu einer rückläufigen Bewegung. Eine Reihe von Staaten schritt zur Beseitigung der gerichtlichen Hypothek, die sich teils unter Einführung von Ersatzeinrichtungen, teils ohne solche vollzog. Die Zwangshypothek des deutschen Rechtes weist dagegen eine stetig fortschreitende Ausbreitung auf. Im Jahre 1834 auf dem landrechtlichen Boden Preußens entstanden, dehnte sie sich unter der Herrschaft der Partikularrechte nach und nach auf den größten Teil Deutschlands aus; sie ging in das Reichsrecht über; Österreich und Jugoslavien nahmen sie in ihre Gesetzgebungen auf. Sieht man von den Gebietsabtretungen nach Abschluß des Weltkriegs ab, so wurde die Rechtsform nirgends, wo sie einmal Fuß gefaßt hatte, wieder aufgehoben.

Die Entwicklung der Zwangshypothek war, ähnlich wie jene der gerichtlichen Hypothek, von heftigen Kämpfen begleitet. Im Schrifttum wie in den gesetzgebenden Körperschaften entstanden der Institution gewichtige Gegner, die, zum Teil mit großer Leidenschaft, ihre Abschaffung begehrten. Gleichwohl vermochte sich die Zwangshypothek immer wieder erfolgreich durchzusetzen. Dadurch hat sie in einer der gerichtlichen Hypothek überlegenen Weise den Beweis ihrer Existenzberechtigung erbracht. Mögen auch da und dort Mißbräuche zutage getreten sein, im allgemeinen hat sich die nun fast hundert Jahre alte Institution bewährt. Sie entspringt einem praktischen Bedürfnis. Mit der Bereitstellung der Hypothek braucht nicht sofort zu den schärferen Maßnahmen der Zwangsversteigerung und der Zwangsverwaltung gegriffen zu werden. Gestützt auf die dingliche Sicherung kann sich der Gläubiger ohne Gefährdung seiner eigenen Interessen vorerst mit einer Stundung begnügen, die es dem Schuldner ermöglicht, vor weiterer Vollstreckung seine Verbindlichkeit abzutragen. Die Hintanhaltung vor allem der Zwangsversteigerungen ist aber ein Ziel, das aus volkswirtschaftlichen Rücksichten Förderung verdient. Daß der gleiche Erfolg, wie öfters geltend gemacht wurde, ebenso auf dem Wege einer freiwilligen Hypothekbestellung durch den Schuldner erreicht werden könnte, muß verneint werden. Zu einem solchen Entgegenkommen wird sich der Schuldner, der die Erwirkung des Vollstreckungstitels über sich ergehen ließ, doch nur ausnahmsweise bereit finden, zumal auch die Bestellung einer Vertragshypothek mit größeren Kosten verbunden ist.

Die Eintragung einer Zwangshypothek bedeutet für den Schuldner eine Beschwerung. Allein das liegt im Wesen der Zwangsvollstreckung, als deren Ausfluß sich die Maßnahme darstellt. Zwangsversteigerung und Zwangsverwaltung treffen den Schuldner bei weitem härter[1]). Notwendig ist allerdings, daß die Beschwerung nicht über das Maß hinausgeht, das die Erreichung des angestrebten Zweckes gebietet. Neben dem Interesse des Gläubigers muß den schutzwürdigen Belangen des Schuldners entsprechend Raum gegeben werden. Das ist in partikularrechtlicher Zeit nicht immer genügend erkannt worden. Hieraus erklären sich zu einem guten Teile die Klagen, die über die Zwangshypothek geführt worden sind. Indes die deutsche Reichsgesetzgebung war nach Möglichkeit bestrebt, bei der Ausgestaltung der Institution auch dem Schuldner gerecht zu werden. Verschiedene Maßnahmen legen hierfür Zeugnis ab. Die Form der Sicherungshypothek, die der Zwangshypothek gegeben wurde, wahrt dem Schuldner seine Einwendungen gegen die Forderung auch gegenüber einem gutgläubigen Erwerber der Hypothek. Infolge der Aufstellung der Summengrenze bleibt sein Grundbesitz von der Belastung mit gering-

[1]) So sagt denn Oertmann in seinem Grundriß des deutsch. Ziv.-Proz.Rechts, 4./5. Aufl. Leipzig 1930, S. 292 geradezu, daß die Zwangshypothek, indem ihre Möglichkeit den Gläubiger von den schärferen Vollstreckungsmaßnahmen abzuhalten geeignet ist, den Schuldner mehr schont, als sie ihn beschwert.

fügigeren Forderungen verschont[2]). Das Verbot der Gesamthypothek sichert ihn gegen eine übermäßige Heranziehung seiner Liegenschaften. Dabei wird der Schutz schon im voraus gewährt; der Schuldner ist nicht genötigt, sich erst hinterher durch Klage oder Anrufung des Vollstreckungsgerichts eine sachgemäße Beschränkung der Eintragung zu erkämpfen. Schließlich gehört hierher die Verwendung der Eigentümerhypothek. Bei nachträglicher Einbuße ihrer Rechtsgrundlage verfällt die Zwangshypothek nicht der Löschung, sondern geht auf den Eigentümer über. Damit erlangt aber der Schuldner eine Post, über die er mit Wirkung gegen alle im Nachrange nach der Zwangshypothek eingetragenen Belastungen frei verfügen kann. Es ist nicht zu verkennen, daß die Zwangshypothek des deutschen Rechtes, aufgebaut auf einem besseren Hypothekensystem, auch in der Durchführung das französische Vorbild übertrifft. Das läßt ihre günstigere Entwicklung vollauf gerechtfertigt erscheinen.

Der Entwurf der deutschen ZPO. von 1931 hat die Einrichtung der Zwangshypothek übernommen. Doch sind unter dem Einfluß der neuen Vollstreckungsgrundsätze Änderungen in der Ausgestaltung erfolgt. Zunächst wird für die Zwangshypothek das Rangfristensystem durchgeführt. Ist eine solche Hypothek begründet worden, so erhalten die weiteren Zwangshypotheken, deren Eintragung binnen 30 Tagen am nämlichen Grundstück beantragt wird, mit der zuerst erwirkten Zwangshypothek gleichen Rang. Dieser Vorgang wiederholt sich, wenn es in der Folge nach Ablauf einer solchen Rangfrist neuerdings zur Entstehung einer Zwangshypothek kommt. Alsdann teilen mit der Zwangshypothek, die erstmals nach Fristende ausgebracht wurde, jeweils die späteren, binnen 30 Tagen zur Eintragung beantragten Zwangshypotheken den Rang[3]).

---

[2]) Vgl. dagegen Buchmann, Zeitschr. f. Rpfl. i. Bayern, Jahrg. 23 (1927) S. 223 ff., der sich aus Rücksicht auf das Interesse des Gläubigers für Aufhebung oder doch Umgestaltung des § 866 Abs. 3 ZPO. (Berücksichtigung der Nebenforderungen, Gestattung der Zusammenrechnung von Beträgen verschiedener Schuldtitel) ausspricht.

[3]) Wegen der ausnahmsweisen Privilegierung einzelner Zwangshypotheken vgl. oben S. 178.

Sicher ist wohl, daß nach dem Rangfristensystem das Verhältnis der konkurrierenden Zwangshypothekengläubiger auf eine gerechtere Grundlage gestellt wird, als dies nach dem geltenden reinen Prioritätsprinzip der Fall ist. Hier werden die Gläubiger gemäß der Reihenfolge ihrer Eintragungen berücksichtigt. Häufig beruht der Vorrang eines Zwangshypothekengläubigers vor dem anderen nur auf einem Zufall, und nicht immer ist der Gläubiger, der die frühere Zwangshypothek erwirkt hat, der schutzwürdigere. Andererseits vermag auch das Rangfristensystem den Einfluß des Zufalls, obschon es ihm durch die gruppenweise Zusammenfassung der Gläubiger nach Rangfristen im wesentlichen den Boden entzieht, doch nicht völlig zu bannen. Für die Gläubigergruppen untereinander verbleibt es bei der Geltung des Prioritätsgrundsatzes. So kann der eine Gläubiger infolge irgendwelcher Umstände erreichen, daß sein Eintragungsantrag noch knapp vor dem Ablauf der Rangfrist beim Grundbuchamt eingeht, und sich damit die Teilnahme am Range der zu Fristbeginn stehenden Zwangshypothek sichern. Einem anderen Gläubiger gelingt es dagegen, den Eintragungsantrag erst kurz nach Ende der Frist an das Grundbuchamt zu bringen, weshalb seine Zwangshypothek Nachrang nach sämtlichen bisher eingetragenen Belastungen erhält. Nachteilig wirkt beim Rangfristensystem, daß es das Verfahren verwickelter und damit die praktische Handhabung schwieriger macht. Auch ist dem Schuldner nach Eintragung der Zwangshypothek die vertragliche Belastung seines Grundstücks erschwert. Die von ihm bestellten Hypotheken kommen erst nach allen Zwangshypotheken zum Zuge, deren Eintragung innerhalb der dreißigtägigen Rangfrist beantragt wird. So hat der Inhaber einer Vertragshypothek im vornherein keine Gewißheit, mit welchem vorgehenden Gesamtbetrag er zu rechnen hat. Mag nun auch, wie die Erläuterungen zum Entwurf bemerken[4]), die Eintragung der Zwangshypothek beweisen, daß die freiwillige Kreditaufnahme ohnedies auf Schwierigkeiten stößt, so wird es der Schuldner immerhin als mißlich empfinden, wenn in der Zeit erhöhten Kreditbedürfnisses die schon vorhandenen Schwierigkeiten noch

---

[4]) Vgl. S. 539.

vermehrt werden. Ein anderer Weg bietet sich indes bei Durchführung des Rangfristensystems hier nicht dar[5]). Es müssen eben, wenn man schon diesem System wegen seiner grundsätzlichen Überlegenheit den Vorzug geben will, um der Erreichung des angestrebten Zieles willen die Schattenseiten in Kauf genommen werden.

Als weitere Neuerung sieht der Entwurf die Beschränkung des Selbstbetriebs vor. Wo einmal das Vollstreckungsgericht angegangen wurde, hat sich der Gläubiger auch zur Erwirkung einer Zwangshypothek der Vermittlung dieses Gerichts zu bedienen; im übrigen kann er zwischen Selbstbetrieb und Inanspruchnahme gerichtlicher Vermittlung wählen. Die Regelung steht im Zusammenhang mit der erweiterten Stellung, die nach dem Entwurf dem Vollstreckungsgericht zukommt. Nicht ausgeschlossen ist bei der gerichtlichen Vermittlung, daß infolge des Umwegs über das Vollstreckungsgericht eine Verzögerung eintritt, aus der dem Gläubiger ein Schaden erwächst. Indes werden unter der Herrschaft des Rangfristensystems mit seiner erheblichen Zurückdrängung des Prioritätsgrundsatzes derartige Fälle einer Schädigung des Gläubigers eine seltene Ausnahmeerscheinung bilden.

An dem Verhältnis der Zwangshypothek zur Zwangsversteigerung und Zwangsverwaltung hat der Entwurf nichts geändert. Der Gläubiger kann, wie nach geltendem Rechte, eine der Maßnahmen allein oder neben den übrigen ausführen lassen. Nicht ausgeschlossen ist demnach, daß der Gläubiger bei Erwirkung einer Zwangshypothek sofort zur Zwangsversteigerung oder zur Zwangsverwaltung greift, wenngleich die Institution die Hintanhaltung dieser Maßnahmen erstrebt. Das Gesetz will mit der Bereitstellung der Zwangshypothek nur die Möglichkeit für ein schonenderes Vorgehen gegen den Schuldner schaffen, nicht dieses erzwingen. Es ist auch mit einem Zwange hier nichts zu machen. Wohl könnte daran gedacht werden, dem Gläubiger, der eine Zwangshypothek erwirkt hat,

---

[5]) Es könnte sich der Schuldner höchstens in der Weise behelfen, daß er bei drohender Eintragung einer eine Rangfrist auslösenden Zwangshypothek dem Gläubiger für seine Forderung eine Vertragshypothek bestellt.

die Stellung des Antrags auf Zwangsversteigerung oder Zwangsverwaltung erst nach Ablauf einer gesetzlich bestimmten Frist zu gestatten. Indes eine solche Fristsetzung ließe sich doch nur schematisch vornehmen und eine Gewähr, daß nun der Schuldner die ihm belassene Frist auch zur Abtragung seiner Verbindlichkeit ausnutzt, wäre nicht gegeben. Besser kann die Institution zum Ziele führen, wenn der Schuldner unter dem Drucke eines jederzeit möglichen Übergangs zu einer der schärferen Vollstreckungsformen gehalten wird. In der Praxis hat denn auch, wie ich sehe, die Regelung Anstände nicht gezeitigt. Der Gläubiger pflegt sich, schon wegen der Kosten, die mit der Einleitung eines Zwangsversteigerungs- oder Zwangsverwaltungsverfahrens verbunden sind, vorerst auf die Eintragung der Zwangshypothek zu beschränken.

In einer Beziehung erscheinen die Vorschriften des Entwurfs einer Ergänzung bedürftig. Es fragt sich, ob und inwieweit eine Zwangshypothek von einem Gläubiger erwirkt werden kann, dem für seine Forderung bereits eine Vertragshypothek an einem anderen Grundstück des Schuldners zusteht. Die Partikularrechte waren in dieser Beziehung verschieden verfahren. Während namentlich Preußen in seinem Immobiliarvollstreckungsgesetz von 1883 in dem Vorhandensein einer Vertragshypothek kein Hindernis für die Begründung einer Zwangshypothek zugunsten der gleichen Forderung sah, hielten Sachsen und einige kleinere Bundesstaaten daran fest, daß eine Zwangshypothek nur insoweit eingetragen werden darf, als der Gläubiger hinsichtlich seiner Forderung hypothekarisch noch nicht gedeckt ist. Der erste Entwurf des BGB. folgte der preußischen Regelung [6]). Die Reichszivilprozeßordnung enthält hierüber keine Bestimmung. Nach der Rechtsprechung des Reichsgerichts [7]) wird die Eintragung der Zwangshypothek auch gestattet, wenn die gleiche Forderung schon durch eine Vertragshypothek auf einem anderen Grundstück des Schuldners gesichert ist. Das soll selbst für den Fall gelten, daß die Vertragshypothek entgegen der Zwangshypothek die Form der Ver-

---

[6]) Außerhalb Deutschlands schlossen sich auch Österreich und Jugoslavien dem preuß. Vorbild an.

[7]) Samml. f. Ziv.S. Bd. 98 S. 106 ff.

kehrshypothek hat; nach Meinung des höchsten Gerichtshofs entsteht angesichts der Verschiedenheit der Rechte hier eine hypothekarische Haftung mehrerer Grundstücke für die nämliche Forderung, ohne daß es zur Begründung einer Gesamthypothek kommt. Im Schrifttum [8]) stieß die Stellungnahme des Reichsgerichts auf Widerspruch. Es wurde geltend gemacht, daß die Gewährung einer Zwangshypothek neben einer Vertragshypothek den Grundgedanken der §§ 867 Abs. 2, 777 und 803 Abs. 1 Satz 2 ZPO. zuwiderläuft, überdies ein Nebeneinanderbestehen von Zwangshypothek und Verkehrshypothek auch mit § 1132 BGB. nicht vereinbar ist. Die praktische Bedeutung der Frage erheischt eine ausdrückliche gesetzliche Regelung. Dabei soll der Gläubiger, der für seine Forderung bereits eine Vertragshypothek besitzt, selbstverständlich nicht schlechter als ein Personalgläubiger gestellt werden. Deshalb darf ihm, wenn der Schuldner ein weiteres, eine bessere Sicherung versprechendes Grundstück zu eigen hat, nicht verwehrt sein, auf dieses Grundstück Zugriff zu nehmen. Dies kann aber nicht in der Weise geschehen, daß nun der Gläubiger zu seiner Vertragshypothek noch eine Zwangshypothek im vollen Betrag seiner Forderung erhält. Für eine solche Häufung ist, von den rechtlichen Bedenken abgesehen, kein Grund vorhanden [9]). Will der Gläubiger ein weiteres Grundstück in Anspruch nehmen, so mag er im Umfang der Inanspruchnahme auf seine Vertragshypothek verzichten. Alsdann kann er, wie jeder Personalgläubiger, auf dieses Grundstück eine Zwangshypothek eintragen lassen. Es müßte demnach, entsprechend dem Vorgang des sächsischen Rechtes, die Eintragung einer Zwangshypothek insoweit für unstatthaft erklärt werden, als der Gläubiger für seine Forde-

[8]) Goldschmidt, Zivilprozeßrecht, 2. Aufl., Berlin 1932 S. 414; Rosenberg, Lehrb. d. deutsch. ZivProzR., 3. Aufl., Berlin 1931, S. 727; Stein-Juncker, Grundriß des ZivProzR. u. des KonkR., 3. Aufl., Tübingen 1928 S. 394.

[9]) Es darf hierbei nicht übersehen werden, daß selbst da, wo bisher die Erwirkung einer Zwangshypothek für eine bereits durch Vertragshypothek gesicherte Forderung gesetzlich zugelassen wurde, dem Schuldner wenigstens die Möglichkeit gewährt war, die nachträgliche Herabsetzung einer übermäßigen Belastung im Wege der Reduktionsklage oder der Anrufung des Vollstreckungsgerichts herbeizuführen.

rung eine Hypothek besitzt. Damit würde sich die Zwangshypothek auch im Rahmen der Aufgabe halten, die ihr nach ihrem geschichtlichen Ursprung als Schutzeinrichtung für den Personalgläubiger zukommt.

Der Entwurf wird, bevor er zur parlamentarischen Behandlung gelangt, unter dem Einfluß der Kritik noch manche Wandlung erfahren. Vor allem gilt es, ein Problem zu lösen, dessen Verwirklichung sich die Reichsjustizverwaltung in dankenswerter Weise zum Ziele gesetzt hat, die Rechtsangleichung mit Österreich [10]). Hierfür liegen die Bedingungen bei der Zwangshypothek zunächst insofern günstig, als Österreich in der zwangsweisen Pfandrechtsbegründung eine wesensgleiche Einrichtung besitzt. Andererseits kommt aber in Betracht, daß die Institutionen beider Staaten in der Ausgestaltung eine Reihe von Abweichungen aufweisen. In Österreich besteht für die zwangsweise Pfandrechtsbegründung nicht die Form der Sicherungshypothek. Es fehlt die Festsetzung einer Summengrenze, so daß die Erwirkung des Pfandrechts ohne Rücksicht auf die Höhe der Forderung statthaft ist. Der Zugriff des Gläubigers auf die Liegenschaften des Schuldners unterliegt nicht dem Verbot der gesamthypothekarischen Belastung; im Falle eines Übermaßes wird dem Schuldner überlassen, zwecks Erzielung einer Minderung nachträglich die Entscheidung des Exekutionsgerichts anzurufen. Die Herbeiführung der Eintragung im Grundbuch erfolgt unter gerichtlicher Vermittlung. Bei einem späteren Wegfall der Rechtsgrundlage erlischt das Pfandrecht; die Eigentümerhypothek ist dem österreichischen Rechte unbekannt. Schließlich bedeutet auch das vom Entwurf der deutschen ZPO. aufgenommene Rangfristensystem für Österreich eine völlig neue Rechtserscheinung. Neben diesen Verschiedenheiten in der Ausgestaltung spielt noch ein Umstand hier eine Rolle. Es besteht bei unserer Materie ein besonders enger Zusammenhang zwischen Prozeßrecht und materiellem Rechte. Deshalb ist es nicht möglich, ohne weiteres an die Angleichung der beiderseitigen prozeßrechtlichen Vorschriften heranzutreten. Vorerst muß eine Verständigung über die einheitliche Ordnung des Hypothekenrechts gefunden werden.

---

[10]) Vgl. Erläuterungen zum Entw. S. 245.

Danach stellt die Rechtsvereinheitlichung für das Gebiet der Zwangshypothek keine einfache Aufgabe dar. Indes werden die Schwierigkeiten gemeistert, wo ein ernstlicher Wille zu ihrer Überwindung vorhanden ist. Mag man auch an sich der deutschrechtlichen Ordnung, insbesondere was die Frage des Schuldnerschutzes anbelangt, vor der Gestaltung des österreichischen Rechtes den Vorzug geben, so wird doch letzten Endes das erstrebte Ziel nicht ohne Konzessionen zu erreichen sein. Eines darf hierbei jedenfalls nicht außer acht gelassen werden. Eine gerechte und billige Regelung der Institution der Zwangshypothek ist nur denkbar, wenn sie sich auf einer Versöhnung der gegensätzlichen Interessen von Gläubiger und Schuldner aufbaut. So möge denn in nicht zu ferner Zeit eine Einigung in diesem Sinne zustande kommen, damit schließlich zur Tat werde, was beide Bruderstaaten ersehnen: Ein Volk, ein Recht!

Kolibri 360 GmbH
Ferdinand-Jühlke-Straße 7
99095 Erfurt, Deutschland
produktsicherheit@kolibri360.de